シリーズ日本の政治 第1巻

日本の政治学

大塚 桂 編著

法律文化社

刊行にあたって

世紀の転換期には、国の内外を問わず政治社会が変動していく。従来のパラダイムが根本的に問い直され、新たなシステムの構築が迫られる。このような時期にこそ、将来の方向性を見据えた理論の提示が政治学（研究者たち）に要請される。

政治とは何か、政治学とは何かという人々の問いかけは、結局のところ日本政治についての疑問や、自分と政治との関係についての問題を意味する。政治学の目的は政治現象の解明にある、と教科書的な説明を加えたところで、十分な説明責任を政治学研究者が果たしたことにはなるまい。実際のところ、現実の政治と政治学とのカイ離にとまどう初学者が少なくない。さらには、政治問題の解決の糸口を学術研究書に求めて、いささかはぐらかされた観をもたれた読者も多いであろう。このような素朴でありながらも、根源的な問いに、果たして政治学教育に携わる者たちが真摯に答えてきたといえるであろうか。

西欧の政治学の歩みは古代ギリシャ・ローマにまで遡れば、二千有余年の歴史を有する。一方、日本の政治学も、明治期から数えれば百数十年の時を刻んできた。ところが、日本政治学は輸入学問、翻訳学問と揶揄されるように、西洋の政治理論やモデルを受容することにあまりにも偏向しすぎた感がある。ヨコ文字をタテに置き換えることが、直接的に日本政治に関する一般の方々の疑問に答え、さらには問題解決策を提示しえるとは考えにくい。これまで、政治学研究者たちは、日本の政治について考え、人々に語り継ぐ努力をあまりにも怠ってきたのではないか。自省しなければならない。そこで、過去における日本の政治ならびに政治学を総括し、将来の展望を切り開こうとの意欲にかられた二七名の研究者の賛同をえて、本シリーズの刊行に至った。

第二次大戦後、社会科学の解放が進み、政治学にあっても飛躍的な進歩がみられた。戦後伝統的政治学から現代政治学、そしてニュー・ポリティクスへの発展図式として素描できよう。本シリーズは、それらの研究成果をふまえて、従来からのタテマエ論や教科書的な説明ではなく、研究者各々が日頃考えていることがらを、自身のことばで率直に語り、読者の素朴な問いに真正面から対応していくのを主眼としている。政治学の入門講座でありながらも、さらにすすんで研究する意欲をもつ読者層の知識欲に応えるだけの専門性も、また兼ね備えた内容となっている。

本シリーズは、学史、思想、歴史、制度、過程、運動などの観点から、近代より現代にわたる日本政治に切り込む。まず、『第1巻　日本の政治学』では、戦前の政治学ならびに戦後飛躍的に発展してきた現代政治学を展望してみた。日本政治学に関する文献ガイダンスであると同時に、戦後日本政治学の全貌をコンパクトに知ることができるチャートとなっている。近代とは何か、現代とは何かという問いかけを、歴史的な存在であるわれわれは常に発していかねばならない。『第2巻　近代日本の政治』では政治史、思想史の解明にあたったが、とくに、政治運動を基軸として分析している点が類書にはない特色となっている。さらに、『第3巻　現代日本の行政と地方自治』では、国家・地方行政がわれわれの日常生活と直結するだけに、それらの詳細な検討を行う。とりわけ今後の改革路線を視野に入れて究明している。つづいて、『第4巻　現代日本の政治と政策』では、政治過程における政治主体や政策、選挙などアクチュアルな事例を検討する。とくに、二〇〇五年のいわゆる九・一一総選挙後の政治をいかに読み解いていくか、関心がある。

つきないテーマである。いずれにせよ、『シリーズ日本の政治（全四巻）』は、二〇世紀における日本政治（学）を総括し、二一世紀への展望を切り開くマイルストーン（里程標）になるであろう。

編集・執筆作業をしながらも、政治社会はたえず流動化していく。現在《いま》もまた新たな問題が派生してきている。アップ・トゥー・デイトな政治事象のすべてに接近しきれてはいない、あるいは時事的問題を完全にカバーしきれてはいない、とのそしりを本シリーズもまた免れるものではない。しかしながら、政治社会には、可変的な面があるとともに不可変的な面もまたある。政治現象として生起する諸問題の背景には、共同体や政治社会にひそむ変わらぬ側面（意識、文化、歴史）が存在していることが多い。問題の基底を解明する作業が、実のところ現実政治を理解する早道となる。たえず流動化する政治現象の背後にひそむ根源的な問題を探り出すわれわれの取り組みが、「問題の本質がつかめた」という読者の知識欲や研究意欲を充たせられるのであれば、共同作業の成果があがったことになると思う。執筆者一同の意欲と研鑽の結晶が、ひろく学界、出版界、読者に受け入れられることを切望してやまない。

二〇〇六年三月

大塚　桂（駒沢大学）
寺崎　修（慶應義塾大学）
本田　弘（日本大学）
森本哲郎（関西大学）

はしがき

混迷を窮める二一世紀の時代的要請に、はたして政治学は応えられるだろうか。政治学の可能性をめぐる議論がかまびすしい。本書では、日本の政治学の展開を回顧し、将来への展望を切り開くことを目的とする。具体的には、明治から平成に至る政治学（史）を総括する内容となっている。

本巻は、二部構成となっている。「第Ⅰ部　戦前の政治学」（第1章　明治期の政治学、第2章　大正期の政治学、第3章　昭和前期の政治学、以上、大塚桂論文）では、幕末維新から明治国家の建設期、大正期のデモクラシー論、さらには太平洋戦争下の政治学研究をトレースしてみた。具体的には、第1章では、日本における政治学が近代国家の成立に即応して展開してきたのを明確化した。第2章では、明治期に国家重視の政治学が大正期には社会重視となり、実証主義的かつ民主主義的な傾向がみられはじめたのを浮き彫りにしている。さらに、第3章では、昭和前期に繰り広げられた我が国の政治学界における唯一の論争（政治概念論争）の要点を紹介してみた。また、戦後の政治学界を牽引した第一世代の人々が、戦時中に時代の奔流に巻き込まれていった点に言及した。

「第Ⅱ部　戦後の政治学」では、戦前の天皇制の軛から解き放たれ躍進をとげた政治学の研究成果をリサーチすることを目的としている。戦後政治学の最大の特色は、ドイツ国家学からの影響を脱して、アメリカ政治学の受容と摂取が積極的に取り組まれた点にある。その後、アメリカ政治学の紹介や理論の祖述ではなく、むしろ日本の政治学研究者がそれらの理論を咀嚼したなかから独自の究明が行われていく。

「第4章　リサーチ現代政治理論」（中島康予論文）は、戦後政治学から現代政治学へと転回していく学界の動向を整理している。科学としての政治学が丸山真男によって主唱され、批判的政治学として展開していった。現代政治学にあっては、行動論的政治学、市民の政治理論、大衆社会論、都市型社会論などの理論化が進んだ。中島論文では、戦後の政治状況に積極的に発言をしてきた政治学者たちの姿が明らかとされている。さらに、今後、市民の重畳性、多元性に立脚した政治理論の可能性に言及している。大塚論文と中島論文とを読めば、戦前から戦後にかけての日本政治学の生成と展開過程を鳥瞰できよう。つづく第5章から第9章では、主要な個別分野における業績を回顧する内容となっている。

「第5章　リサーチ行政学・地方自治論」（堀雅晴論文）は、かねてより行政学の新天地開拓型の方向性を提唱している。堀は、戦前から戦後にかけての行政学の来歴を意欲的に分類し直そうと試みている。行政学は、創世期（一九二〇―三〇年代）→形成期（五〇―六〇年代）→確立期（七〇―九〇年代）→過渡期（現在）と辿ってきた。特に現在の行政学研究が過渡的状況にある、と整理する。今後、社会的ニーズの見極めと研究の社会貢献を基準にした行政学の可能性が展望される。つまり、行政・地方改革、グローバル化の中で日本行政学の真価が問われていくことになる。

「第6章　リサーチ政治過程論」（喜多靖郎論文）は、同分野における第一人者である。すでに、喜多には日本における政治過程論の展開に関する論考等がある。喜多論文は、戦前にすでに政治過程論の芽生えがあったことを明らかとし、戦後その研究が質量ともに厚みを増してきたのをトレースしている。とくに、ベントリー理論に触発されるなかで日本の政治過程論が発展してきたことを克明に分析している。さらに、政策決定過程や選挙過程など新しい領域までを視野に入れて整理している。

「第7章　リサーチ日本政治史」（小島和貴論文）は、戦後の政治史研究がマルクス主義史観を脱却し、民衆史、実証主義の立場へと推移していく過程を跡付けている。最近では、行政史や政策史などの個別分野が進展してきているのを教えてくれている。政治史を総括する原論的な文献がないという小島の指摘は、同分野の今後の課題となってこよう。

「第8章　リサーチ政治思想」（石井健司論文）は、主として近年刊行された政治思想研究書を時代別、イデオロギー別、思想家別に整理分類している。戦後永らく日本政治学会会員の多くが、政治思想史を専攻としていた経緯がある。思想（史）分野において質量ともに相当の蓄積があることは、石井論文から一目瞭然である。古代から現代にわたって堅実に取り組む研究者たちには目を見張る。今後の政治思想史研究は、現代状況や現代理論との積極的対話、さらには政治理念の再検討により活性化されていく、と石井は総括している。

「第9章　リサーチ国際政治学」（村田邦夫論文）は、戦後、国際政治の渦中にいやがおうにも組み込まれた日本がどのような運命を辿ったのか、国際政治学、国際関係論研究者たちがどのような問題意識を持ち何を研究対象としてきたのかが解明されている。ところで、村田は、研究者たちのオリジナリティーの欠如、日本と日本人にとっての研究という観点が喪失していることが問題だと鋭い指摘をしている。今後、輸入学問としての国際政治学界がどのようにして村田の問題提起を受けとめ、克服していくのかが問われよう。

時代とともに、政治学のテーマも変遷してきた。結局、それらは、政治とは何かという本質的な問いかけなのである。政治学を学修するに際しては、時代意識や社会感覚がすぐれて重要になってくる。いままで数多くの研究者たちが、どのような問題意識や使命にかられて、政治研究にあたってきたかが本書を通じて明瞭となろう。

戦後三〇年間の政治学を回顧した類書として、岩永健吉郎編『政治学研究入門』（東京大学出版会、一九七四年）があった。それ以後、文献ガイダンスを内容とした図書が刊行されたであろうか。編者は寡聞にして知らない。政治学の羅針盤として、本書が広く活用されることを期待したい。

二〇〇六年三月

大塚　桂

目次

序章　政治学の現在

大塚　桂

1　はじめに

政治学とは、いかなる学問であろうか。政治学は、どのような歴史を辿ってきたのであろうか。政治学は、どのような専攻分野から構成されているのであろうか。さしあたって、現代の政治学の位置づけを明確化しておこう。

2　政治学の構造

政治学とは、政治現象を対象とする学問である。それでは、政治をいかに認識し、接近していくのか。実は、政治学研究者それぞれの視座がある。本シリーズの各編者でも、大塚桂は「政治を国民が自己の諸自由・権利を擁護し実現させていくため、主体的自律的に共同統治に関与していくプロセスである[1]」、と共同（体）性を重視する。寺崎修は「現代のように高度に産業化、大衆化した複雑な社会にあっては、人々の諸要求は膨大であり、しかも諸利益は互いに対立して併存しているから、これらの調整・集約をはかるには、強力な政治力が必要である……」[2]とイメージし、その機能を政党が遂行するとの観点から政党の史的研究に取り組んでいる。本田弘は「政治とは支配・服従の関係における人間の人間にたいする統制の組織化である……。だから、共同的社会における人間の対立・分化を統合し、組織化し、秩序づけることこそ、政治の本質的な役割なのである」[3]、と伝統的な認識を提示する。森本哲郎は「政党配置のあり方が、その国の政治のあり方全体に大きな影響を与えている」[4]とし、システムと変動の観点から政治の動態的な把握をしている。いずれにせよ、民主主義を前提とするかぎり、政治を「市民たちが協力関係を保ちながら、自分たちの課題を解決していく過程」と理解できよう。

政治学は、最古の学問といわれる。アリストテレス（B・C・三八四―三二二）の指摘を待たずとも、人間は共同体的な存在であるとすれば、そこには必ず政治現象（支配＝服従関係・統治システム・規制等）が派生する。政治学を学ぶことの意義は何か。近代以降の趨勢は、民主主義であり共和主義である。国民の意思により政治が行われる。政治学を学ぶことで、第一に政治システムが理解できる。第二に、現実の政治を理論的に分析し認識できる。第三に、市民としての責務（政治参加）を遂行するための自律性が確保されるであろう。その意味で、政治学は市民の学問として位置づけられる。

現代にあって、科学技術の進歩は目まぐるしい。学問の分化も顕著である。政治学も、その例外ではない。政治学の現状はどのようになっているか。日本政治学会では、以下の専門別分類をしている。

①政治思想史（アジア政治思想史、ヨーロッパ政治思想史、アメリカ政治思想史、ソ連・東欧政治思想史）
②政治史（アジア政治史、ヨーロッパ政治史、アメリカ政治史、ソ連・東欧政治史）
③比較政治・地域研究（アジア地域研究、ヨーロッパ地域研究、アメリカ地域研究、ソ連・東欧地域研究）
④国際政治理論（国際社会・経済論、国際機構論、国際関係・外交論、国際政治史・外交史、平和・軍事研究、比較文化論・政治人類学）
⑤日本研究（日本政治思想史、日本政治史、日本外交史、日本占領史、日本現代政治論）
⑥行政学・行政理論（行政史、行政組織論、地方自治・地域政治論、政策分析、都市研究）
⑦政治学・政治理論（政治学方法論、政治哲学・倫理、政治体制論、政治変動・政治発展論、国家論）
⑧政治制度論
⑨政治政策論
⑩政策過程論、政治集団論、政党論、政治運動論
⑪政治意識論・世論調査
⑫政治情報・マスコミ論
⑬選挙分析・投票行動論
⑭政治文化論
⑮政治言語論
⑯政治社会学
⑰法制・憲法論
⑱政治経済論・財政

⑲数理・計量分析
⑳システム論、現代社会論

現代政治学は、これらの個別専攻分野から構成されている。各個別領域では優れた成果があがっている反面で、学問や研究者がタコツボ化してしまい、たとえ専門家であったとしてもすべての問題を理解できない弊害も生み出されている。そこで、政治学の再統合化が要請されてくる。つまり、学際研究や共同研究である。本シリーズは、各専攻者たちによる緊密な共同作業を通じて、日本の政治を解明していく。それは、取りも直さず、政治学の復権と再統合へのチャレンジなのである。

3　政治学の展開

政治学は時代状況と相互関係性を持ちながら、発展してきた。政治学の歴史は、古代ギリシャにまで遡れる。プラトン（B・C・四二七—三四七）やアリストテレスらの著作からも分かるが、古代ギリシャでは凡そ政治学＝倫理学と位置づけられた。ポリス（都市国家）におけるよき市民像が最大のテーマであった。古代ローマ時代になると、政治学は法的規制の問題としての性質を帯びた。ローマ帝国が諸民族や国家を侵略・併呑していくことにより、いきおい多民族国家の様相を示し、法規範、特に実定法による統制が必要となった事情がある。中世は神学理論の時代であった。神学者たちの著作に、政治的思惟の展開がみられた。結局それは、神の教義の解釈問題であった。現代政治学は、近代政治理論と直接緊密な関係を持つ。特に、市民革命期の思想家たちによって人権、権力制限、立憲主義、国民主権、議会政治などの制度が考案された。いわば、政治学は、人間解放の学問としての性格を有した。現代になると、特に政治行動論の展開がみられ、政治過程や政治行動などの学問分野が開拓されてきた。

4 おわりに

日本における政治学の発展はどうであったのだろうか。日本における政治学の歴史も、優に一二〇年を数える。本書からも分かるが、明治から昭和前期に至るまでは、国家や政治制度の問題を中心テーマにして政治学は展開してきた。それが、戦後になると、アメリカ政治学の影響を受けて政治運動、政治権力、政治過程、政治意識、政治文化など多岐にわたり検討されてきた。さらに、現代に至っては、公共政策、環境、ジェンダー論までも政治学の範疇で取り上げられるようになった。本シリーズは、学史、思想、歴史、制度、過程、運動などの観点から、近代より現代にわたる日本政治（学）に切り込んでみた。特に、本巻では、過去の政治学の先達が築き上げた莫大な財産（情報と文献）のなかから、日本の政治（学）を学修、研究していくにあたって代表的な入門書、専門書などを紹介している。学部生、院生の文献ガイドとしての役割をはたす構成となっている。一般の読者の方々には政治をみる眼と知識を得る一助となると思う。

注

（1）大塚桂『政治学原論序説』（勁草書房、一九九四年）六頁。
（2）寺崎修他『基礎政治学（改訂版）』（北樹出版、一九八八年）一四六頁。
（3）本田弘他『政治学の課題と展望』（三和書房、一九八二年）二頁。
（4）森本哲郎編『システムと変動の政治学』（八千代出版、二〇〇五年）ii頁。

第Ⅰ部　戦前の政治学

第1章　明治期の政治学

大塚　桂

1　はじめに

第Ⅰ部では、明治期から昭和前期にかけて日本の政治学がいかにして歴史状況と相互関係性を有しながら展開したのかを検証してみたい。

2　公議政体論

日本政治学の歩みは、近代国家の建設とともに始まった。幕末維新期に国家構想をめぐり、政治学の展開が見られた。特に、公議政体論が唱えられた。それは、幕府型でも摂関型統治システムでもない、列藩中心の政治構想であった。

倒幕派の公議政体論としては、坂本龍馬（一八三五―六七）の『船中八策』（慶応三年六月）が朝廷中心の政権構想を示した。具体的には、「一、天下の政権を朝廷に奉還せしめ、政令宜しく朝廷より出づべき事。一、上下議政局を設け、議員を置きて万機を参賛せしめ、万機宜しく公議に決すべき事。一、有材ノ公卿・諸侯及天下の人材を顧問に備へ、官爵を賜ひ、宜しく従来有名無実の官を除くべき事」(『坂本龍馬関係文書(一)』北泉社、一九九六年、二九七頁)などが提言された。

徳川幕府の蕃書調所でも洋学が研究されており、スタッフには俊英が集められた。そこでは、幕府中心の公議政体論が構想された。津田真道(一八二九―一九〇二)は『日本国総制度』(慶応三年九月)にあって、「第一　日本全国政令の大権は総政府の特権なるべき事　第二　日本総政府は武蔵国江戸たる可き事　第三　総政府の大頭領は兼て日本全国軍務の長官たるべき事　……第六　日本全国政令之参与は大頭領之所撰任なるべき事　第七　日本全国政令之監視は制法上下両院に可有之事　第八　制法之大権は制法上下両院と総政府の分掌する所なるべき事　但極重大之事件は禁裏之の勅許を要すべき事　第九　制法上下両院を国たるべき事　第十　制法上院は万石以上たるべき事　同下院は日本全国民の総代にして国民十万人に月壱人ヅヽ推挙すべき事……」(『津田真道全集(上)』みすず書房、二〇〇一年、二六四―二六五頁)とのプランを持っていた。また、西周(一八二九―九七)の『議題草案』(慶応三年一一月)では、権力分立論、議会制度論が提案された。西は、「一　西洋官制之義は三権之別を主と致シ候事に而、法ヲ立候権は、法ヲ行候権と、又法ヲ守候権は無之、法ヲ行候権は、法ヲ立候権と法ヲ守候権とは無之、法ヲ守候権は、法ヲ立候権と法ヲ行候権とは無之、三権共皆独立不相奇候故、私曲自ら難行、三権候は任ヲ儘候事、制度之大眼目ニ有之候、右三権之別、此方ニ而従来一手ニ出候事故、今俄ニ是ニ倣候義は難相成義ニ有之候得共、今議政院相立ち、是ニ立法之権ありて、兼而行法之権相属候而は所謂虎ニ翼ニ而有之、専檀縦肆後患如何共難測義ニ有之候得は姑く古洋法ニ準シ、守法之権を姑く相混候て共、立法行政之権ヲ相判し、議政院は全国立法之権と相定め　公方様政府は全国行法之権と相定め、守法之権は今暫之所、各国行法の権内ニ兼候事、……」（『西周全集（第二巻）』宗高書房、一九八一年、一七四―一八三頁）、と構想していた。

以上のように、幕末期には、旧来の制度ではない新政府組織・機構を創設していかねばならないとの気運が高まっていた。そして、西洋の政治学が積極的に受容された(1)。

3　官立アカデミズムの形成

明治政府は近代化（＝西欧化）を強力に推進し、大学を設置した。時系列的におさえてみよう。

一八七七（明治一〇）年　東京開成学校と東京医学校が合併し、東京大学が創設。この時、加藤弘之（一八三六―一九一六）が法理文学部総理となる。東京大学文学部第一科（史学・哲学・政治学）が創設

一八七九（明治一二）年　東京大学文学部哲学政治学及理財学科創設

一八八一（明治一四）年　東京大学文学部政治学及理財学科創設

一八八四（明治一七）年　司法省法学校を文部省へ移管（東京法学校

一八八五（明治一八）年　東京法学校を東京大学法学部へ吸収合併、文学部政治学及び理財学科を法学部へ移管、法政学部設立

一八八六（明治一九）年　帝国大学への改組（渡辺洪基初代総長）、東京帝国大学法科大学法律学科・政治学科二学科制

当初、政治学は文学部の一学科（あるいは一学科目）として配当された。また、一時期にせよ、今日でいう政治経済学科が置かれた。やがて、法学部政治学科というスタイルが採用された。と

ころで、政治学講座の初代担当者は、フェノロサ（Ernest Francisco Fenollosa, 一八五三—一九〇八）であった。一八七八（明治一一）年八月九日に、彼は来日した。八月一〇日には東大と契約を結び、文学部で政治学ならびに理財学、哲学（史）を担当した。彼の『政治学講義』では、社会の成立とのかかわりから政治を整理しているのが特徴的である。当時、社会学は「世態学」として訳出されている。例えば、「世態学ナル者ハ理学的原因ヲ明ニシ以テ社会ノ事物ノ理ヲ解釈スルノ学ナルコト」（『日本近代思想体系一〇』岩波書店、一九八八年、三四九頁）と説明している。そして、「政治学ハ世態学中ニ於テ的実ナリト認定シタル事実ニ基テ之ヲ建ルノ外ナキ者ナルハ言ヲ竢タザレバ也」（前掲書、三五五頁）、とし、政治学は社会学の一分野として位置づけられた。つまり、「政治トハ、一ノ督制者上ニ立テ下衆ヲ団結シ、下ハ上督制ノ意ニ服従スルヨリシテ起ル者ナルニ、此ノ督制者ノ意ニ服従ストイフ事、及ビ督制者ト被督制者トノ協合ノ事態ハ、禽獣及ビ現存ノ最野蛮人中ニ更ニ見ザル所ニシテ、社会結成後ニ非ザレバ起ラザル者ナルベケレバ也」（前掲書、三五六頁）、と。さらに、彼は政府の成立条件に関して、「政府ナケレバ道徳起ラズ、道徳起ラザレバ事情厖雑ナラズ、事情厖雑ナラザレバ智力進マズ、智力進マザレバ生産増サズ、生産増ザレバ人口大且稠密ナラズ、人口大且稠密ナラザレバ政府起ラザル也」（前掲書、三五八—三五九頁）と論じた。彼は、また政治の服従義務論とでもいうべき考察を加えている。「人民ノ政府ニ服従ストイフ事ハ社会ノ存在スルコトヲ得ル所以ニシテ、人間社会中ニ第一ニ発生スル効用タルナリ。由之観是、世ノ自由論者ノ誤テル亦知ルベキ耳。政府ナル者ハ、決シテルーソー以下ノ論者ガ言フ如ク人民ガ故ニ之ニ権理ヲ委托シタル等ノ有意ノ所業ニ基ク者ニ非ズ。全ク之ニ反シテ政府ニ服従ストイフ事ノ起リハ、無意ノ間ニ、自然界ノ勢力ニ追ハレテ止ムヲ得ズ知ラズ識ラズ此ニ至リシ者ニシテ、無意ノ所業トハ言ヒナガラ、社会結成ノ根元タリ、社会ノ永続シ得ル所以ノ者タルナリ。故ニ現ニ其身ヲ社会中ニ置キ、且ツ此ノ後モ置カムコトヲ欲シナガラ、我レハ我ガ自主自由ノ権理ヲ立テ透シテ政府ノ権理ニハ服従スマジナド、言フ人ハ、恰モ是レ彼ノ胃臓ノ我レハ我レニ胃臓タルノ独立権理アリテ、脳髄ノ指揮ニ服従スベキ理由ナケレバ、誓テ脳髄ヲ斬リ斃サズムバ止ムマジト言フガ如ク、抱腹千万ノ事タル也」（前掲書、三六五頁）、と。

フェノロサは「世態開進論第三」で自由放任主義を説いた。キー・概念は、「自然淘汰」であった。彼は、「開化遷進ノ理ヲ考究センニハ次ノ二者ノ別ヲ知ラザル可ラス第一段ニハ生存競争ノ争乱ニ従事スルコト久ケレバ遂ニ専制政府ノ興起スルニ至ルノ理第二段ニハ国内平和ノ時ニ至リ民庶始メテ自由ノ精神ヲ培養シ自家ノ意見ヲ発揮シ遂ニ専制政府ノ馴致セル画一ノ陋習ヲ破リテ卓然不羈自立ノ精神ヲ煥発スル所以ノ理是ナリ故ニ宜ク先ツ無政ノ国ニ専制政府ノ勃興スル所以ヲ説テ次ニ専制政府ノ一変シテ立憲政体ト為ル所以ニ及ブベシ蓋シ専制政府ニ在リテハ人民ノ権利ヲ枉屈シテ国家ニ奉シ立憲政体ノ国ニ在テハ人民ノ権利ヲ保護スルヲ以テ其職掌トス其別アルコト概ネ此ノ如シ然レドモ其初ニ専断独裁君主ノ人民ニ迫テ教化ヲ布キ従順ノ美徳ヲ培養スルコト無リセバ人々永ク自ヲ好ンデ法令ヲ遵奉スルノ風ニ遷ラサリシナラン然レハ則チ自由ナル者ハ専制政府ノ起リシ後ニ出デシ」（『学芸志林』原書房、一九七七年、三一四―三一五頁）、と叙述した。注意を要するのは、この自由放任主義や自然淘汰説は、チカラのある者（＝明治政府）がそうでない者（＝徳川政府）を駆逐し、上位の立場にあるのを正当づけることもできれば、その逆に新たに力をつけ台頭してきた者（＝民権派や不平士族）が、現行支配者（＝明治政府）を放擲することをも暗喩してしまう点である。さらに自然調和、自由競争などは、新国家においてはいまだ実現不可能であった。国家の基盤の強化に取り組む明治政府が、自由主義学説を黙視していることはもはやできなくなった。このような理由もあって、八一（明治一四）年六月以降、フェノロサは政治学担当を外された。

八二（明治一五）年九月、文学部が編成替えされ第二科（政治及び理財学科）となる。従来の政治学が行政学・統計学・国法学に分化され、担当者としてドイツからラートゲン（Karl Rathgen, 一八五五―一九二二）が招かれた。八一（明治一四）年頃より大学においてドイツ学への傾斜が始まった。実は、ドイツ法学導入が明治一四年政変と即応していることに注目しよう。同政変は開拓使官有物払い下げ事件に端を発したが、同時に国会開設問題や憲法制定をめぐる路線対立に発展した。イギリス的立憲主義を主張する大隈重信（一八三八―一九二二）とプロシャ的な立場の岩倉具視（一八二五―八三）、伊藤博文（一八四一―一九〇九）、井上毅（一八四四―九五）らとの政治的対立が表面化した。やがて、大隈が下野する。これにより、名実ともに薩長藩閥連合が確立し、プロシャに範をとる明治国家体制の方向性が確定された。それを受けて、官立アカデミズムもこの国家の方針に沿って整備された。要約しよう。八一（明治一四）年以降、官立アカデミズムにあっては「有司専制」体制を根底から支える〈統治の学〉＝国家学・国法学が重視された。

政治学関連の文献として、明治初期に、イギリス思想（ミル（中村敬宇訳）『自由之理』（一八七一年）／ミル（永峰秀樹訳）『代議政体』（一八七五年）／ベンサム（島田三郎訳）『立法論綱』（一八七八年）など）ならびにフランス思想（トクヴィル（小幡篤次郎訳）『上木自由論』（一八七三年）／モンテスキュー（何礼之訳）『万法精理』（一八七五年）／ルッソー（服部徳訳）『民約論』（一八七七年）など）が受容された。それらは自由民権運動の理論的支柱の役割を担った。中期には、大日本帝国憲法の制定に関係することになる思想家やお雇い外国人の著述の翻訳が多数出た。ロエスレル（Kar Friedrich Hermann Roesler, 一八三四—九四）は、七八（明治一一）年に外務省法律顧問として来日し、後に太政官法律顧問となり、憲法制定に影響を与えたが、彼の翻訳『社会行政法論』（一八八六年）が出ている。グナイスト（Rudolf von Gneist, 一八一六—九五）は、憲法調査のため渡欧した伊藤博文らに憲法学を教授したが、その講義案『西哲夢物語』（一八八七年）が翻訳されている。シュタイン（Lorenz von Stein, 一八一五—九〇）もまたドイツで、伊藤らに憲法・行政法を講義したが、それもまた翻訳されている（『須多因氏講義筆記』一八八九年）。また、ドイツ学導入に積極的な関わりをもった加藤弘之の翻訳であるブルチュリーの『国法汎論』（一八七二年）もある。

4 ドイツ国家学——政治学の成立

ラートゲンの講義は、『政治学上巻国家編』（一八九二年）からうかがえる。その講義は、国家類型論や比較政治体制論を中心とした。彼は学としての政治学の位置づけを、以下のように理解した。「政治学トハ国家ノ性質及作用ヲ研究スル一個ノ科学又ハ数個ノ科学ノ衆合ナリ抑政治学（Politics）ナル名称ハ希臘語ノ市府（Polis）ナル文字ヨリ脱化シ来ル者ニシテ蓋シ希臘ノ国家ナル者ハ……所謂蕞爾タル市府国家ナルヲ以テ希臘人ハ未タ市府ト国家トヲ区別セスシテ之ヲ混同シ随テ国家ノ性質及作用ヲ研究スル科学ヲ称シテ政治学（Political Science）又ハ国家学（Staats Wissenschaft）ト云フ」（『政治学上巻国家編』明法堂、一八九二年、八—九頁）、と。彼は、基本的に、ドイツの一般国家学の理論をそのまま講義のなかで展開していた（特に、ブルンチュリーの基本的な立場を踏襲していたといえよう)。彼にあって、政治学が独立した一科学としての理解はいまだみられない。政治学は、結局国家学と同義として考えられた。彼の国家学＝政治学は、明治国家体制の強化に寄与したのは確かであった。

ラートゲンは一八九〇(明治二三)年まで、日本にあって政治学を講じた。やがて、日本人研究者の育成が急務とされる。一九〇一(明治三四)年一〇月には、東大の政治学担当専任教員として小野塚喜平次(一八七一—一九四四)が就任した。彼は、〝政治学の体系化〟、〝学としての政治学の独立〟というテーマに取り組んだ。彼にしたがえば、「政治学研究ノ必要ハ豈只、政治学者ト政治家トノミニ限ラレンヤ、見ヨ、政治的現象ハ吾人国家的生活ヲ営ム人類ノ日々見聞スル所ニ非ズヤ、日々見聞スルノミナラス、実ニ吾人ガ其ノ中ニ生活スル、——常ニ吾人ヲ囲繞スル現象ナリ、果シテ然ラバ一般国民、殊ニ立憲政治ノ下ニアル国民ハ、少クモ此学ノ概念ヲ有スベキナリ、政治学ノ研究ハ其必要此ノ如ク大ニ、其愉快亦大ナル……」(『国家学会雑誌』第一〇巻第一一号、一一一六—一一二六頁)、という。政治学は決して、政府のための学ではないことを鮮明にしている。彼の著書『政治学大綱』(全二巻)にあって、ラートゲンの『国家学上巻政治学』と比べても、国家の構造や目的、そして機能(政策)に関して緻密な議論を繰り広げている。小野塚は『政治学大綱』にあって、政治学をどのように定義し、位置づけているのだろうか。彼は、「人類社会ニ関スル現象中殊ニ国家的現象ニ関スル者ヲ撰ヒ研究スル者ハ国家諸学又ハ政治諸学ト云フ我国従来用ヒ来レル政治学、国家学、ノ名称ハ共ニ等シク多クハ漠然、此広大ナル意義ニ於テセリ、蓋シ政治社会ノ特徴ハ其国家存在ノ点ニアリ而シテ国家ニ連関スル現象ハ政治的現象ト凡称セラルルヲ以テ此両語互ニ流用セラレタルナラン、之ヲ欧米ノ用語ニ徴シ其語原ニ遡ルモ亦政治学トハ国家ニ関スル学ノ義ニ用ヒラレタルヲ見ルヘシ」（『政治学大綱（上）』博文館、一九〇三年、一三―一四頁）、と叙述した。つまり、政治学の研究対象は国家に関する現象としている。さらに、彼は、「国家原論ト政策原論トヲ合シテ狭義ノ政治学ト称ス」（前掲書、一九頁）、と考察した。政治学は、国家の基礎理論と政策を研究課題とする。彼は、政治学を広狭二義に区別する。つまり、「広義ニ於ケル政治学トハ国家ニ関スル諸学科ノ総称ナリ、狭義ニ於ケル政治学トハ国家ノ事実的説明ヲ与ヘ其政策ノ基礎ヲ論スル学ナリ」（前掲書、一九頁）、と理解した。

小野塚は政治学の研究範囲について、「政治学ノ当然ノ範囲ハ其定義ニヨリ明カナリ即チ政治学ハ一方ニハ国家現象ノ事実的説明ヲナシ他方ニハ国家政策ノ基礎ヲ論スルカ故ニ国家アル所政治学亦追随スト言フテ可ナリ」（前掲書、二〇―二一頁）、と言及した。政治学は国家を解明する学であると彼は理解した。小野塚は国家を「一定ノ土地ニ於テ統治組織ヲ有スル継続的人類社会ナリ」（前掲書、一〇一頁）、と定義したが、彼には一般国家学、形式社会学などの影響が顕著である。国家における機関の作用や活動こそが、政治であると彼は認識した。小野塚政治学は、方法論に関してさほど精緻化してはいない。国家学からの脱却はみられない。『政治学大綱』のユニークさは、国家原論と政策原論の二部構成をとり、就中政策原論にあるとされる。しかし、問題は両者の関連性が明確でないことにある。[2] ドイツ帝国にあって、アメとムチの政策がとられた。国家を研究対象とし、秩序化や統制を主眼としたときに、国家原論と政策原論とが、政治学にあって重視されるのは当然のことであろう。小野塚の議論は、上からの、国家の作用としての政策論の域をでない。小野塚にあって国家が無条件に前提とされており、国家を離れて政治現象はありえないとされた。

京都大学の佐藤丑次郎（一八七七―一九四四）も、東京帝国大学のラートゲンの系統（国家学＝政治学）と軌を一にしている。彼は『政治学』（一九三五年）にあって、政治学の性格や位置づけを比較的丹念に整理している。佐藤は、「政治学……トハ実質上観察シテ国家ノ支配ノ理法ヲ一般的ニ研究スル学ヲ謂フ。之ヲ細説スレバ、(一) 政治学ハ国家ニ関スル事項ヲ研究スル学ナリ。政治学ハ国家学……ノ一分科トシテ発達シタルモノニシテ、其ノ研究ノ範囲ハ之ヲ国家ニ関スル事項ニ限リ他ノ一般社会ニ及バズ。固ヨリ支配ノ関係ハ国家以外ノ社会ニモ存スル所ニシテ……苟モ直接ニ国家ニ関セザルモノハ悉ク之ヲ政治学ノ研究ノ範囲外ニ置ク……。(二) 政治学ハ国家ノ支配ニ関スル事項ヲ研究スル学ナリ……。(三) 政治学ハ国家ノ支配ノ理法ヲ研究スル学ナリ。社会科学ヲ大別シテ記述的、理論的及ビ応用的社会科学……ノ三種トナストキハ、政治学ハ国家ノ支配ノ理法ヲ研究スル学ナルガ故ニ固ヨリ理論的社会科学ニ属シ、政治史学、政治地理学及ビ政治統計学等ハ記述的社会科学ニ属ス……。(四) 政治学ハ実質上ヨリ観察シテ国家支配ノ理法ヲ研究スル学ナリ……。(五) 政治学ハ実質上ヨリ観察シテ国家ノ支配ノ理法ヲ一般的ニ研究スル学ナリ。政治学ハ国家支配ノ全部ニ亙リ其ノ全面ニ存スル理法ヲ研究スルモノニシテ、国家支配ノ一部ニ就キ其ノ一面ニ存スル理法ヲ研究スルモノニ非ズ。各別的ニ国家支配ノ一面ニ存スル理法ヲ研究スルハ行政学、刑政学、軍政学、財政学其ノ他ノ各分科学ノ任務タリ。……政治学ハ則チ各別的ニ国家支配ノ理法ヲ研究スル各分科学ノ上ニ立チ、其ノ知識ヲ総合スベキ地位ニ在ル……」（佐藤『政治学』有斐閣、一九三五年、一―八頁）、と叙述した。佐藤は、政治学の課題と対象を国家に限定した。この点で、ラートゲンや小野塚らと相違しない。政治学の目的として重要なのは、今日でいえば、正当性の問題にある、と佐藤はみている。また、同書で佐藤は、政治学を政治組織論と国家政策論とに大別しているが、小野塚の国家原論と政策原論との区別と同一であることを、ここでは指摘しておきたい。以上みたように、佐藤の議論にあっても依然として、政治学=国家学である。特に、統治の学としての政治学の側面が濃厚である(3)。

5　おわりに

小括しよう。ラートゲン、小野塚喜平次、佐藤丑次郎らはともに、政治学方法論については、特段に顧慮する必要性を感じてなかった。現実国家の存在性を前提としつつ、国家において生じる現象を研究することが、政治学の使命と彼らは考えたからである。政治学の独自性、体制・政権・政策に関する批判的な分析については、彼らの視野からは完全に抜け落ちている。それも、また当時の政治状況からして致し方がなかった。ただし、これらの欠陥部分を超克していく試みが、大正以降に出てくる。

注

(1) 大塚桂『明治国家の基本構造』(法律文化社、二〇〇二年)二七～三三頁。
(2) 松岡八郎『加藤弘之の前期政治思想』(駿河台出版社、一九八三年)一一五頁。
(3) 大塚桂『近代日本の政治学者群像』(勁草書房、二〇〇一年)九～五五頁。

第2章　大正期の政治学

大塚　桂

1　はじめに

大正期になると、実証（主義）的政治学が登場する。ドイツ系でなく、イギリス・アメリカ系の政治学の興隆である。具体的には、小野塚政治学への反省を迫る吉野作造（一八七八―一九三三）系統と早大の浮田和民（一八六〇―一九四六）＝大山郁夫（一八八〇―一九五五）系統がある。

2　吉野作造の政治学

学としての独立を志向した小野塚政治学だったが、国家学からの脱却はみられなかった。明治期を「国家」主義の時代とすれば、大正期は国家から社会観念が独立し、国家優位を全面的に容認できないという意味で「社会」主義の時代であった。国家の枠組みを超越して、新たに普遍的な原理を追究する気運が高まった。吉野作造の政治学＝民本主義は、その時代的表現であった。吉野は、小野塚門下であった。その一方で彼は学生時代に、浮田に傾倒した。彼自身「早稲田大学の浮田和民先生……にはずいぶんひきつけられた」[1]、と回想している。吉野はジャーナリズムに関心があり、また、クリスチャンであり政治学専攻であったことなどから浮田に傾倒したのだろう。吉野の民主主義論は、結局のところ浮田を超えるものではないとの評価もあながち間違いではない[2]。ところで、吉野は政治学を国家学から解放しようと試みた。吉野が小野塚の政治学講座の代講をした際に、政治学を国家に限定することなく、社会との関連において把握しようと意図した。彼は、「戦争以前の政治学に存っては強制組織としての、国家其物が絶対の価値であった。凡て人類は団体生活即ち社会に於て初めて其存在を全うすることは云ふを俟たない。而して其社会生活を継続的に可能ならしむる所以のものは強制組織によつて秩序立てられる事にある。社会生活を此方面から観る時、我々は特に之を国家生活と云ふ。我々は日常の用語例に於て国家と社会とを混同し、国家の文化を進めるとか、日本帝国の精華を誇るとか云ふ。けれども此の場合の国家は日本民族の社会生活を意味するのである。政治学で国家と云ふ時には、専ら其社会生活が強制組織に於て統制されたる方面のみを着眼しなければならない」（吉野「政治学の革新」『吉野作造選集1』岩波書店、一九九五年、二三七頁）、と明快に論じた。

吉野は従来の政治学が国家に絶対的な価値を置き、国家研究に限定していたのを批判した。国家に関して、吉野はどう評価したか。「当今我国に於て、国家なる文字は不当に広く使はれて居り、而して之がまた思想混乱の一因となつて居るからである。そこで予輩の観る所では、国家に関する思想の混乱の原因は二つある。一つは国家の概念の曖昧な事であり、一つは国家の観念が違ふと云ふ事である。……一体理屈から言ふと、我々の所謂団体生活の全部は国家生活ではない。所謂社会生活とは少くとも概念の上に於て明かに区別されなければならない。人類の生活が団体生活に於てのみ可能であることは今更云ふ迄もないが、其団体生活をして可能ならしむる所以のものは、其処に何等か総ての人の生活を統制する根本原理があるからである。而して其統制の原理が、法律と武力即ち一言にして言へば権力である時に、其生活を国家生活と云ふのである。国家生活は我々の団体生活の中、権力によつて統制さるゝ一方面を言ふに外ならない。国家とは即ち権力によつて統制さるゝ方面を抽象したる団体生活に外ならない。従つて其の外に、我々の生活の中には、権力によつて統制さるゝ方面あり、又否らざる諸ろ〳〵の方面あり、抽象的に考へれば、種々の相を呈して独立して居るけれども、具体的に観れば渾然たる一生活に過ぎない。之を我々は社会と云ふ。社会が主で国家は其一面を抽象したるものに外ならない。少くとも理論上は斯く考ふべきものと思ふ」（「現代通有の誤れる国家観を正す」『前掲書』、二六八頁）、と吉野は主＝社会・従＝国家の認識に立つ。吉野の見解は当時の時代状況を反映しており、「社会における国家」との視座がみられる。ここから、「社会と国家とは別のもの」との峻別論が出てくる。

吉野は、政治を広義なものと把握する。つまり、従来の国家学＝政治学が、政治現象を国家に特有なものとしていたのと相違し、社会の枠組みの中でこれを理解する。そして、「政治とは、手短に分かり易く云へば、我々人類の社会的生活が客観的支配関係に依つて統制せらるる現象を総括して謂ふのである」（「現代政治思潮」『前掲書』、三〇〇頁）と、定義づけた。吉野は政治を、社会における支配＝服従関係と認めた点で、斬新さがある。吉野は政治を機能的に実態的に理解しようと努めた。

3　浮田和民の政治学

雑誌『太陽』で健筆を奮った浮田和民は早大で四〇年間、政治学原論を担当した。その講義録として『最新政治学』（早稲田大学出版部、一九一三年）がある。浮田は、国家研究を重視しない。政治を、吉野よりもさらに広義に捉える。今日でいえば、政治社会学的な認識である。彼は、「政治学は人間協同生活の政治に関する部分を研究するものである」（『最新政治学』一頁）とし、政治学を社会学の一部門として位置づけている。さらに、浮田は、「人間の政治的活動は人間協同生活の全部ではない、其の一部である。政治学は人間協同生活の一部分を研究するものであるから、政治学の外に人間協同生活の全部若くは政治的生活以外の部分に就て研究する科学がなければならぬ。……而して近時人間協同生活の全体に関する新科学が発生した。社会学即ち是れである。……此の社会学が成立するとなれば、政治学は其の一部分であるとしなければならぬ。……社会学と政治学とは唯だ其の範囲の広狭に依って差別さる丶のである。社会学は古今東西凡ての人間社会に関する事実を研究し、必しも政府の有無を問ふものでないが、政治学は社会学を基礎として専ら政府を有する人間生活の事実を研究するものである」（前掲書、三頁）、としている。

官立アカデミズムの政治学は、国家学の一ブランチとしての位置づけであった。これに対して、浮田は政治学を社会学の特殊部門とする。実証的政治学が国家学的政治学と異なるのは、まさにこの点である。浮田は、より直截的に「政治学は社会学と密接の関係あるのみならず、政治学は社会学の一部分であるから、政治学それ自身社会学たることを忘れてはならぬ」（前掲書、四頁）、と表現している。社会は人々の協同生活そのものであり、国家は包括的な存在ではない。「国家、家族、教会、労働組合等は何れも協同生活の一種であって、其の全体ではない。社会は其の根本であると同時に、是等の協同生活を包含し更に之に超越するものである」（前掲書、五頁）、との彼の議論には社会における各種集団という多元的国家論的な見解が含まれている。浮田は国家＝社会と同一視する見解に、異論を唱える。しかしながら、国家は「社会の一部のみを組織したものではない」（前掲書、五八頁）。さらに、独特な機能を持つのである。浮田は、国家が他の社会と異なる点を以下のように挙示する。「（一）国家は他の社会の企て及ばざる普遍性を有つて居る。国家に領土内にある凡ての個人及び集団は、国家の法律に服従し、其の保護を受けて居る。国中の住民は悉く国家の一員である……。（二）国家は社会の勢力を集中して一切の強制力を独占して居る。……国家は老若男女を問はず、罪ある者にも罪なき者にも等しく強制権を加ふることが出来、又た現に是を加へつゝあるのである。（三）国家は……凡ての人民に無条件的服従を要求するのである。……国家は其の法律に背く者に向つては、其の利益を拒否するのみならず、之に刑罰を与ふるのである」（前掲書、五八—五九頁）、と。浮田は、国家を社会における特殊機能を果たす組織と考えていた。

4　大山郁夫の政治学

東大系とは別種の早稲田系研究者たちの取り組みを、閑却すべきでない。山田一郎『政治原論』（一八八四年）、高田早苗『通信教授政治学』（一八八六—九〇年）、『国家学原理』（一九〇一年）、有賀長雄『国家学』（一八八九年）、『国法学』（一九〇一—〇二年）、浮田和民『最新政治学』から大山郁夫に至る政治の科学化、社会現象としての政治という学的な系統である。

大山は戦前より労農党委員長として政界で活躍した。彼は『政治の社会的基礎』（一九二三年）で政治現象そのものの考察にあたり、「政治現象は徹頭徹尾一の集団生活現象だといふことである。客観的見地から政治現象の特質を挙ぐれば、それは、諸社会群間に於て、力の優越——それは現在の社会状態の下に於ては『権力』の名で呼ばれて居るところの——の獲得といふことを目標として、顕在的に若しくは潜在的に行はれている社会的闘争に関連する諸事象だ、といふことに帰着するものである。かういう意味に於て、それはその根本に於ては、どこまでも一種の集団闘争現象としての性質を帯びて居るものである。若し政治現象に関するこの見解が正しいものとすれば、この集団的権力闘争の当事者の単位は社会群若しくは社会的集団……だ、といふことになるのである。即ち、それは個人でなくて、集団だといふことになるのである。そして、政治現象に於ては、或る特定の個人の行動が非常に目立つ場合でも、それは或る意味に於て集団の代表者としての個人の行動に外ならないのである」（『大山郁夫著作集（第四巻）』岩波書店、一九八七年、九〇頁）、と論じた。官立系政治学にあって、政治現象は国家現象以外の何物でもなかった。これに対して、大山は、政治社会における集団の行動、過程こそが、政治現象だと理解する。政治学の性格に関して、大山はどのように考察していたのだろうか。「現代に於て役に立つ政治学は、先づ第一段には現代の政治現象の本質を如実に闡明するものでなければならぬ。けれども、一切の政治現象が動的現象である以上、我々はそれを社会進化の限界から眺めなければ、到底その正当なる科学的認識に到達することが出来ないものである。この意味に於て、現代の政治現象を明確にするためにも、或る程度及び範囲に於てその過去における進化の過程を振り返って見なければならないのである。しかも、政治現象が社会現象の一部である以上は、我々は同時にそれを社会進化の背景の前に立たせて観察しなければならないものであり、従って新しき政治学は、動的研究を以てその基調としなければならないものだといふこともまた、その当然の帰結である」（前掲書、一〇五頁）、とし、国家に限定されない、政治社会から派生するリアルな（政治）現象を分析、把握する実証的な政治学を大山は志向していた。

5　私学系政治学

政治学は、東京大学（ラートゲン＝小野塚＝吉野）、京都大学（佐藤〔丑〕）、早稲田大学（浮田＝大山）などの系統においてのみ展開していたのではない。特に、明治期に法律学校としてスタートした中央大学、明治大学の政治学も看過すべきでない。官立アカデミズムがドイツ学偏重であり、また統制の術としての国家学＝政治学という方向性をとったのに対して、私立の法律学校は薩長藩閥政府に対する批判勢力としてのレーゾン・デートルを持っていた。それだけに、社会重視の政治学が展開する下地があった。

中央大学の稲田周之助（一八六七―一九二七）の『政治学原理』は、第二編国土、第三編人民、第四編統治組織というように、国家三要素説を敷衍している。その点で、稲田の政治学はオーソドックスである。政治学は「人類国家ヲ成スノ状態ニ就テ、総括的ニ、其体用ヲ明カニスルノ学問ナリ」（『政治学原理』有斐閣、一九二二年、一頁）とし、「……政治学ハ、人類ノ政治生活ヲ営ムノ状態ニ就キ、総括的ニ、其学問ヲ組ミ立ツルヲ期スルヲ以テ、他ノ分科的研究ニ比シテ、其規模自ラ宏大、其研究亦頗ル複雑ヲ極ムルト云フノミ。然ラハ、何ヲカ政治学ト謂フ、曰ク、人類、政治生活ヲ営ムノ状態ニ就キ、総括的ニ、其組織及ヒ作用ヲ研究スルトコロノ学問ナリ。乃チ、人類ノ政治生活ヲ営ムノ状態ニ関スル研究ナリ。政治生活トハ何ヲ謂フカ、曰ク、人類団体ヲ結ヒ、其団体ノ内部ニハ、分業アリ、統一アリ、命令者アリ、服従者アリ、一定ノ規律節制ノ下ニ、其共同ノ生存ヲ保ツノ謂ナリ。人類ノ団体生活ハ、家族制ニ始リ、国家ヲ成スニ依リテ、其体ヲ具フ。故ニ政治学ハ、国家ノ内部ノ組織行用ト、国家相互ノ関係トヲ以テ、其研究範囲ト為スト云フヲ得ヘシ」（前掲書、一—二頁）、と政治学を性格づけた。政治学は政治生活を研究対象とするとしながらも、国家が最高団体であり、そこに限定されると稲田は考えた。稲田は政治学を現実生活に関する実践的科学としているのが、特徴的である。

長谷川如是閑（一八七五—一九六九）はジャーナリストながら当時における欧米政治思想をいち早く受容、摂取した。とくに、対・ドイツ国家批判論には舌鋒鋭いものがある。長谷川を中央大学系の政治学研究者として評価してもよいだろう。彼の『現代国家批判』にあって、「国家と其の政治とに関する考察が、或る目的に支配されている時には、それに関する学問的価値は甚だ疑はしいものとなります。又実際の国家が、生活の機構としての進化を営んでいるに拘らず、一般がその事実の認識を欠いているといふことも危険な話である。我が国の現象を見ると、国家に関する考察は、動もすれば、意識的又は無意識的に、或る目的に支配され勝ちであつて、さうして、一般の間に、生活事実としての国家といふものに対する在りのまゝの認識が欠けています」（『現代国家批判』弘文堂書房、一九二二年、一頁)、と記してある。彼は官立アカデミズムの主導の下で国家に価値を置き、それを高揚する学界の動向を批判した。彼は、ドイツ系の国家学をかなり手厳しく批判している。すなわち、「独逸流の哲学的国家観では、社会と国家とを混同して、国家の生活は、社会の生活の最も発達した或は最も完成した様式であるといふ風に観るのである。これに反して、英国などの実験的国家観によれば、国家は社会に発生したいろいろの制度の一つであつて、其の価値は、一般がその制度と同様に、その社会的価値に依拠しているのである。……国家を現実に見るといふ観方は、いふまでもなく後者の見方をいふのである。前者即ち国家は社会の最も完全な現はれであるといふ見方の事実に合していないことは、現に世界的の要求になつているところの、国家をもつと社会化しなければならないていふ切迫した事情の発生によつても明瞭である。実際、国家の生活が、社会の生活に適応すべく進転していくことによつて、国家の肯定が成り立つのである。社会が国家といふ完全体に進んでいるものではなく、国家が社会という生活体の手段として存在しているのである」(前掲書、一三―一四頁)、と。

長谷川は、国家は社会における一つの制度にすぎず、また一手段であるのを明確化している。さらに、国家は非包括的な制度であることに言及する。「歴史的に実際の国家は、人類の社会的性質の全般を包括する制度でないことは、殆ど明瞭である。それは社会的本能のアブノーマルの一面なる闘争の本能に立脚する制度である。社会的性質――仮りにその意味に社会といふ言葉を使用するならば――即ち社会性は、国家制度とは全く没交渉に作用し、発展し、完成せしめられて行くべき性質のものである。何となれば、それは、国家といふ制度が強制する力以外の組織された力の発展だからである」(前掲書、二八頁)、したがって、「国家生活は、決して社会生活の全般を含んでいるものでもなければ、その最も肝要な部分を包含し尽しているものでもない」（前掲書、三二頁）、と長谷川は断じる。彼は国家の絶対化を否定したが、それは結局のところ官立アカデミズムに対する痛烈な批判を意味していた。

明治大学の村瀬武比古は、伝統的な政治学の流れにある。彼は、国家に価値を置くスタンスをとる。彼によれば、国家は全体的な価値を表象している。「歴史が我々国民の自覚的体系を成すことに由り、歴史の発現、将た宇宙精神の最高表現としての国家が、我々の国民的存在を規定する全体として存在するのである。従って個人的、部分的に非ざる国家の行動即ち政治生活が全体として現はるゝのは必然的事象であらねばならぬ。而して其の生活は悉く国家の政治的断定に成り、国家存在の意義を明晰ならしむる唯一の認識である。……斯くて国家の政治的断定は必然的価値の論理的認識であると云ふことが理解される時、国家の現実生活も亦、自ら全体的価値の体系を表はしていると謂ふことが出来る。而して政治的法則は国家の自覚的体系を先天的に規定すると云ふ所から、国家の政治的認識は空間的証明を俟たざる当為の真世界に常住すると云ふことが謂はれる。此の意味に於て国家の政治的断定は此の法則を通じて普遍妥当性を要求し得るのである」（『政治哲学原理』太陽堂、一九二五年、二〇頁）、と。官立アカデミズムにあっても、これほどまでに国家を高揚するような所説は稀でないか。彼の「……国家は社会の一部であるが、而も社会を超越せる神秘的なる一である」（前掲書、二二頁）、とする発言には驚く。村瀬は、後段の部分にウェイトを置いた。さらに、彼は、国家は統一態であり、「一個にして且つ不可分であらねばならぬ」（前掲書、二二頁）、としている。それでは、具体的に、国家の構造に関して、どのように考察したのか。国家という組織の特質について、彼は「第一に、私は国家は一切包括的であるてふことを提唱する。国家の組織は一切の自然人若くは法人及び一切の私人組合等を包含してをる……。第二には国家は排他的である……。第三は国家は永久的なるものていふことであるる……。第四に国家は自主独立であらねばならぬ……。第五に国家は人民に対する主権を所有すべきである……」（前掲書、三〇―三二頁）、と整理した。彼は、国家を最高かつ絶対的、全体的な団体として認識していた。

村瀬の後を継いで明大政治学の発展に尽力したのは、弓家七郎（一八九一―一九九〇）であった。彼は『政治学概論』（興文堂、一九四二年）にあって、政治学の概念を克明に記述している。まず、最初に政治学の研究対象についてである。「政治学は……政治現象を以てその研究対象とするところの学問である」（前掲書、一頁）、と弓家は位置づける。さらに、「政治学研究の現段階においては、それは未だ科学としての理想には甚だ遠い憾みはあるが、しかし、研究の対象を明確なものにすることは必ずしも不可能ではないのである。とすれば、政治現象なるものに対する正確なる知識も、方法的なる観察・実験・論証によりて獲得することも出来、従って、その知識も普遍妥当の真理として体系的なるものに組織することも出来得るであらうし、さうしたならば、自ら現象一般に通ずる合理的法則も発見することが出来るであらう。かくして、政治学は科学としても十分に成立し得べきものであることを信ずる」（前掲書、三―四頁）、と科学としての政治学を、弓家は志向している。ところで、政治学の対象としての政治現象とは何か。「政治と言はれるものの特色を更に深く考へて見ると、それは権力を以てする、即ち強制力を以てする活動、若しくはかゝる権力的活動に影響を及ぼさんとする活動であることが知られる。しかるに、権力とは組織せられた社会力に外ならぬものであり、而して、かゝる権力は最高度に組織せられた社会であるところの国家においても最も顕著なものではあるが、しかし国家にのみ特有な現象ではないやうである。宗教団体や職業団体等も、組織せられた社会力を有して居り、その指導者等はこの社会力を利用して団体員を強制し、団体としての目的を達成しつゝあることが認められる。従って政治とは、必ずしも国家の政府活動のみであるとは言へない。政府の活動以外にも政治はあり得るのである。如何なる団体にもせよ、その団体の構成員が、その指導者により発展せられたる団体の意思に服従することの一般的義務を承認したとき、その構成員は被治者たる地位を有し、指導者は治者たる地位を獲得するに至ったものと見るべきであり、かくしてその団体は政治的性格を有するに至ったと言へる」(前掲書、四—五頁)、とし、弓家は、政治権力、団体などに着目し、国家のみが政治学の研究対象ではないのを明確化した。彼は、「政治学はかくの如き政治現象一般をその研究の対象とするところの学問でなければならぬ。単純に国家に関する学問であるとするわけには行かないのである」(前掲書、五頁)、と喝破した。さらに、弓家は、「国家は社会にありて最も完全に組織せられたる社会であるから、もとより社会団体の一種であり、従ってそれは又大なる共同社会の一部分を構成して居るものでもある。尤もそれと同時に、その内部には多くの小なる共同社会や組織社会を有して居るところの社会団体でもある」(前掲書、一二頁)、と国家を位置づけた。弓家は村瀬とは異なり、無条件に国家を絶対化してはいない。弓家は、社会における組織として国家を把捉している。その一方で、国家は小集団を包括するとみている。ただし、部分社会＝国家と全体社会＝国家との峻別がさほどクリアーでないのが、問題ではある。

官立アカデミズムが、主として新カント学派の方法論を受容して政治学の自立を志向したのとは対照的に、早稲田大学にあっては浮田＝大山の系統を承けてアメリカ政治学に基づいた独自の政治学が展開した。例えば、高橋清吾（一八九一―一九三九）である。高橋をもって集団的関心または圧力政治に着眼した先駆者との評価がある。[3] しかし、高橋よりもむしろ関西大学の岩崎卯一（一八九一―一九六〇）が、いち早く政治過程論的な考察を行っている。著者は、岩崎を日本における団体研究の嚆矢として評価している。[4] ところで、高橋の政治の定義、政治概念は注目に値する。彼は『現代政治の科学的観測』（早稲田大学出版部、一九二六年）、『政治科学原論（改訂）』（有斐閣、一九三二年）などを著した。彼は『現代政治の科学的観測』で社会科学の一部門として政治科学を位置づけた。

「政治科学は社会諸科学中の一科学であるが、政治科学が一個の独自の科学として成立するためには、それには必ず社会現象を或る特異の点から観なければならない。即ち政治科学はそれ自身特殊の領域―独自の研究題目―をもたなければならない。のみならず、その『特殊の領域』は科学的に研究せられ得べき性質のものでなければならないのである。政治科学は社会現象の一方面としての政治現象をその独自の研究対象とする。政治科学はそれ自身の領域は政治現象である。……政治現象を爾余の社会現象から区別するところの基準は、一に経験的事実の認識によってのみ得られる。それ故に、この基準を索むるためには我等は科学の鉾を『事実の世界』に向けなければならない。事実の世界に於て政治現象と呼ばるゝところのものは政府の組織活動を中心とする政府現象である。換言すれば、政府現象なる事実を我等は経験的に政治現象と呼んでいるのである。而して政府現象が政府現象たるの特異性は、『人間集団生活に於て或る人々が物的強力を擁して他の人々を支配する』といふ点に在る」（『現代政治の科学的観測』二二一―二二四頁）。

政治科学は政治現象を研究対象に定めるが、それは就中政府現象である。官立アカデミズムが国家を研究対象とするのに対して、高橋は政府を研究対象とする。彼は、「政府現象若くは政府現象なるもの、特異性即ち特質が『人間集団生活に於て或る人々が強力を擁して爾余の人々を支配する』といふ事実に在ることを認める」（前掲書、二五頁）としつつも、この基準は政治現象を他の諸現象から区別するものであり、政治の特質的要素であるけれども、政治現象の全要素ではないとする（前掲書、二六頁）。それでは、高橋は具体的に何をもって政治現象と把握したのか。そもそも、「政治現象とは一社会に於ける政権の活動及びその維持・獲得闘争過程である」（前掲書、二七頁）、そして、「政治科学は政治現象学である。……換言すれば、政治科学は流動する政治現象または政治行為過程を研究対象とする」（前掲書、三四—三五頁）、と。彼は、政治過程に政治現象が生ずると考えた。とすれば、政治科学は何を分析すればよいのか。『政治科学原論』ではより実態論的に考察し、「現代政治現象はその形式から見ればそれは主として『政府現象』であるが、さらにその実質について見ればそれは主として『政府—党派現象』である。……『現代政治現象とは主として諸党派間に於ける政権維持・獲得闘争及びそれに随伴する社会的支配・経営過程を言ふ』」（『政治科学原論』六二—六三頁）、と記述した。政治現象は政府＝党派現象であり、政権の維持・獲得に典型的に現出するものと理解された。さらに、注目すべきは高橋の議論に圧力団体論の片鱗がみられる点である。例えば、「現代政治現象—殊にデモクラシーに於けるもの—の中軸は、『政権維持・獲得闘争』であるから、この観点よりすれば、現代政治現象は主として、『一種の力の現象—圧力関係の現象』であると言はなければならない」（前掲書、七二頁）、あるいは、「政治行動は主として個人若くは集団による—多くの場合に於ては集団による—一種の『圧力行動』であり、さうして現代の政治現象（全体としての）はこれらの政治行動の相互関係の上に成立するものであるといふことが理解されるであらう」（前掲書、九一頁）、との論述である。このように、高橋は政治過程論なり圧力団体論なりの先駆的な理解を提起した。そして、彼は一 枢密院、二 貴族院、三 軍部、四 財界、五 新聞、六 知識階級、七 官吏集団、八 労働団体、九 社会的団体、一〇 大衆の一般的感情、一一 国際関係などの行為主体が政治過程で活動していると分析した。

6 おわりに

東京大学系の国家重視の政治学とは異なり、私学系の政治学は総じて国家を相対的に把握した。私学系政治学は、一般的に、英米系の学問に関心を寄せた。新カント学派の影響を受けて政治学の独立を志向する官立系とは、この点で一線を画した。

注

（1）吉野作造「民主主義鼓吹時代の回顧」三谷太一郎編『吉野作造論集』（中公文庫、一九七四年）一四七頁。
（2）松尾尊兊「解説」『近代日本思想体系一七』（筑摩書房、一九七六年）四六三頁。
（3）大石兵太郎『政治学凡論』（南効社、一九三七年）四七六頁。
（4）大塚桂『多元的国家論の展開』（法律文化社、一九九九年）二〇八頁。

第3章　昭和前期の政治学

大塚　桂

1　はじめに

多元的国家論が日本に受容されたのは、一九一九―二〇（大正八―九）年の頃である。中島重『多元的国家論』（一九二二年）や高田保馬『社会と国家』（一九二二年）が機能的国家、全体社会と部分社会などの解明にあたった。多元的国家論の摂取が政治概念論争を誘発させた点は、政治学史上注目される。

2　政治の集団現象説

蠟山政道（一八九五―一九八〇）著『政治学の任務と対象』（巌松堂書店、一九二五年）は、政治学の自律性を確保せんとする意欲的な取り組みであった。新カント主義や実証主義、経験主義、そして多元的国家論の影響を蒙りつつ、彼は政治学を「社会生活の一面としての政治生活を研究対象とする経験科学である。政治生活は之を政治現象、更らに分析して、政治行動と言ふても差支はない」（前掲書、一頁）、と位置づけた。そして、政治概念の明確化こそが、必要だと指摘した。「余は政治概念を次の如く定めようと思ふ。政治とは、之を最も広義に従って形式的に解する時は、人間を人間との結合又は協力関係をより高き秩序に組織化する直接及び間接の行為を言ふ」（前掲書、一五九頁）、と。これは、明治以来の政治＝国家と把捉する政治学からは、大進歩である。彼は、「……政治の本質を理解せんとするならば、結局その全体としての社会的職能の闡明を俟たずしては不可能である。政治は人間の結合又は協力関係の組織化行為の促進を営むことを以て社会的職分とする。その職分の遂行者又は担任者又は促進者によつて個人的若しくは階級的利益の搾取を伴ふことを免れず、又心理的及び物理的の強制的作用の随ふことを避け難いに拘はらず、依然として政治の存続を見るには一にこの社会的職能の故であると言はねばならぬ」（前掲書、一六五―一六六頁）、とし、人間の協力関係の組織化を政治と定義づけた。

戸沢鉄彦（一八九三―一九八〇）は主著『政治学概論』（日本評論社　一九三〇年）で、科学としての政治の構築を目指した。戸沢は、多元的国家論を積極的に受容して、以下のように論ずる。「国家のみが全体社会であって他の社会は国家に隷属する部分社会に過ぎないといふ考は識者には最早通用しない謬見である。国家は association（団体）の単なる一種に過ぎないのであって他の団体に比して優越の地位にあるものでもない。単なる一の部分社会に過ぎない国家を一種特別な万能な community なりと誤信して、政治は国家に於てのみあらはれる、他の社会にはあらはれない、と見る者があるが、そは論理上の根拠なき独断である。一定の価値関係的方法の範囲に於て可及的に大なる普遍化をなさんとする普遍化的文化科学の一つたる政治学が政治の概念を構成するに当って、論理上国家以外の団体にも生ずべき政治現象をたゞ国家の機能ならざるの理由を以て政治学の領域以外にあるとするならば政治学の普遍化は之がために甚しき妨害を受ける事となるのである。政治を国家機能のみに限るべきでない」（「政治の概念について（一）」『国家学会雑誌』第三八巻第六号、七五―七六頁）、と。戸沢は、先験的な国家概念を排斥した（同論文、七八頁）。

さらに、戸沢は、政治の集団現象説を展開する。

「団体といふと組織ある集団といふ様な意味に解され易いが、人が共同目的を遂行せんとして一定の計画を立てる場合に政治はあり得るのであって必しも組織を通さずして政治はあり得る。何人かの人々が共同目的を遂行せんとして其ために適当な或団体（社会学に所謂る association たるもの）を構成せんとして其組織を案出する場合にも已に政治は現はれる。政治学上団体を単に共同目的を有する人々と解して団体の一定活動が政治だといへばよいが団体を或組織ある人々の集団と見ると此意味の団体の政治は政治の一部に過ぎず其他に組織を通さずして行はれる政治もある。団体の一定の活動なりといはずに別に政治を定義した方がよからふ。毫も或共同目的が文化生活一般と相容れ此目的のために一定の計画が普遍主観価値を体顕する以上は之を政治学に於ては政治と見るべきであらうと思ふ。政治は団体の一定の活動であり団体意志は必ず強制力を伴ふと見れば政治は強制的のものと見られるが私はさうは思はない事は明であらう」（「同論文（二）」『同誌』第三八巻第七号、一二四―一二五頁）。

戸沢は、いままで政治の特質そのものを明確化しなかったのを問題視する。人々の集団的活動が、研究されるべきであり、国家もまた集団の一つに過ぎないのである。以上のように、戸沢は従来の政治学のあり方に批判の矛先を向けた。

3　政治の国家現象説

潮田江次（一九〇一—六九）は、政治の国家現象説の論陣を張った。彼は伝統的な国家学的政治学の立場から、社会学的な政治学（=多元的国家論）を論駁した。潮田によれば政治の集団現象説は、団体の維持、社会における人々の結合・協力・組織、個人行為などを重視する傾向があった。潮田はあくまでも、伝統的な国家学的政治学の、あるいは政治の国家現象説のスタンスをとる。従来通り、「政治学を国家現象の学と認めても決して徒らに手を拡げることにはならないのである」（『政治の概念』慶応出版社、一九四四年、五八頁）、と彼は述べる。政治の集団現象論者の主張（団体の統制・規制・秩序維持機能）は認め難い。彼は、「国家について吾々が政治の一表徴と特に考へるやうなものは、程度が多くも少くも一般団体の自治の傾向の中には見出されないのである」（前掲書、八〇頁）、と叙述した。そして、彼は、「我々は旧来どほり政治と国家との必然関係を認め、政治を国家現象に限るものと見るのであるが、これは国家外政治論者がよく非難するやうな国家万能論ではない。ここで国家現象に限るといふことが国家団体の活動に限る謂でないこと既に示すとほりであるとすれば、我々と雖も国家団体は『association（団体）の単なる一種に過ぎない』と何の無理もなく考へ得、また考へて居るのである。たゞ我々は国家団体をば、恰も常人に対して政治家が政治を特に業とする者であるやうに、他の団体に対して政治を専ら目的とする団体であると見るまでで、そのことは決して万能の考に導きはしない。また其国家・政治が目標とする国家社会についても、『国家のみが全体社会であって他の社会は国家に隷属する部分社会に過ぎないといふ考は』我々の懐くものではない。国家社会は全体社会であると我々が言ふ時は、部分社会を包含する全部社会や、況や其等を隷属させる『万能な Community』などを謂ふのではない。全体社会は社会の全部ではなく、社会を全体の立場から統観したに過ぎないものとしてやはり社会の一面のみを表するものである。その為に行はれる『政治』は固より万能であってはならない」（前掲書、一二四頁）、と政治は国家に固有な現象だとする基本的理解を示した。

今中次麿（一八九三―一九八〇）は『政治学に於ける方法二元論』（ロゴス書院、一九二八年）にあって、「政治学が政治現象といふ一つの統一的一体を対象とする学として成立する以上、そこに政治現象の個個の部分に就いての研究は決して独立し得るものではない。国家といふ現象は、政治現象の中に特にきはだって認められ、そこに国家論が政治の中に分離の傾向を強く有するのであるけれども、国家を引離して政治の包括的概念は得られないのであつて、又政治現象の大部分に国家の概念がつきまとふのである」（前掲書、二七―二八頁）とし、「政治現象は常に国家と直接、間接に関係して存在する。国家に直接又は間接に関係せざる政治現象は在り得ない。それが政治といふ言葉の用例である。然らば政治現象の特性は何処に存するかといふに、そは国家そのものの特性と共に終始せねばならない。国家が一の団体として、他の団体と異るところのものは先に述べた如く、統制作用に基く法の維持といふ処に存する。統制や体制とが相合体する時に初めて国家が生じ、国家が存する。その体制が統制によつて維持せられ、その統制が体制に基いて実現せらるるところには必ず国家と目すべき団体が存するのである。ここにまた、政治現象の特性が窺はれる。法人が総会を開き、理事がその業務を遂行することは決して政治とはいはない。然るに国家目的の執行作用の発動は、常に政治だと称へられる。茲に於いて政治とは先づ、個人や団体の現象に非ずして、国家に関係する現象なることが確定される」(前掲書、四二頁)と、政治は国家に関係する必然的な現象であると理解している。さらに、政治は、法との関係から認識されるべきというスタンスを彼はとる。「国家の統制が政治といはるるは、体制の実現を目的とするが故である。故に法の実現といふことが政治と看らるるのであるが、その意味は、単なる法の執行ではないので、法の統制的実現のみが政治と考へられる」(前掲書、四二―四三頁)と。彼は、「国家目的の最も原始的、基本的なるものは、……治安目的、即ち法の維持擁護である。国家は此の目的に於いて、他の団体に対し特殊なる地位に立つのである」(前掲書、四三頁)、と国家の法統制機能をもって、他の団体に優位することを説いた。最終的に、彼は政治現象を、「法の統制的実現の過程と、それに必要なる組織及びそれを中心として生ずる総ての社会現象をいふものである」(前掲書、四五頁)、と定義づけた。

同志社大の田畑忍(一九〇二―一九四)は『法と政治』(日本評論社、一九四一年)にあって、政治の集団現象論も国家を避けて通ることはできないでいる、と反駁する。田畑は、「然し乍ら、この新説の大部分も、結局は何等かの意味、何等かの程度に於ては、国家から全然無関係に政治概念の規定をなす事に成功している、とはいへない。加之、数年前、極端に所謂国家外現象説を唱導していた論者も、最近に於ては国家現象説に余程接近してきた事が顕著に窺はれるのである。この事は一面に於ては、政治と国家との事実上に於ける関連性から由来している事を証示するものであつて、従って政治を概念する場合には、政治と国家との関連、さらにまたそれらの法に対する同範疇的関係を認識する事から出発すべき事の至当なる事及び必要なる事を示唆しているものである、とも言ひ得られる」(前掲書、一二一―一二二頁)、とあくまでも政治を国家特有の現象とする立場であった。

4　政治概念論争の意義

政治概念論争は、日本政治学史上、いかなる意義があったか。第一に、「政治概念論争」それ自体、当時における日本の政治学界にあって不可避的であった。明治以降の政治学＝国家学という認識を問うものであった。第二に、集団現象説といいながらもリアルな政治現象の考察はされなかった論争であった。それは、国家から社会の解放が進展するなかで、必然的に提起された論争であった。政治概念論争が不毛な議論とされた理由の一つとして、政治の実態が当初より度外視されていた点がある。特に、横越英一（一九二〇—九一）が指摘するように、「天皇制の枠内において論ぜられていたわけで、その間におけるはげしい概念論争は、同時に客観的には政治の現実の分析からの逃避をも意味せざるをえず、そのかぎりでそこからは余り実りゆたかな成果を生みだすことができなかった[1]」状況が確かにあった。また、英米で多元的国家論が派生した政治社会の条件（集団の噴出現象、国家から独立した団体（自主性）の法的人格問題、人々の人権意識など）が日本では欠いていた。したがって、多元的国家論を援用した政治の集団現象論者も、アクチュアルな集団ではなく理論モデルとしての集団（論）に着目したにすぎなかった。第三に、政治概念論争は政治学の自律化を志向した。それは、政治の集団現象論者、国家現象論者に共通した課題であった。第四に、政治概念論争は結局それぞれの論者自身の価値判断の表出に過ぎなかった。政治概念論争の際に、彼らはこぞって政治の本質に迫った。方法論に峻厳であれば、自ずと概念が浮かび上がると考えた。しかし、普遍的な概念が構築されることは、所詮無理であった。政治概念論争は、概念ではなく、自己の価値判断を披瀝した程度に終わった。政治概念論争の実態は、政治の本質に関する研究者それぞれの私見の開陳という側面を多分に持つ論争だった。

明治期から昭和前期にかけて、政治学には三学派の流れが認められる。①国家学派＝国家学的政治学（小野塚喜平次／今中次麿／潮田江次／田畑忍）、②実証学派＝非国家学的政治学（吉野作造／戸沢鉄彦／蠟山政道）、③社会学派＝社会学的政治学（浮田和民／大山郁夫／高橋清吾）である。新カント学派の方法論は、国家学派と実証学派それぞれから注目を受けた。その一方で、社会学派はすでにアメリカ政治学の影響下で、独自の展開をみせた。本来、政治の集団現象を究明していくならば、実証学派は社会学派の研究成果を援用していくべきであった。実際には、実証学派と社会学派との学問的な交流はみられなかった。政治概念論争は国家学派と実証学派間で繰り広げられた官立アカデミズム系統に連なる、あるいはその周辺圏の論争であった(2)。

5　戦争と政治学者

昭和前期、政治学者が時代の奔流に巻き込まれ、やがては国策に関与していくハメに陥った。戦後、日本政治学会の発足に際して南原繁（一八八九—一九七四）は、「……一切の科学的理論や批判を無視して、再び神話や非合理的なものを持ち出し、ひたすら権力目的を強行したところに、今次大戦におけるナチスの悲劇とドイツ国民の崩壊の原因があつたのである。ひとしくわが日本においても、科学的研究の蔑視と政治的真理の拒否が、いかに国を回復し得べからざる破局と損失に導いたかは、われわれの現在身をもつて経験しつつあるところである。かくの如きは、政治の学問的研究の側においても、その責任がないわけではない。一部の学者たちは、自ら真理に奉仕する代りに、時の権力者に奉仕し、これに迎合する理論を作り出し、彼らの暴挙に加担したのであつた。当時厳しき言論抑圧のもとに在つたといふ事情を外にしても、おしなべてわが国における政治の科学的研究は、それほど弱く、未発達の状況に在つたのであり、近代科学としての政治学は、明治以来幾ばくの発展も遂げてはいなかつたのである」[3]、と回顧した。戦前の政治学（者）の過ちを反省することから、戦後政治学はスタートした。戦後の学界の牽引者たちが、実は昭和前期に国策に協力（直接・間接の程度こそあれ）していた事実を忘却してはならない。戦後、公職追放や教員不適確者となったことで禊ぎが済んだことにはなるまい。そもそも、政治学者には時代を見据えた提言や理論の提示が求められる。それは、戦前、戦後の別を問わない。政治学者は、自身の言説には最後まで責を負うべきである。

昭和前期になるやミリタリズムの台頭がみられ、軍部によるクーデタの実行、国防体制強化、議会政治・政党政治の否定の策動が起こった。美濃部天皇機関説事件以後、国体が明徴され、国家重視の流れが加速した。ところで、大正期には無産階級の進出に伴う階級対立が激化していた。この階級対立を、民族論や日本主義（赤子論）によって止揚する動きが出てくる。挙国一致への地ならしは、特に社会学者たちの手でなされた。新明正道『民族社会学の構想』（一九四二年）、高田保馬『東亜と民族』（一九三九年）、『民族論』（一九四二年）、小松堅太郎『新民族主義論』（一九四〇年）などである。いわゆる革新官僚や軍部関係者から国防国家論が提唱されてもくる。企画院奥村喜和男『日本政治の革新』（一九三三年）、陸軍佐藤清勝『革新日本の政治原理』（一九三

コラム　南原繁（一八八九―一九七四）

南原繁は東京帝国大学法学部卒業後、内務省に勤務し、後に母校に戻り同大助教授、教授（政治学・政治学史）となり、戦後は東大総長、日本政治学会初代理事長、日本学士院院長などを歴任した。

戦前、晩学を自任した南原は五三歳で処女作『国家と宗教』（一九四二年）を著した。右翼から、南原は自由主義学者の一人としてマークされてもいた。

戦後直後には、貴族院勅撰議員として憲法改正審議にあたった。また、総長の立場から、教育改革や講和問題について積極的に発言した。戦前の混迷期にはひたすら思索に沈潜していた南原ではあったが、戦後は日本の独立と民主化をめざした言動が耳目をひいた。戦後の作品『フィヒテの政治哲学』（一九五九年）は透徹したドイツ政治哲学研究書として評価された。また、『政治理論史』（一九六二年）や『政治哲学序説』（一九七一年）などの業績も打ち出し、一貫して政治思想・哲学の研究に努めた。彼は、理想主義かつ現実主義的な政治哲学者であった。

南原については、加藤節『南原繁』（岩波書店、一九九七年）を参照。

三年）などである。国体明徴運動に関連して、民族、大東亜、天皇大権、国体などの諸概念が再生された。やがて、政治学者たちも時代状況に関する発言をし始める。具体的には、(a) 満州侵略段階では、自衛権の発動や五族共和、(b) 中国との全面戦争段階では、日満支三国の結合・東亜新秩序、(c) 対英米戦争段階では、自存自衛、(d) 東南アジアへの侵略段階では、大東亜共栄圏の建設、というアクション・プログラムが提示された。

蠟山政道は『東亜と世界』（改造社、一九四一年）にあって、「私は近代政治学の対象であった『国家』の概念に対して、現代政治学の対象として国民協同体の概念を置かんとするものである。国民協同体は『国家』よりも一歩深く根源的な意味における人間生活の存在形態たる民族又は国民に近接してその意味又は目的の充実を確保すべき新秩序であり、同時に従来の学問又は常識において『国家』の概念には対立の地位におかれた『経済』や『社会』をも包含した立体的な社会的存在である」（前掲書、四六―四七頁）、と国民協同体論を主張した。彼はまた、戦争の拡大につれて、新秩序論にふれる。彼は、「東亜に新秩序を建設せんとする道義的理念的目的を有しているのである。換言すれば、東洋の恒久的平和を可能ならしめ、その保障を齎らさん為である」（前掲書、四頁）とし肯定的な見解を開陳した。

今中次麿は『東亜の政治的新段階』（日本青年外交協会出版部、一九四一年）において、日満支関係を連合関係と理解した。東亜協同体は実際は東亜民族連合体と言うべきだとする。また、彼は、「満州事変が起こり、日本が満州や北支に支配を持つやうになつたのは、二つの理由に基づいている。すなはち一つは、支那が自力で帝国主義的侵略を排除することができないことであるが、そのことは、また同時に、日本が支那に対して干渉を必要とするにいたつた原因でもある。若し支那が、欧米の侵入を、自力で防ぐことが……できないために欧米勢力が支那に侵入し、そのために日本の生命線もおびやかされるといふことになる」（前掲書、三七六頁）、と自衛論を説いた。彼は、「新秩序は、あくまで日華満蒙の民族的自主性の尊重の基礎の上に立つ。ただ経済的には、日本資本主義の指導力が支那にも確立せられることはやむを得ない。これのみが、欧米帝国主義を駆逐し得るのであり、またこれのみが、支那の近代社会を促進し得るからである」（前掲書、三九八頁）、と新秩序論、反欧米主義を主張した。

戸沢鉄彦は『国政論集』（中央公論社、一九四〇年）にあって、「今後相当長期に亙つてファシズム類似の政治を維持し強化する事が真に日本のためであると若し為政者が信ずるならば、もつと中間層から積極的な協力を得なければならず、それには中間層が進んで支持するやうな改革を行はねばならない」（前掲書、三四頁）、とし、総動員体制、挙国一致、体制翼賛路線を堅持すべきと説いた。彼は東亜新秩序（日満支）について、「日本の為政者は、単に日本といふ一国の統一を堅固にするだけでは足らず、この日本に素晴しい精神上及び物質上の力を発揮せしめ、この偉大な力を原動力として、始めてよく、欧米諸強国の不当な干渉をも、経済上の困難その他の諸の艱難をも、見事に克服して、東洋諸民族を西洋諸国の権力と搾取から解放し、東洋諸国の一大協同体を結成し、東洋人の東洋を建設し、東洋永遠の平和を確保する、といふ一大使命を達成する事が出来るのである」（前掲書、六六―六七頁）、とし、「東亜の諸民族は自分たちの力で東亜の興隆を計る覚悟をしなければならない」（前掲書、一三三頁）、とまで言い放った。東亜における盟主たる日本の役割にもふれて、「殊にこの協同体の建設に指導的役割を演ずべき日本（大和）民族は、東亜諸民族相互の関係を直視して真剣に東亜民族の問題を考え、……自己の尊い個性や伝統を充分に理解してやつて、つとめて彼等の固有の発展を助成してやるべきであり、濫りに日本の思想や文化をそのまゝ彼等に押付けたりなどしない様にくれぐれも注意すべきである」（前掲書、一三四頁）、と論じた。

矢部貞治（一九〇二―六七）は『新秩序の研究』（弘文堂書房、一九四五年）で、「誠に万邦をして各々その所を得しめ、兆民をして悉くその堵に安んぜしむる道義的世界秩序に於て、大東亜諸邦諸民族共存協栄の新秩序を建設し、以て日本の自存自衛を完うすることこそ、大東亜戦争の目的なのであつて、この崇高なる理想は、肇国の精神より発しつつ、世界史の指標と全く合致する所のものであり、絶対に謬ることなき理想である。かかる大義の旗の下に戦ふ者にこそ、必勝の途の確保せられざることはあり得ぬのである」（前掲書、二頁）、と戦争遂行と勝利を頑なに主張した。大東亜戦争は、「日本及び独逸としては、米英の世界制覇の野望のために、自己の生存を放棄するなどといふわけには行かないのである。日独にとつては米英に完勝するか、然らずんば彼等の世界制覇に隷従するかの他に途はない。日独にとつてこの戦争は、正しく死活存亡の戦争なのである」（前掲書、一四頁）、と彼は自衛戦争を首肯する。彼は新秩序の建設を、「大東亜の安全も、自主も、対等も、……旧秩序の悲劇の完全な克服なくしては不可能のことであり、かかる大東亜旧秩序を法的に基礎づけたヴェルサイユ体制やワシントン体制を清算し、大東亜諸邦諸民族を欧米の植民地乃至半植民地状態より解放して、……自主独立、互恵親和の道義的共存協栄を実現することに依つてのみ可能のことなのである。それが又畢境するに日本自身の自存自衛を意味するのである。さればこの『東亜新秩序』『大東亜共栄圏』……の根本理念は実に八紘一宇の肇国精神に淵源し、日本の存立そのものに内在する理念」（前掲書、二二八―二二九頁）と説明した。

田村徳治（一八八六―一九五八）は『行政機構の基礎原理』（弘文堂書房、一九三八年）で、「万世一系の天皇の統治し給ふ日本の国体は、ますます制度的に顕揚せられるべきである。それは、日本にとつて極めて自然であり、又日本国民の何人にとつても欣求せられるべきところであるのみならず、日本が世界の文化史において有ち得る最大の異彩であり、又日本国民の世界のあらゆる国民に対して誇り得る高最の道義である」（前掲書、二三五頁）、と国体、日本国民を賛美した。さらに、『新政治体制の目標』（立命舘出版部、一九四〇年）では、「わが国は――（イ）本来、皇室を中心とした一大家族に依つて発達し、いはばこの一大家族の発達から成つたものであるから、そこには、強い血縁意識が支配して、国民の尽忠報国の念が厚く、殊に一旦緩急あれば、義勇奉公の精神に燃えて、協力融和の旨とするから、大変革に対しても偉大な強靱性を発揮するのみでなく、(ロ) 一系の天皇が君臨せられて、万世不易であり、しかも肇国の本義が『むすび』・『いやさか』などの人口に膾炙する用語が示すやうに生々発達主義即ち生発主義で、崇高この上もなく、天皇は、この肇国の本義を顕現せられ給うて、至仁至慈の叡慮を垂れさせ給ふ」(前掲書、二二〇—二二一頁)、と揺るぎない国体を高揚した。

吉富重夫(一九〇六—七六)は『国防国家体制論』(立命舘出版部、一九四二年)にあって、「国防国家とは、……国防目的の下にあらゆる部面の政治力の統合せられたる国家である。国防国家は、現存の国際的危機打開を主たる理由として成立したものであるが、このことは現存の戦争が単なる武力闘争ではなくして、全体戦・総力戦であることをしめしている。……それは従来国家政治の範囲外におかれていた経済・文化・教育あるひは宗教のごときが、さらには広く国民の私的生活の大部分が直接国家政治の対象としてとり入れられるとともに、従来国家政治の中において単に消極的側面として考へられ、国家の積極的側面たる福祉助長行為と対立せしめて考へられた国防が、却つて逆に国民福祉を擁護する唯一の基礎条件となつたことを意味するのである」(前掲書、一八—一九頁)、と定義した。彼は、「国防のためにあらゆる機関がその努力を向け戮心協力する体制を国防国家体制とするならば、それは正に憲法本来の精神を発揮するがごとき方向において確立せられねばならぬ。あらゆるものが大政に帰一するところにわが国における国防国家体制の本質的性格が存する」(前掲書、三三—三四頁)、と政治の強力性を主張した。具体的には、政府と議会との緊密なる一体性の確保であり、政事公団の樹立であるとした。

コラム　原田鋼（一九〇九—一九九二）

原田鋼は早稲田大学政経学部卒業後、同大助手を経て、戦後は中央大学教授（政治学原論・法哲学）、中大学長、日本政治学会理事長等を務めた。また、一九八九（平成元）年には、純粋政治学分野から初めて文化功労者に選ばれた。

原田は戦前において『欧米に於ける主権概念の歴史及再構成』（一九三四年）、『法治国家論』（一九三九年）を著した。前著では、歴史的な検討をふまえて、主権は絶対的な性質を持つのではないことを明らかにした。また、後著では、近代以降の法治国家の構造を理論的に検討した。いずれも、昭和前期に軍国主義化していく状況にあって、学問的な批判たりえたすぐれた業績であった。西洋政治思想の通史として『政治思想史概説』（一九四一年）をまとめた。

戦後にあっては、『主権概念を中心として見たる政治学説史』（一九四七年）、『政治理論の基本問題』（一九四八年）、『政治と倫理』（一九四八年）などを著し、それらは民主主義や自由主義の啓蒙書として社会に好意的に受け入れられた。

原田政治学は、①政治思想・政治哲学分野、②政治学原論分野、③政治社会学分野からなる。『カントの政治哲学』（一九七五年）は、カント哲学における政治的側面を照射し、『ヨーロッパ政治思潮史』（一九八〇年）は文化的な背景から政治思想が展開していく過程を描き出した。また、『政治学原論』（一九五〇年）は心理的・論理的・倫理的契機による独自の政治学体系を構築され、原田政治原論として斯界の注目を浴びた。晩年は、政治社会学的究明に取り組み、『権力複合態の理論』（一九八一年）や『政治権力の実体』（一九八九年）を世に問うた。さらに、法哲学・法思想史分野にあっても原田は発言をしており、『法哲学の基本問題』（一九五八年）が代表作である。原田は生涯をかけて、政治の原理的究明に取り組んだ。

原田政治学に関しては、大塚桂『多元的国家論の展開』（法律文化社、一九九九年）において詳しい。

6　おわりに

以上のように、一九四一年前後の段階より国策を正当化、合理化する議論を政治学者たちは繰り広げた。具体的には、東亜協同(体)主義、高度国防国家論、一元的指導体制論、新秩序論であった。ドイツでは、現実科学(H・フライヤー、O・ケルロイター)が説かれ、学問は国策に協力してこそ価値があるとされた。これに触発されたかのように、日本の政治学者たちも行動し始めた。上記以外にも、鈴木安蔵『日本政治の規準』(一九四一年)、内田繁隆『新政治体制の原理』(一九四一年)、黒田覚『国防国家の理論』(一九四一年)、新明正道『政治の理論』(一九四一年)などの取り組みがなされた。

盲目的に権力に追従することが、政治学者の存在証明とはならないはずである。この時期、南原繁『国家と宗教』(一九四二年)、堀豊彦『中世紀の政治学』(一九四二年)、原田鋼『法治国家論』(一九三九年)などの学理的研究成果が著わされて、政治学者の良心の一端が示された例もある。今日、政策科学の名のもとに国際協力(=軍事同盟化)、有事体制整備を正当化する政治学者が存外多い。政治学の実際性、有用性を追求するあまりに、大局を見失う結果となりはしないであろうか。戦前の学者たちが、政府や指導者たちに追従したようにである。政治学者が平和と民主主義に逸脱する行為にはいっさい手をかさないとの決意を現在(イマ)こそ新たにすべきである。それは、戦後政治学の再生にあたり研究者たちに共有した思いであったはずである(4)。

注

（1）横越英一『政治学体系』（勁草書房、一九六二年）一九頁。
（2）大塚桂『近代日本の政治学者群像』三二五～三三三頁。
（3）南原繁「日本における政治学の課題」『年報政治学一九五〇年度』（岩波書店、一九五〇年）二頁。
（4）大塚桂「政治学者の聖戦論」初期社会主義研究第一七号（二〇〇四年）二八～三四頁。

参考文献

石田雄『日本の社会科学』（東京大学出版会、一九八四年）
石田雄『日本の政治と言葉（上・下）』（東京大学出版会、一九八九年）
岩崎卯一『理論政治学』（関西大学出版部、一九五七年）
内田満『日本政治学の一源流』（早稲田大学出版部、二〇〇〇年）
大塚桂『多元的国家論の展開』（法律文化社、一九九九年）
大塚桂『近代日本の政治学者群像』（勁草書房、二〇〇一年）
高橋信司『政治学序説』（三和書房、一九五二年）
竹中佳彦『日本政治史の中の知識人（上・下）』（木鐸社、一九九五年）
田口富久治『日本政治学史の源流』（未来社、一九八五年）
田口富久治『日本政治学史の展開』（未来社、一九九〇年）
松岡八郎『近代日本の政治と法の理論』（駿河台出版社、一九九〇年）
松岡八郎『吉野作造の政治理論とキリスト教』（駿河台出版社、一九九五年）
丸山真男『現代政治の思想と行動』（未来社、一九六四年）
吉村正『政治科学の先駆者たち』（サイマル出版会、一九八二年）
蠟山政道『日本における近代政治学の発達』（実業之日本社、一九四九年）

第Ⅱ部　戦後の政治学

シリーズ日本の政治

◇1◇

日本の政治学

第4章　リサーチ現代政治理論

中島　康予

1　はじめに

この章では、第二次世界大戦後の日本における政治理論の展開を、理論をとりまく現実の政治・経済・社会の歴史や状況、政治学を含む社会科学という学問の世界の動向を視野に入れながらふりかえり、今後の政治理論の課題と可能性を考えていく。

ここで「政治理論（political theory）」という用語は、①実践・規範の学としての政治学理論（政治哲学や政治思想史）と、②科学的・実証的な政治学の理論という二つの意味を含むものとして用いることにする。

一般に、この言葉を狭く定義するときは、第一の意味で用いられる。政治哲学は、人間とはいかなる存在か、文明とは何か、世界はいかにあるべきか、といった大きな問題と関連づけながら、政治的なるものを根源的・徹底的に見直したり、自由や民主主義、権力、国家など、政治と政治学をめぐる古典的な問題を問うといったものから、今日の現実の政治的問題をどのようにとらえ、どのように改革していくのか、その指針をあたえることや、現実の制度や政策の評価や批判の規準を提供することに役立つような議論をつくり出そうとするものまで、その課題や射程は多様だ。また、政治思想史は、日本、洋の東西を問わず、いわゆる「古典」と呼ばれるテキストを読み解く作業を積み重ねてきた。その方法もまた多様だが、私たちにとって意味のある思想史研究は二つの条件を満たしているものだろう。それは、一方で、テキストの文脈、それぞれの思想をうみ出した時代や地域、文化などと関連づけながら史料にそくして注意深く解釈しており、他方で、今日的課題と照らし合わせながらテキストを読み解き、新たな社会についての私たちの構想力を鍛えてくれるようなものである。つまり、研究者個人の単なる政論や時論とも、古典の訓詁学ともはっきりと区別されている、そのような研究である。したがって、政治哲学にせよ政治思想史にせよ、狭義の政治理論は、人間や社会にとって何が大切で、何を優先させなければならないのか、何を実現しなければならないのか、望ましい社会やあるべき政治の姿についての特定のものの見方の選択、何らかの価値への実践的コミットメント（かかわりあい）、態度決定を含んでいるといえるだろう。

このようなコミットメントは、長い間、普遍的な真理に基づき、現実の政治を批判し変革を提唱するという形をとってきた。しかし最近では、このように、政治家や思想家・学者が、社会の外部、超越的な地点に立って現実政治に対して裁断を下すのではなく、人々が歴史的・個別具体的な状況の中に身を置いて選択・決断をする、そのような営みが重視されるようになっている。望ましい社会やあるべき政治の姿について、たった一つの正しい構想があるのではない。むしろ、複数の構想があり、その中でどれが最も正しいのか、より適切なのか、それぞれの構想がどのような帰結をもたらすのかなどについて、公開の場でできる限り明確にしながら討論を重ねていくことが求められている。そのためには、歴史学の成果や社会科学的モデルなども駆使しながら、科学的・実証的研究を行うことによって、私たち自身が属する社会の状況を客観的にとらえる必要がある。それこそが、第二の意味の政治理論、科学的・実証的な政治学の理論の役割である。それは、資本制の発展にともない社会が複雑化する一方で、大衆デモクラシーが成立し、また「神の死」が宣告された現代において、「現代政治というこの巨大な怪物を扱う」（大嶽秀夫）時代に特徴的な政治理論のあり方ということができる。

このような二つの意味の政治理論をどのように関係づけるかが戦後の政治理論の課題であったという視点を本章はとる。戦後日本の政治学の礎を築いた丸山眞男は次のように述べている。「どんな『客観的』な精密な分析も根底に『良き社会と政治』の問題意識に支えられていないとニヒリズムに顛落するかさもなければ、自分の伝統的に所属する文化《カルチュア》や体制の価値体系に無批判的にヨリかかる結果になる」。プラトン以来の政治思想家を「よく吟味すれば政治的状況を構成するいろいろな因子の間の函数関係を確定しようという試みも含まれている」し、二〇世紀ないし第二次世界大戦後の政治学の主流を占めた行動論的政治学の中にも「意識するとしないに拘わらず歴史的に形成された価値の選択が入っている」。この章では、二つの政治理論のあいだの、しばしば緊張をはらんだ関係を考えるのに有意義と思われる研究をとりあげていくことにする。

2 「批判主義政治学」の源流と展開

第二次世界大戦後、政治学を含む日本の社会科学の「蘇生」（石田雄）、「再出発」（丸山）を、丸山眞男の存在抜きに語ることはできない。丸山眞男とともに、その師である南原繁、丸山の弟子にあたる福田歓一の三人の政治学を一括して「批判主義政治学」と加藤節は呼ぶ。その意図するところはこうである。そもそも、政治とは、物理的暴力を最後の手段として、人々を一定の方向へと駆り立て、人生をねじ曲げる力をもっている。丸山が「権力の呪縛に対して不断に抵抗するという意味での野党性を持たぬ政治学は、いかに深遠な理論を誇ろうと一番肝心な筋金が欠けている」と述べているように、権力関係をともなう「政治の作用に常に警戒を怠らない批判精神」こそが「政治学の生命」である。かれらが生きた時代は、多くの人々の命が政治の力によって奪われ、その人生が方向づけられたことはいうまでもない。三人の政治学者は、豊かな批判精神をもって、天皇制、ファシズム、ナショナリズム、デモクラシー、国民国家などの政治学上の問題と格闘しながら、ファシズムの台頭、学問の自由や大学の自治の侵害、敗戦、極東軍事裁判、連合国との単独講和、再軍備の強行と日米安全保障条約の締結・改定、高度経済成長と利益誘導政治といった歴史的・個別具体的状況と対峙した。戦前・戦中・戦後と、政治学の世界をリードするのみならず、批判的知識人として現実政治にかんする発言を続けたかれらを批判主義政治学と称する所以である。この節では、批判主義政治学の源流とその展開を丸山眞男と藤田省三を通してみていこう。

戦後政治学のパラダイム――丸山眞男

批判主義政治学のなかでも、狭義の政治理論の彫琢のみならず、第二の政治理論の発展、政治学の学問としての制度化においても中心的な役割を果したのが丸山眞男であったことは、ほとんど争いがないだろう。

まずはじめに、第二の政治理論、科学的・実証的政治学の発展、制度化にあたって、丸山眞男がどのような貢献をしたのかみてみよう。一九四七年に公表された「科学としての政治学」は、戦後日本の政治学の原点を画する論文であった。その中で丸山は、八月一五日以前の日本の政治学が生きた政治的現実との交渉を通して発展するという経験をもたなかったために非力であったことを指摘した上で、当時のアメリカ政治学の動きもにらみながら、「現実政治の錯綜した動向を通じて政治のもろもろの運動法則を読み取り、またかくして得られた命題や範疇をたえず現実によって検証しつつ発展させて」いく経験科学としての政治学の意義を力強い筆致で説いている。以後、日本の政治学は、丸山が打ち出したこの方向性を追求し、多くの研究成果をうみ出していった。政治学会も、毎年、現代政治の重要なテーマをとりあげ、新進気鋭の政治学者が繰り出す一連の研究について、丸山も「戦前にはとても考えられなかった」と回顧している。また、実証研究の進展と並んで特筆すべきは、中村哲、辻清明と共同編集した『政治学事典』（一九五三年）である。

このように「科学としての政治学」は、その不可欠の仕事として、方法論の洗練や概念的分析の精緻化を追求しなければならないが、「そうした研究が究極には、われわれの国の、われわれの政治をどうするかという問題につながって来ないならば、結局閑人の道楽とえらぶことがない」。政治学は、「日本と世界の政治的現実について正しい分析を示しその動向について科学的な見通しを与えるだけの具体性を身につけ」た「現実科学」となることによって、敗戦後の「未曽有の政治的激動のさ中に彷徨しつつある国民大衆に対して」政治学の存在理由を示すことができると丸山は述べる。われわれの国のわれわれの政治にとって何が問題なのか、そのことをめぐって、丸山眞男は「問題解決の方法ではなくてむしろ何が問題であるのかということを人々に教え、しかもその分析枠組みに従って多くの研究者が以後育っていくという意味で」、戦後日本の社会科学・政治学的認識のパラダイム（T・クーン）を創設したといえるだろう（都筑勉）。

それでは、丸山にとっての問題とは何だったのだろうか。それは、第一に、日本を戦争へと駆り立て敗戦にまで至らしめ、アジアを中心に多くの人々に惨禍をもたらした、日本の軍国主義ファシズム、超国家主義の思想構造・精神構造の分析、その再来の防止と平和の実現、第二は、戦後の民主化を担う自由な主体の形成、永久革命としての民主主義という理念の提起、という二つにまとめてみることができる。

第一の問題は、「超国家主義の論理と心理」、「日本ファシズムの思想と運動」、「軍国支配者の精神形態」などで鮮やかに分析されている。これら一連の労作は、マルクス主義のように、日本ファシズムを、日本の資本主義の経済的構造に基づいて論じるだけではなく、その社会的基盤や担い手、超国家主義の精神構造ないし心理的基盤をえぐり出し、その前近代性、特異性に対して徹底的な批判を加えている。日本の近代国家においては、思想や信仰、道徳の問題が「私事」として主観的な内面性が保証されていたヨーロッパとは異なり、国家が倫理的・精神的権威と政治権力を一元的に占有した。そこでは「倫理と権力の相互移入」が起こり、公私が未分化なままである。そして、この権威の中心的実体道徳の源が天皇であり、その最高の価値である天皇に近いのだという意識、裏返していえば、卑しい人民からは隔たっているという意識が、軍人や官僚の行動やモラルを規定した。ナチズムと比較してみると、軍国日本の指導者にあっては、現実はつくり出されるものと考えられず、つくり出されてしまったこと、どこからか起こってきたもの、過去から流れてきた盲目的な必然性としてとらえられている。そこには行動の価値規範を内面化した主体的責任意識がうまれる余地はなく、ただ「なりゆき」と「いきほひ」で行動と思想を「つぎつぎ」に変えていく、日本ファシズム支配の厖大な「無責任の体系」がうみ出された。近代的なるものとは、第一に公と私が分離していること、第二に、現実や秩序を、人間の意思をもってしてもいかんともし難い自然的運命的・必然的な関係としてみる（「である」こと）のではなく、自由な人格の主体的製作物とみる「作為」の論理（「する」こと）が確立していることを指す。しかしながら、戦前の日本には、このような意味での近代はわずかな例外を除き、誕生することはなかった。

こうした戦前の日本ファシズムの精神構造に対して、ファシズムの再来を防ぎ、戦後民主主義の成否を左右するものとして、「自らの良心に従って判断し行動し、その結果にたいして自らの責任を負う」自由な主体の形成がすえられる。これが、丸山にとっての第二の問題である。民主主義とは、理念・運動・制度の三位一体としてとらえられる。なかでも丸山が重視したのは、理念・運動としての民主主義である。そもそも、人民の支配としての民主主義は、そのなかに大きな逆説を含んでいる。ルソーが述べているように、支配とは常に少数者による支配であるからだ。したがって、民主主義がどのような制度として現れたとしても、それが、完成した究極的な形をとることはない。「絶えざる民主化」としてしか民主主義は存在しえない。自由な主体による民主主義の創出という永久革命の理念こそが民主主義の真髄であり、主権在民ということの意味である。

だが、戦後日本と世界の民主主義・民主化のプロセスは順調には進まなかった。大衆民主主義では、D・リースマンが指摘しているように、大衆が原子化され、受動的な「孤独な群衆」に転化していき、政治的な無関心や無批判という態度が広がる。「政治的世界からの逃避の傾向が」増大するのである。このような現代型の無関心は、新たなファシズム＝戦後ファシズムの台頭、デモクラシーの儀礼化という危険をはらんでいる。事実、冷戦の激化とともに、アメリカにおいてはマッカーシズムの旋風が吹き荒れ、日本では「逆コース」が始まり、戦犯が復権を果たす一方で、レッドパージの嵐が襲いかかる。急速な高度経済成長のもとで、「組織は肥大化し、国民生活のすべてがルーティンのレールの上に乗って進行するように」なった。それとともに、民主主義が「否定の情熱」を失って、「理念や運動であるよりは、法律制度の中にビルト・インされた何ものかへと変貌」をとげる。初期近代とは区別される二〇世紀の現代社会がはらむこのような問題に抵抗する原理として、丸山はトクヴィルから示唆をえながら、国民が自主的・自発的に結社をつくり、そこで公共の問題を討議する機会をもつことの意義を強調する。一九六八年に日本語で公表された「個人析出のさまざまなパターン」では、伝統的共同体からの解放の結果析出される個人が社会に対して抱く意識として、①政治的権威の中心からの距離（遠心的か求心的か）と②結社形成の度合い（結社形成的か非結社形成的か）という二つの軸をクロスさせ導き出された、自立化・民主化・私化・原子化という四つの類型が提示される。日本においてはトクヴィル的主体＝結社形成的主体への志向性が弱く、自立化と民主化は少数で、原子化と私化という二類型が突出しているというのが、丸山の分析であった。

日本において、自由な主体、結社形成的主体の創出を妨げるものを、丸山は、世界像の「原型

（prototype）」、後に「古層」あるいは「執拗低音（basso ostinato）」と呼んで問題にする。日本には、儒教や仏教、自由主義、民主主義、マルクス主義など外来の思想を主旋律としながらも、それを「日本化」させ修正させ変容させる考え方のパターンがある。歴史意識の古層は、「不断に移ろいゆくものとしての」現在を肯定し、「いまここなる」現実を重視する。「つぎつぎになりゆくいきほひ」という自然的生成・増殖という観点から、「不断の変化と流転の相のもとに」歴史の推移をとらえるのである。倫理意識の古層は「キヨキココロ、アカキココロ」という清明心に基づく心情純粋主義で、たとえば、血統的系譜の連続性への高い評価も、それが赤子の誕生の祝福に具体化されるように、赤子の「もっとも純粋な無垢性」から説明される。日本の政治意識に響き続ける執拗低音は、政事という言葉が、「奉仕の献上」という意味での「奉仕事《まつりごと》」に由来することが示しているように、最高統治者という究極の上位者の実在を許さない形で、上の者に対して一方的に仕えながら「おみこし」のようにして奉り、決定権力は下へ下へと下降していく傾向であり、それが、決定の無責任体制のような「病理現象」をうみ出す。

現代民主主義に共通する問題について一般的考察を進めながらも、丸山の目は次第に日本文化の個性、個体性に向けられていった。政治学の一般理論、広義の政治理論に関する仕事や現状分析、現実政治をめぐる発言、それへのコミットメントという「夜店を張る」のをやめ、日本政治思想史研究という「本店」の仕事に専念するようになったわけだが、それにともなって、前近代社会から近代社会へ、封建制から資本制へという発展段階論的な見方が後景に退き、言葉の「翻訳」の問題を含む文化変容、横の文化接触という新たな視点が提起された。

ところで、「『いま』の感覚」が、「あらゆる『理念』の錨づけからとき放たれて、うつろい行

コラム　丸山眞男に対する批判的評価

ここでは、日本の戦後政治学をリードし、批判主義政治学を代表する丸山眞男に対して、どのような批判がなされているかをみてみよう。

その「夜店」での発言ゆえに、丸山を含む「進歩派知識人」に対する、保守主義や「現実主義」の立場からの批判や、丸山が批判したマルクス主義や共産党系の知識人・論客からの批判が加えられた。

政治理論の分野における重要な批判としては、3でみるように、実証主義政治学によるパラダイム批判がある。また、理性を重視し、「精神的貴族主義」という考え方を提起する啓蒙主義的知識人としての丸山に対しては、吉本隆明に代表される新左翼思想や、4でその一端を紹介する市民の政治理論から、大衆や民衆の立場、その能力や情念・感性に依拠し、あるいはそれを信頼した批判がなされる。

そして、一九九六年八月一五日の丸山没後、ナショナリスト・国民主義者、文化本質主義者として丸山を批判する議論がさかんに行われるようになっている。

丸山は、一方で、日本のファシズム・超国家主義に至るような大日本帝国の思想構造を解きあかしながら、他方で、福沢諭吉研究や陸羯南論にみられるように、ファシズムの時期とは異なる明治の「健康さ」を説き、「健全なナショナリズム」、「抵抗のナショナリズム」の意義を認めている。その意味で、ナショナリストであったし、丸山自身認めているように、近代というものを、「近代社会がうまれてくるその荒々しい原初点で」、再度「思想的につかみなおお」すという意味での近代主義者といえるだろう。そもそも戦後民主主義と、それを担う主体の創出を喫緊の課題として設定するならば、国民国家の枠組みを離れて民主主義を構想することが現実的であったか疑わしい。

また、古層論に対しては、日本というネーションの文化を抽出するという作業が、ナショナリズム、文化本質主義、文化決定論・宿命論のわなに陥っていると保守的日本文化論に通じるものがあるとの危惧が表明されている。長きにわたって丸山の近くにあって共同研究に携わった石田雄も、古層論を「勇み足」だと評している。このような批判に対して、小林正弥は、古層論は単なる日本文化論ではないし、「古層の存在という『客観的』事実を認識することは、それを規範的に肯定することを意味しない」と反論する。古層の突破、精神革命を企図した日本政治思想史の方法論的観点であると、その積極的意義を強調している。

く瞬間」を享受するものとしてだけあるのは、日本に特殊な問題なのだろうか。このような日本の情景は、ニーチェが「神の死」を宣告してから一世紀以上を経て、西欧的世界においてもみられるようになっており、その意味で「現代日本を世界の最先進国に位置づける」ことになったのかもしれないとの文明論的洞察を丸山が残していることは興味深い。

「天皇制国家の支配原理」から「全体主義の時代経験」へ——藤田省三

一九五六年、『経済白書』が「戦後は終わった」として、「復興」の時代が終わりを告げたことを宣言し、丸山ら、戦後知識人の活躍の場となった雑誌『世界』は「戦後」への訣別を特集する。他方、同じ五六年に起こった、ポーランドのポズナン暴動、ハンガリー事件は戦後知識人世界の欠くべからざる支柱であった社会主義をめぐる論争をまきおこした。一九六〇年、新安保条約の強行採決に対抗して、条約の改定を阻止し、議会政治と民主主義を擁護する運動が高揚したが、この年は、岸信介のあとをうけて、池田勇人が首相に就任し、所得倍増政策を打ち出した年でもある。このような新たな時代の「いわゆる大衆社会のもたらす状況が天皇制社会の伝統とダブって表れている」と藤田省三は記している。藤田は丸山眞男のパラダイムを継承・発展させ、天皇制支配を支えた精神構造を剔抉することからその思想的営為をスタートさせたが、やがて、新たな時代のいきついた先に対する絶望を説明する境地へとたどりつくことになった。

藤田の名を世に知らしめた「天皇制国家の支配原理」は、丸山眞男と講座派マルクス主義の影響を強く受けながらも、天皇制を西ヨーロッパのデモクラシーと比較し、その半民主性を批判するのではなく、ヨーロッパの絶対王制との対比のなかで、その特質をとらえるべきであると主張する。絶対主義は封建社会の危機の克服を課題として成立し、その最大の歴史的役割は近代国家の建設にあった。が、それにとどまらず、絶対主義は、後の西欧民主主義の人民主権を担う人民社会の形成をも準備した。絶対主義のもとでの、国家という権力装置と社会のダイナミクスとの相関関係、とりわけ思惟様式や精神構造の思想的内在的理解を通してのみ、絶対主義の克服が可能になる。天皇制の比較考察の意義も、戦後の民主化運動の経験を無限にいかそうとすることと結びつけられるのである。

それでは、日本の天皇制国家はどのような特質をもつのだろうか。天皇制国家は、①社会的対立を前提としその政治的統合を問題とする政治権力装置としての国家と、②そのような対立は本来存在すべきではないとされる、共同体に基礎づけられた日常的生活共同態としての国家という、異質な構成原理に基づいて発展した。明治維新以降、自由民権運動との対抗をくぐりぬけて近代国家が完成するや、「体制の底辺に存在する村落共同体（Gemeinde）の秩序が国家支配にとって不可欠のものとしてとりあげられ、その秩序原理が国家に制度化され」ていく。絶対主義国家は社会の上に屹立することによって相対化されるのではなく、逆に社会のなかに浸透し、人間の内面生活を支配することになったのである。このような国家支配の維持にとって要をなすのが、政治的国家と村落共同体の非政治的支配とを媒介する担い手をどこに求めるかという問題である。とくに日露戦争前後ころからその媒介役として、農村との人格的結合を失った寄生地主に代わって、在地の中間層（篤農）の育成がはかられる。その過程を通して「天皇制国家のミクロコスモスの階層秩序として社会が編成され」、「大小無数の天皇によって、生活秩序そのものが天皇制化されることになっていく」。この「天皇制社会」の成立以降、第一次世界大戦と恐慌を経て、この新たな中間層の意味と機能は拡大していった。「政治体制のファシズム化の過程で、あらゆる社会領域において農村中間層を範型として」、青年団、農民塾、産業組合などの「機能的中間層が形成され」、それが国家権力によって直接把握されることになり、ナチズムのように原子化された個人を単位とするのではなく、共同体を正統化の単位とする「ファシズムの天皇制的形態が成立するのである」。このような体制の媒介構造が成立すると同時に、道徳的絶対者としての天皇による統合の体系が成立し、道徳的教化と政治が完全に同一化して、「国家と社会が完全に癒着する」。強制装置が「教訓機関」と一体化し、「教え」として課される命令に対する反対はあいまいになり、やがて精神構造自体があいまいになって、「意識の表面のところで『教え』を律儀に受け容れながら、生活を決定する心理と知恵の部分では原則抜きの自然主義的エゴイズムとなる」。これが「天皇制社会の精神構造の核心」をなしていたが、戦後、天皇制を支えた精神構造を連続させたまま、上からあたえられた民主主義制度が、共同体的「和」と同居してしまう状態を藤田は批判的にとらえ、下からの民主主義、人民主権原理の条件を模索するのである。

しかしそれは容易ではなかった。むしろ、高度経済成長下での日本社会の変化は、日露戦争後の天皇制社会としての日本社会との対峙という藤田の問題意識を強めた。石油危機を契機として、「人々をものすごく働かせる」会社主義、企業社会を成立させた日本で、企業に属さない者は、「日本人でも、社会人でも、人間でもないことになってしまった」。藤田は、そのような社会に対する絶望をかかえながら、その絶望を説明しようとする。最晩年に書かれた「全体主義の時代経験」は、現代という時代を特徴づける全体主義として、①戦争の在り方における全体主義、②政治的支配の在り方における全体主義、③生活様式における全体主義、という三つの形態をあげる。全体主義の最終的形態が第三の全体主義で、「生活社会を失った」「社会結合なき大衆」をうみ出し、「市場経済全体主義」化が進行するなかで、「安楽への全体主義」が優越してくる。そこでは、物あるいは事態との相互的交渉である「経験」の喪失という絶望的事態が進行している。経験とは、既知のことがら、自明な世界から踏み出し、見知らぬもの、混沌と不安に満ちた世界との出会いによって可能になるが、それを避け、「ツルツルでピカピカの所与としての」既製品をあきずに消費し、便利さと快適さを追求しようとするとき、その機会は奪われるのである。

一九四五年八月一五日以後と一九六〇年五月一九日以後に現われた、国家以前の、「白紙的な」「自然状態」において、原初的な個人の自由と自然権意識が高まったことのなかに、人民主権の条件を探り当てようと藤田は試みた。この試みは、丸山眞男が「初めにかえれということは、敗戦の直後のあの時点にさかのぼれ」ということだと語っていることと響きあう。それとも、藤田をとらえた絶望を、同じ丸山門下生の松下圭一の都市型社会論のオプティミズムや、高畠通敏の市民政治論の展望と対照的に位置づけ、それを「つくられた機構の境界に止まるペシミズム」(高畠)と解する方が妥当なのだろうか。藤田が、安全で安楽な全体主義的秩序のなかでの成功とナルシシズムを拒絶し、追放と彷徨の道を選び、「苦難を共有する」ことを通してようやく経験の回復がなされる、その一点において「精神の野党」がうまれる可能性にかすかな希望をつないでいることを、ここでは確認しておこう。

批判主義政治学の行方

批判主義政治学は、政治学の専門的研究にとどまらず、思想家という呼称に値する仕事を残した。丸山や藤田が体系的な著作をものさなかったこともあって、その言説は、多くの人々に豊かな知的源泉を提供すると同時に、さまざまな批判にもさらされている。思想家としての仕事については、近代なるもの、ファシズムや戦後の新たな「全体主義」と対峙した同時代の思想との相互関係に注目したり、今日のデモクラシー論や共和主義思想、政治哲学・公共哲学の展開と結びつけた解釈や議論が示されている。歴史分析や現状分析のレベルについていえば、日本政治思想史研究や天皇制・ファシズムをめぐる論考は、それぞれの専門的研究領域、思想史・政治史、比較ファシズム研究などにおいて、研究手法を含めて検証の対象になる。戦後政治の実証的分析についていては、次節でとりあげるように、その批判的検証は、戦後政治学のパラダイムに対する批判を前面におし出す形でなされた。批判主義政治学と、それを批判する政治学とを分かつのは、実証レベルでも、規範レベルでも、高度経済成長期以降の日本政治、とくに利益政治に対する向き合い方にある。そして、そのちがいが、政治学、政治理論のあり方をめぐる対立をともなっているといえる。戦後政治学に対する主な批判を3と4で考えていこう。

3　比較政治の地平

この節では、日本についての政治学的分析、日本政治論をとりあげ、第二の意味での政治理論の動向を、比較政治の地平をひらいてゆくプロセスとして整理しながら、そのなかで繰り広げられた、政治理論の意義や役割にかんする論争をあわせてみていく。

2でふれたように、丸山眞男が科学としての政治学の意義を説いて以降、日本の政治学は、丸山の示した社会科学・政治学的認識の「パラダイム」にそくして、多くの研究者が育ち、日本政治についての研究が行われた。しかし、一九八〇年代になると、このパラダイムに対する批判がおこり、新しいモデルに基づく日本政治研究が進んだ。今日、新たなパラダイムが形成されたということは必ずしもできないが、比較政治のさまざまな理論や分析枠組みをふまえ、多くの実証的研究が積み重ねられ、理論や分析枠組みへのフィードバックがめざされていると同時に、その問題点も指摘されるようになっている。

比較政治のパイオニアたち

丸山眞男が示したパラダイムが政治学者によってある程度共有されていた一九七〇年代までの日本政治研究が採用した分析枠組みやアプローチ方法について、河野勝は、①歴史・思想アプローチと②構造分析アプローチの二つに区別している。前者は、現代日本政治を理解するために、それをうみ出した歴史的・思想的背景をみきわめようとするアプローチで、欧米近代との比較という視点はあるものの、日本に固有の歴史や思想的文脈を重視する。しかし、それでは、「一般的で普遍性の高い概念や分析枠組に基づいて戦後日本政治を分析する上では限界があった」ため、それを克服するために採用されたのが、後者の構造論的アプローチである。このアプローチは、政治現象の「深層」に、「そうした現象を決定づけているなんらかのマクロ的構造が存在するという前提に立脚」し、それらの構造のなかでもとくに政治社会や政治文化を強調するという共通点をもつ。本章では、二つのアプローチは排他的なものというよりも、戦後日本政治研究の支配的パラダイムを構成する二つの要素ととらえておくことにしたい。

日本政治を対象とした経験科学としての政治学の、学会として最初の大きな成果ともいえるのが、「戦後日本の政治過程」を特集した一九五三年の『年報』（編者の岡義武の言葉によれば「新たに稿を起」こす形で『現代日本の政治過程』として一九五八年に再刊）である。そこに収められた論考は、敗戦から一九五〇年代までの日本政治を、国際環境からの圧力やそれへの反応、保守的支配層や統治機構・官僚機構の温存と強化、自然村に基づく「伝統型」の日本人の政治意識・行動様式といった諸相において解明することを通して、その戦前と戦後の連続性を強調するとともに、戦後日本政治の民主化という、いわば未完の課題を提示するものであった。

丸山眞男とともに、戦後の政治学をリードした行政学者の辻清明は、占領下で、公務員法・地方自治法の施行、内務省の解体、警察制度の再編成などの「微温的な制度いじり」が行われたが、それすら「漸進的に換骨奪胎」されつつあり、結局、官僚機構の集権的支配の温存・強化がなされていると主張し、その理由の一つとして、現代の行政にかんする知識とその遂行能力の面で、官僚に対抗する政党や議会といった政治勢力が「無力」であることをあげている。ここで示された課題や視点は、辻の代表作の一つである『日本官僚制の研究』でも貫かれる。その中で辻は、絶対制→近代市民社会→現代行政国家という「一種の歴史的な発展段階論」（西尾隆）に基づき、日本官僚制のさまざまな問題を分析する。辻は、歴史アプローチを駆使しながら、行政官が政治を左右する実権を握り、行政の世界の慣行や意識によって政治を支配する官僚政治に鋭い分析を加えることを通して、日本の政治と統治構造の民主的変革をめざしていた。

また、京極純一・升味準之輔による「政治意識に於ける前進と停滞」は、日本における政治行動論的研究の先駆者の一人として自他ともに認める京極が「現代日本における政治的行動様式」

（一九五二年）で示した、「自然村」を原型とする政治的行動様式と、民衆が自発的に結社をつくり政治の世界で活動する、結社形成を原型とする行動様式というモデルを用いて、自然村を原型とした「伝統型」の行動様式の残存という観点から、戦後の政治意識の分析を行っている。行動論的政治学が得意とする投票行動や政治意識の分野で、それを対象に歴史アプローチに基づく解釈モデルに基づいて体系的分析を試みている。

しかし、二人が、政治過程の「変貌」にも目を向けていることに注目する必要がある。

京極は、敗戦を契機として可能になった「日本社会の『近代化』と『民主化』という努力が」、伝統主義社会・近代社会・マス社会という三つの「異なった位相の同時併存という事態によって複雑な屈折をうけ」ることに注意すべきだとする。「〈利益〉の問題を『滅私奉公』によって処理してきた」戦前と異なり、「〈利益〉がいまや正統化されたことを見落してはならない」と強調する。「敗戦後宣布された『民主政治』の理論においては、政治参与の起動力が利益であるべきこと、『自分たちの利益を守る代表をえらぶ』べきこと、政府は利益の保護と増進とを職能とすべきことが説かれ」た結果、経済的窮乏に苦しむ敗戦後日本では「総花的な」利益実現が不可能である以上、投票による政治参加だけでは利益実現には不十分で、「利益保全のための結社形成に努める」ことを促し、「圧力政治の盛行をもたらすことになった」と指摘し、「マス・デモクラシーの展開」を「〈利益〉の民主政治」と規定している。

升味も、政治過程を構成するさまざまな政治勢力の関連の様式、すなわち「政治様式」の変貌について、自民党政権誕生までの時期を対象に説明を試みている。①集中化（政策形成とその実施の中央への一元化）、②大衆化（閉鎖的な伝統的小社会の急速な解体による社会過程の一元化）、③組織化

（大衆化がひきおこした、行動の利益化と象徴化を結びつける利益集団と政党の発達）という三つの傾向の複合的連関が、旧来の名望家秩序を解体し、有権者の意見表明を促して、利益集団と政党中心の新しい政治秩序をうみ出しつつある過程を実証的に分析する。吉田内閣倒壊時に存在した「経済生活の混乱と政治思想の紛糾」はもはやなく、それに代わって「生活の安定と思想からの乖離」があり、「占領期には実在しえなかった議会政治が、ここでは政策決定の中心にある」との結論が導かれる。六〇年代になって、自民党による長期政権、その支配の構造を示す「五五年体制」という言葉を最初に用いたのが升味であるといわれているが、升味の、現代政治理論研究との往復作業のなかでねりあげられたと思われる、五〇年代のこの研究を、政治システム・政治体制に焦点を合わせるアプローチとその適用の先駆的事例と位置づけられるのではないだろうか。

さて、構造分析アプローチを採用している、同時期の研究としては、石田雄の『近代日本政治構造の研究』（一九五六年）や神島二郎の『近代日本の精神構造』（一九六一年）がある。

前者は、家族国家観の形成とその普及を契機・原型とする天皇制国家イデオロギーを分析した『明治政治思想史研究』をふまえ、明治国家の反動化としてのファシズム体制成立の動態を叙述したものである。政治的均衡の実現ないし回復という含意をもつ政治過程という概念ではなく、政治構造という言葉を採用するのは、体制への統合と、反体制ないし体制になじまない、あるいはそれから逃避するエネルギーとその組織力との対抗という動態を明らかにするためであることが宣言される。政治構造の構成要素として、基底としての共同体秩序と家、地方自治機構、政党、国家官僚組織がとりあげられ、それぞれが、明治維新期、一九〇五年以後のファシズム体制移行期、ファシズム体制確立期においてどのように機能したのかが解明されている。

後者は、敗戦後の「日本の政治的現実を診断」するために、近代日本の「精神構造」を検討する。人々は、環境についてイメージを形成し、そのイメージを通して環境にはたらきかけ、環境を形成し、同時に、そのイメージを修正する。このような「生活の場」における一連の営みが集団とともにある限り、この環境イメージは「個人的レベルだけでなく、相互制レベルおよびシステム・レベル」でとらえられなければならない。人々の行動様式・基準を提供する、このような「生活の場を生きる方法論」を「精神構造」と呼ぶ。神島は、一方で丸山眞男の『政治の世界』などで示された政治学理論を前提に、他方で柳田国男の民俗学などに学びながら、両者の仕事を結びつけ、「前代から日本にあまねく在り来たっているところの、自らを維持しつつ国家社会を動かすところの起動力になりうるものとしての秩序感覚の所在とそのあり様」に注目し、具体的には、家・村・都・身分の特質とその変容を解明しようとしている。

この時期の構造分析アプローチでは、一方で、歴史・思想アプローチの成果をふまえ、政治文化や政治社会の日本的特殊性にフォーカスする研究が目立つ。が、他方で、メリアム、ラスウェル以降の行動論的政治学、パーソンズのシステム論や構造機能分析、イーストンの政治システム論、サイバネティクス、多元主義論、次節で検討する大衆社会論など米欧の政治理論や比較政治学、社会学、心理学の展開をふまえながら、通時的・共時的比較に役立つモデルの紹介と、その実証研究への適用が試みられている。すでに紹介した研究者のその後の仕事はもちろんのこと、日本における歴史政治学構築や市民参加論、「ライブリー・ポリティクス」の提唱などで知られ、ドイツ政治史家でもある篠原一の『現代の政治力学』（一九六二年）や『日本の政治風土』（一九六八年）、田口富久治の『社会集団の政治機能』（一九六九年）といった政治学者による研究のほか、城戸浩太郎、杉正孝、日高六郎、高橋徹、綿貫譲治ら社会学者による政治意識・政治態度の調査研究などがある。なかでも行動論的政治学に依拠した日本政治の実証研究で非常に厚みのある成果を残しているのは投票行動や政治意識の分野であろう。そこで先駆的役割を果たした者として、すでに紹介した京極純一のほか、永井陽之助、三宅一郎らの名前をあげておかなくてはならない。

日本型多元主義――デモクラシー論によるパラダイム批判

このように、日本政治の実証的研究が蓄積されていったが、一九七〇年代末から八〇年代になると、戦後政治学のパラダイム総体に挑戦・批判する新たな理論潮流が形成されていく。その代表的論者が、一九八七年、雑誌『レヴァイアサン』を刊行するに及んで、この新しい潮流に属するとみなされる政治学者は「レヴァイアサン・グループ」と呼ばれることがある。

この雑誌の編集同人を猪口孝・村松岐夫とともに務めた大嶽秀夫によれば、戦後政治学のパラダイムとそれへの批判は次のように要約できる。丸山らは、「政治理念や政治文化論の観点から、西欧先進国と比べてまだ日本の政治が遅れている、とくに日本の天皇制ファシズムが起こった最大の原因は、西欧と比べて日本の政治が前近代的な要素を残していたからだという議論を、敗戦直後に展開」し、日本政治の特徴を「主として戦前の体制の連続性においてとらえることに精力を傾注し」てきた。「この枠組みが長い間、政治学で使われてき」たのは、自民党が「必ずしも近代的な政党になりきらず、反動的な立法をめざしたり、強行採決などの手法をとりがちであった」ことも一つの理由である。しかし「このような日本の前近代性を強調する考え方では、日本の政治がうまく説明できない事態が起こってき」た。「高度経済成長以降、日本が非常に豊かな国になり、保守政党も含めてかつてのような厳しいイデオロギー的対立があいまいになって、西欧の政治によく似た側面がでてきた」。これまで研究対象の外に置かれていた、自由民主主義体制をとる国々に共通する諸問題を比較検討する条件がそろったのである。そこで、「従来の、西欧を見習うべき規範・モデルとみなして、西欧の理念と日本の現実とを比較するという傾向に対し両方を同じ次元でとらえて比較しようとする試み」が登場してきたのである。

この新しい試みは、日本政治を、多元主義モデルによって解釈しようという共通の指向性をもっている。このモデルのポイントは、「①確かに権力は国民に等しく分配されているわけではないが、広く分散している、②エリート間には競争と対立の関係がある、③政策ごとに影響力をもつエリートは異なる場合が多い、④一般大衆はこうした多様なエリートに影響力を行使できる」(辻中豊)という四点である。

大嶽は、政策決定にかかわる政治的アクターのなかに複雑な対立が存在しており、資本と労働の階級的対立、左右のイデオロギー的対立、エリートと大衆といった二元論的モデルではとらえることのできない多元主義的傾向が認められること、経済や政治などの相互に自律的な制度秩序が成立している多元的社会が出現していることを強調する。行政学者である村松は、日本の政策過程について、辻清明に代表されるような「官僚優位」説、アメリカのパワーエリート論に想を得た、自民党幹部、高級官僚、財界首脳が形づくる「鉄の三角形」による支配を強調する「エリート主義モデル」によって説明する研究を批判する。戦後改革によって天皇主権から国民主権への転換がなされ、それに基づき、国権の最高機関としての地位を国会が獲得したことは、官僚優位の伝統を断ち切る大きな要因であった。高度経済成長も順調に進んでいた六〇年代なかばには、政権政党である自民党の官僚に対する優位が確立されたと主張する。族議員の研究を行った猪口と岩井奉信は、自民党長期政権下で、自民党議員・政治家が、自身が所属する自民党政務調査会の各部会が参与する特定の政策領域について、情報をもち、専門知識を身につけ、利益団体との関係を強化する「族議員」となることに光をあてる。「追いつき追い越せ」型の近代化が果たされ、政策上の課題が複雑化し、縦割りの官僚機構では対応が難しくなったこと、高度経済成長の終焉によってパイの拡大がみこめなくなり、省庁間の対立を調整する必要が高まったことにより、政治家に対する期待や要望が大きくなる。こうした変化の中で、政治家・政党、官僚、利益団体などのアクターの多元化が生じているとするのである。

さらに、多元主義モデルによって日本政治の現状を解明するいくつかの研究は、米欧と日本の比較という視点から、多元主義の前にさまざまな修飾語を付すことによって、日本政治の特徴をうきぼりにしようとした。猪口は「官僚主導大衆包括型」多元主義という呼称を用いて、石油危機以降の、党主導へのシフトにもかかわらず、官僚主導の基調は維持されているとする。村松は、アメリカとは対照的に、日本では、自民党優位のもとで、自民党政調会の関係部会、関係官庁、利益団体によって形成される政策決定アリーナにおいて、恒常的・安定的なパターンが形成される「パターン化された」多元主義が七〇年代のなかごろには形を整えるに至ったと述べる。佐藤誠三郎と松崎哲久は、アメリカとの対照性を明らかにした村松説の意義を認めながらも、それでは西欧諸国とのちがいがはっきりしないとして、政府内における官僚と政治家の役割関係、利益集団と政府との関係の類型化に基づき、日本の多元主義を、権力が非統合的で、利益集団と政府との関係が定型的な分立型の「自民＝官庁混合体によって枠づけられ、仕切られた多元主義」であると位置づけた。単純な多元主義モデルではなく、その精緻化をはかろうとしたこれらの研究は、日本型多元主義論と呼ばれることもある。

さて、新しい理論潮流の台頭は、客観的・実証的政治理論の観点からすれば、多元主義モデルによって日本政治を分析するのが適切であるのか否かをめぐる検証・論争をひきおこし、たとえば、コーポラティズムやクライエンテリズムが代替的モデルとして提示された。それにともなって、多くの実証的研究がうまれ、その理論や分析枠組みへのフィードバックをめざすという研究姿勢・態度があらためて確認され定着しつつある。また、そもそも行動論に基づく実証研究や多元主義モデルに対する批判的議論がアメリカなどではすでになされているのに、それを閑却したままモデルを採用することの妥当性も問われた。

他方、いくつかの問題も残った。多元主義の日本的特殊性を強調することが、日本の前近代性の指摘とどのように異なるのかがあいまいであること、官僚優位説と政党優位説・多元主義モデルの時期的なすみわけを許すような「折衷主義」的理解（河野）をうんだこと、多元主義モデルがもっぱらミクロの政策決定過程に収斂していったために、メゾレベルの政治過程やマクロレベルの政治体制・政治構造における日本政治の現状をどのようにとらえるべきかが解明されないまま残る、といったことである。

さらに、日本型多元主義論が、日本のファシズムの再来防止と日本政治・社会の民主化という批判主義政治学のパラダイムに挑戦するものであったために、その挑戦は、戦前戦後の連続か断絶かといった歴史認識、戦後日本政治の評価にかんする規範的な問題を同時に提起することを意味した。コラムでも紹介する馬場康雄が、日本型多元主義論を「日本型デモクラシー」論と呼ん

コラム　山口・大嶽論争

一九八五年、雑誌『書斎の窓』（有斐閣）の一二月号に、比較ファシズム研究の第一人者で、『政治体制』や『市民社会論』といった著作で知られる山口定と大嶽秀夫の対談「戦後日本の保守政治」が掲載された。そのなかで、「戦後政治の総決算」を掲げる中曽根康弘政権・政治の評価をめぐって大嶽が、「保守本流から逸脱したものではなく、その連続線上に」あり、党内の右翼的・反動的な勢力の突き上げを「一定の枠にはめて」、それを「ある程度満足させつつ、近代化路線でやっていく」「非常にモダンなタイプの政治家だ」と発言したことを中心に、雑誌や新聞で、知識人の保守化・右傾化などととりあげられ、何人かの政治学者がコメントを公にした。もともとの対談は、両者に共通認識があるにもかかわらず、「対立的な側面が鮮明に表現され」、「刺激的な学問的対話になりえた」（大嶽）といってよい。その論点は、本文で概観した多元主義をめぐる議論のほか多岐にわたる。中曽根政権の評価は、憲法改正が政治日程にのぼる今日、小泉政治の解釈・評価ともかかわって再読する価値がある。またそれと関連して、馬場康雄が、一九三〇年代日本の「ファシズム化」について、「歴史家の方法」にこだわる山口に共感しながら、政治史家として次のように述べていることは、合理的選択論を念頭におくと興味深い。「ファシズム化」とは、「ファッショ勢力」に「心から反対した人々、これに一定程度譲歩して『歯止め』をかけようとした人々」など、「それなりに『合理的』で、現在の目から見ても共感しうる誠実な意図をもって行った選択の積み重ねの帰結であった」。「政治史家が扱うのは、『悪玉』のいないこのような世界であり、そこにいったん沈潜したその後に当時の人々の責任や誤謬を指摘し、『とり逃がしたチャンス』を明らかにし、その時々の選択にバイアスをかけ幅を狭めた構造的要因に目を配るように努めなければなら」ず、「政治史研究者は、『右翼』や『反動』の言動にもまして、『モダン』な政治家の『合理的』な判断を懸念をもって見守る十分な理由をもつのである」。つまり、山口がこだわる「私たちの世代は、日本がナショナリズムの暴走で大変な破滅をまねいた、そういう事態の再来を防ぐにはどうしたら良いかという問題の立て方を、スタートのところでしていますから、その懸念が心の奥底に沈んでいる」といった世代論をこえた問題がこの対談・論争にはひそんでいる。

でいることが示唆するように、論者によってちがいがあるものの、新しい日本政治論は多元主義的デモクラシーの価値的評価と日本政治の肯定的評価をともなう傾向をもつ。阿部斉は、行動科学成立の条件として大衆社会における統計学的画一性があったことを批判的に論じたアレントをひきあいに出しながら、日本型多元主義―デモクラシー論を成立させた、「安楽への全体主義」とその「政治的現れ」としての「生活保守主義」、それに基盤をおく自民党政権の継続を批判的に論じることが政治学の任務であり、「日本が長期にわたって経済の繁栄と社会の安定とを享受しているのは、日本の政治が卓越しているからだという前提に立って、日本の政治を肯定的に評価しようとする」、日本の「政治学の保守化」傾向に警鐘をならしている。

比較政治の課題と可能性

新しい政治学の潮流の台頭によって、科学的・実証的な政治学、とくに比較政治学の分野にどのような変化がおきただろうか。すでに述べたように、現実政治の実証的研究がさかんに行われるようになり、その際、個々の政治的アクターを、自律した意思決定の主体ととらえる「アクター分析アプローチ」(河野勝)を、比較政治の新しい分析視角として採用するものが目立つようになった。また、政治経済学、比較政治経済学、国際政治経済学の発展も促した。戦後政治学は、マルクス主義からさまざまな影響や刺激を受けたにもかかわらず、それとの批判的対抗関係のなかで、経済的土台に還元できない思想構造・精神構造や意識形態などの考察に真価を発揮してきた。しかし、その裏面として、政治と経済との関係をさぐる研究が相対的に軽視されていたといってよいだろう。政府の経済的役割とはどのようなものなのか、高度経済成長を可能にした政治的要因・条件は何なのか、また、高度経済成長の終焉や経済の国際化・グローバル化は政治と経済の関係にどのようなインパクトをあたえるのか。日本を含む先進国に限ってもこれらの問題が提起され、政治経済学的研究が増加しているのである。

だが、課題も残されている。その最大のものは、行動論政治学に向けられた批判と同様、科学的・実証的政治学の有意性や経験主義的保守性の問題だろう。丸山が、実証的政治研究は「良き社会と政治」の問題意識に支えられなければならないと注意を喚起していたことはすでに引用した通りだが、政治学的分析と政治的主張や批判との峻別を主張するだけでは、この問題に正面から答えたことにはならないだろう。現状分析であれ、歴史分析であれ、実証研究における理論や概念の適否の判断は、実証研究の領域で検証されなければならないが、同時に、理論や概念の学問的・歴史的背景を考慮に入れる必要がある。さらに、歴史的・具体的文脈から理論や概念を切り離して利用するときや研究対象を選択するにあたっては、それが何のためなのか、どのような意味をもつのかがより厳しく問われるだろう。その答は、最終的には、研究者の個人的価値判断・態度決定に基づき導き出されるが、政治哲学的考察が参照され、政治学研究を職業とする以外の人びとにも開かれた議論や検証がなされることが望ましい姿なのではないだろうか。このような政治学の有意性の問題を再考するために、次節では、そのよりどころを市民に求める理論をとりあげる。

4　市民の政治理論

戦後政治学のパラダイムに対する批判は、その知的遺産を積極的にうけとめつつ、それをのりこえようとする立場をとる者のなかからも出てきた。高畠通敏は、「科学としての政治学」の追求は、科学者自身が大衆・民衆の行動を「突き放して冷徹に」分析する、大衆から「切り離された」観察者にとどまることをともなっていたとみる。丸山を「頂点とする」戦後政治学が、「一貫して批判的知性の学としての態度をつらぬいたのは、紛れもない栄光である」としながらも、そのような批判主義的・主知主義的政治学が、一方では、3でみたように、「脱イデオロギー的・操作主義的な」行動論的政治学や計量的分析の台頭の前に再編を迫られつつあり、他方で、「知性主義的政治学を内側からささえていた権力批判のパトスの空洞化」が進むという、政治学の世界における二つの新たな動きに挟撃されていると述べる。このような現状を前にして、高畠は、市民運動や住民運動の「同伴的観察」を通し、「階層としての知識人の枠を超えたところの市民の政治学」をつくりあげる以外にないと主張する。本節では、高畠と松下圭一を通して、市民の政治理論について検討する。前節で整理した新しい政治学の理論潮流よりも、時間的には先立つ時期に登場した理論であるが、今日にいたるまで精力的に発信を続けており、二つの政治理論の今後の関係の一つのあり方を示している。

大衆社会論から都市型社会論へ――松下圭一

「五五年体制」の形成と高度経済成長の開始という同時代の政治社会の変動をどのようにとらえるか。その理解と分析枠組みをめぐって繰り広げられた、いわゆる「大衆社会」論争の口火を切ったのが、松下圭一の論文「大衆国家の成立とその問題性」(一九五六年)である。

松下は、大衆社会を、労働者階級と、独占段階の新しい形態のプロレタリア化としてのホワイト・カラーが、政治・社会の前面に大量に進出すると同時に、「体制内在的な〈大衆〉へと転化する」、二〇世紀の「独占段階の社会形態」であると定義する。その内在化のカギを握るのが、大衆デモクラシーと大衆ナショナリズムである。大衆デモクラシーは、大衆の政治的主体化を可能にする一方で、政治的客体化、受動化の条件ともなった。また、帝国主義戦争と福祉国家によって、祖国をもつ国民として労働者階級を体制に統合する大衆ナショナリズムが作用する。この体制の論理に対抗するためには、マルクス主義のようにデモクラシーをブルジョア・デモクラシーと同一視し、社会主義革命によってそれをのりこえるとするのではなく、個人の自由や抵抗権の理念に基づく、普遍的・一般的デモクラシーを再評価する必要があると、ロックの市民政治理論研究をふまえながら力説する。

このような、松下の大衆社会論の理論的意義は、戦後社会科学において知的ヘゲモニーをもっていた近代主義とマルクス主義の意義を認めながらも、それに対する批判を、以下の三点を中心に加え、新たな時代認識を探求した点にある。松下自身の整理によれば、第一は、川島武宜や大塚久雄らの「市民社会」論が前提にしている「封建対近代という近代一段階論」と、日本の「半封建的」性格を主として分析の対象にしてきたマルクス主義を批判し、近代・現代二段階論を提起した点である。第二は、マルクス主義の土台―上部構造論では軽視されていた「社会形態」の重要性を強調し、社会全体を政治体制・社会形態・経済構造の三層でとらえるべきだとした点である。経済構造から決定論的に導き出される階級対立に依拠するだけでは、「可能性の技術」としての政治の世界において、有効な戦術を立て組織を構築することはできない。その意味で、三層分析は現実政治の世界の変革の展望とも結びつけられている。第三に、マルクス主義が問題視した、資本主義社会における労働力の商品化という疎外の次元とは異なる「社会形態上の次元」での、官僚機構による統制と大衆操作という「大衆社会的疎外」が新たな問題として登場すると主張した。

大衆社会論争では、松下によって批判の対象にされた理論・思想潮流や政治的陣営から反論や反批判がなされるとともに、六〇年の安保闘争の現状・事実認識や評価が、理論の評価と不可分な形で示された。松下は、安保闘争が大都市を中心に展開したが、都市部では「上層労働者」に浸透しつつあった「生活様式の変化」と「企業組合意識や組織」の成立という「組織労働者の内部における構造的矛盾」もあり、それが安保条約改定阻止国民会議の主力をなしていた総評のリーダーシップを制約していることを問題視する。その背景には、当時の日本資本主義社会における「マス状況」と「ムラ状況」の二重構造があると松下はみる。「マス状況」のもとでは「新中間層に定着した新憲法感覚」によって、「消費革命が政治革命に代替し、生活進歩主義が政治保守主義として機能」し、池田政権以降の「ニュー・ライト」や大衆天皇制を支えるのも事実だが、それが、反安保闘争にみられるように、「政治的危機状況においては逆に抵抗の自発性として作用」することもある。他方、農村・都市を問わず、大企業の下請企業主や町内会など、地域を支配する「ムラ状況」が確固として存在しており、保守政治の基盤をなしている。この二重構造に対する二正面作戦をたてることなしに、政治体制の改革はかなわないと松下は主張する。

大衆社会論は、それ以降登場した、管理社会、脱工業化社会、豊かな社会、情報化社会や新中間大衆にかんする現代社会論の問題設定を用意すると同時に、そうした社会構造の変化が政治にどのような変動をひきおこすのかという課題を設定した。松下自身、地域民主主義論を経て都市型社会論へと、その大衆社会論をくみかえていく。

高度経済成長のもと、社会の急激な工業化と都市化が進行し、地方でも、大企業と自治体が手を組んで、工場進出—誘致を軸として地域開発を進めていった。これに対抗して、「マス状況」と「ムラ状況」の二重構造を克服するために、居住する地域に根ざし、都市的市民としての労働者個々人が参加して、保守的な自治体の改革と都市の諸問題解決にとりくむ「地域民主主義」の実現、それに寄与する政策科学としての都市科学の形成が松下の新たな具体的課題になる。そして、公害反対運動やベトナム反戦運動といった、市民や住民によるさまざまな運動の興隆、革新自治体の誕生のなかで注目されたのが、松下らが提唱した「シビル・ミニマム」の構想である。これには、大企業を中心とした企業別組合による賃上げ闘争では解決されない、都市の交通問題や公害問題、社会保障の貧しさゆえに生活環境の悪化にさらされている、都市に住む市民の生活権を保障し、そのミニマムの達成を自治体の政策公準にするという意味がある。中央政府の官僚主導によるナショナル・ミニマムとは独立したシビル・ミニマムの構想をうちだしたのは、次にみるような都市型社会において、「戦後も続く『国家統治』という観念崇拝に『市民自治』の政策・制度を対置」させ、「底辺から分節化される民主主義」、分節政治を指向していたからである。

二度の石油危機を経て、一九八〇年代以降、日本は、いわゆる「経済大国」となり、その基底において都市型社会が成立したと松下はみなす。都市型社会成立の形式的指標は農業人口が一〇％を切る段階とされるが、工業化と民主化は、農村型社会の土台をなしている〈共同体〉をほりくずし、個々人の生活は、地域規模から地球規模までの政策・制度のネットワークによって公共的に保障されなければ成り立たなくなる。日本社会は、ここに至って「ようやく政治について、地域規模から地球規模までの争点をふまえ、自治体、国、国際機構の三政府レベルを設定し、そこに政策・制度による解決をめざす、市民の《可能性の技術》という位置づけができるようになった。この時点であらためて、日本の市民の文化水準・政治習熟ないし品位・力量が問いなおされることになる」。このように、大衆社会が都市型社会と読みかえられるとともに、都市型社会の成立を条件とした、政策型・制度型思考を備えた市民的人間型の形成という今日の課題が再確認される。「市民とは、自由平等という共和感覚をもった自発的人間類型、したがって市民自治を可能とするような政治への主体的参加という徳性をそなえた人間類型である」が、このような「規範概念としての市民的人間型が、日常の個人の行動様式・思考様式として機能」するようになる。それとともに、「政治は、市民の参加を土台とし、政府の選択を介した、政策・制度の組織・制御技術」、つまり「市民の社会工学」となる。

「一種の近代化理論」(田口富久治)としての都市型社会論へと移行することによって、大嶽秀夫が述べているように、どちらかと言うと、政治体制のマクロな理論的研究は後景に退き、市民政治のヴィジョンを示すことが松下の仕事の中心になる。松下の「政治理論が文字通りの形態論になった時、彼の理論は、人々が日本のマス・デモクラシーを批判する規範的性格を失っていった」と山田竜作は指摘する。

大衆的市民の政治理論——高畠通敏

そこで、市民をよりどころにした批判主義政治学を構築することは可能なのかを検討するために、高畠通敏をとりあげる。

高畠は、丸山政治学、直接的には丸山の「現代における人間と政治」と題する論文に対して批判的評価を加えている。丸山は、この論文で、現代特有の危険として組織の圧力とそこに同調し埋没する人間の問題を指摘し、それに対して、組織のなかに身を置きながらなおマージナルマン〈境界人〉として生きることを説いている。したがって、政治学の課題は、「組織や国家内部でマージナルな存在としての批判をおこなうことによって、『内側の構造と勢力配置を基本的に維持しようという意識的・無意識的な欲求』にブレーキをかけつつ、より大きな責任（しかしやはり政治的な責任）をとるという〈政治的知性〉の涵養に求められ、それは、個人の精神内部では、『精神の柔軟体操』を通してリアリズムを復活させる役目を、個人と集団との関係において『精神的貴族』としての孤独な使命感を抱くことに他ならないとされてきた」。しかし、高畠は「現代人がおかれている状況をいわば〈宿命〉としてある他者としての巨大集団や組織と、それに対立する〈はだかの〉個人という形でとらえられる時代」であるとはみない。むしろ「私たちが自分たちのものとして集団や社会をつくりになう状況が生れつつあ」り、その状況に呼応するような政治学を組み立てていくべきであるというのである。

市民の政治学構築という課題は、高畠の経歴と密接に結びついている。かれは、計量政治学的調査・研究を手がけ、日本の現実政治分析を行う一方で、一九四六年に発足した「思想の科学研究会」のメンバーとなり、その事務局長を、また、六〇年安保改定の際、「思想の科学研究会」会員の発案で強行採決に反対する形で誕生した「声なき声の会」の事務局長をそれぞれ務め、さらに、ベトナム戦争時、小田実や鶴見俊輔らとともに一九六五年に結成した「ベトナムに平和を！　市民連合」で活動した。それらの運動へのコミットメントの経験に基づき、大学で接する学生からの問いかけにこたえながら、市民の政治理論の構築という課題にとりくむことになったのである。高畠は、これらの市民運動の広がりの背景には、日本で急速に進行していた大衆社会化があったと、松下と同様に考える。それは、批判主義政治学が鋭く問うたような、戦前と戦後の連続性が根強く残り、近代的主体性が成熟していない日本における「遅ればせの市民革命」であり、「大衆社会化のなかでの市民社会の再形成」、「大衆の市民化」という意味をもつととらえられている。

現代の大衆的市民に共通の特質としては、第一に、家族や友人・仲間、コミュニティといった親密集団や、身の回りの日常生活の世界にアイデンティティを感じており、そのようなアイデンティティを尊重していること、第二に、大衆的市民では、「理性は感性があってはじめて働きだすもので、その方向づけは感性がする」ことがあげられる。しかし、このように大衆的市民が共通の特質をもっているからといって、ただちに同じような政治意識を共有するわけではなく、むしろ、その内部には、「現代の豊かな社会のなかでつくられた量的に豊かな生活を維持し、発展させようという価値観」に支えられている「生活保守」と「生活革新」の対立を含んでいる。「生活革新」をともなわない市民運動は、藤田のいう「『安楽の全体主義』を社会の隅々まで広げ完成する最終的な役割を担うものでしかなかったと、後世、記録されることになる」だろうと警鐘をならしている。そして、このような生活革新をふまえた「現代的な市民社会の形成を背景に、新しい市民政治が構築されなくてはならない」が、そのためには、中央集権的な政治構造や官僚優位の政治システムの改革、住民投票や国民投票などの市民の政治参加権の保障など、「現在の日本の政治構造の根本的な改革が必要になる」と述べている。

社会のあり方の変化は政治のあり方の根本的な問い直しを迫ると高畠は強調する。日本における政治の支配的イメージとしては、①「乱」あるいは「戦さ」「闘い」、②統治者の能動的作為によって、「乱」を終熄せしめ、凍結させるものとしての「治」、③利害の対立・分化があるにもかかわらず、域内平和のイデオロギーのもとで「話合い」を通じて形式上の一致を確保する「ムラ」政治、④共同社会内のための、道徳的あるいは科学的にみて「正しい」方策の実現としての「正」の四つがあった。これらの政治観、政治の定義にそくして、経験的科学の立場から日本の政治過程を叙述し、「客観的」「実証的」「科学的」に分析することも可能である。しかし、ここには登場していない、市民自治という新しい政治観、すなわち「自由独立な人間集団のなかで、相互の自由なる合意によって秩序を創出する機能としての政治」を構想し、それにそくした政治的能力の涵養、すなわち「自己の個別的利益を利益として主張しうる独立性」と「他との協調と妥協の上に秩序を創出することが、究極の利益であると判断できる知性を備え」ることが必要であると主張する。そこではまた、他者を操作・統制の対象・客体とみなすような権力者の権力観や人間観とは本質的に異なる概念が成立する。この新たな政治の世界では、「プラトン的世界」における「客観的正しさ」に基づく糾弾・批判や決定が押しつけられるのではなく、「何ものにもゆずれない原点として」、「トータルな存在」としてとらえかえされた「生」と「人間」に根ざした大衆的市民による自己決定としての「根もとからの民主主義」すなわちラディカル・デモクラシーの可能性が開かれる。従来の政治が払拭されて、新たな政治が世界を塗り込めることを高畠は求めているのではない。むしろ政治は多面的なものであり、「そのどれかを不必要にさせる政治はない」。政治は闘いとしての一面をもち、そのためのエートスと技能の養成を必要とする側面がある。また、政治的合意の前提には、状況の認識と予測があり、そのためには、ヤマカン的論議を交換するよりも有効な科学的計測方法がある。「政治を分析することは、私たちをとりまく現実的条件のなかでどのような規定性があり、どのような可能性があるかを探ることでもある」。だがその根底において自治という新しい政治とそれを可能にする政治的能力が涵養されないならば、「乱」を「治」となし、泰平を「平和」に変えることは不可能なのではないか、と問いかける。

市民と政治の重層性

松下や高畠、篠原一らの市民政治理論は、欧米における参加民主主義論、「新しい社会運動」や「新しい政治」、討議民主主義やグローバル・デモクラシーをめぐる議論に対応するものである。また、地方・国・国際という政治世界の重層性の指摘や地球的問題群への言及、松下による、政策型・制度型思考、市民の社会工学の提唱は、最近のガバナンス論と重なる。その意味でも、この章では考察できなかった、国際政治学や行政学への目配りが求められることになる。

このような展望をもつ市民政治理論において、即答の難しい問題も残されている。政治学の批判性という観点から、松下と高畠を対照させると、松下にあっては、政治・行政・法にかんする国家統治中心的観念に対する批判が主要な問題であり、高畠にみられる、市民の現状に対する批判的視点はほとんどなく、市民は権力というデーモンとは無縁であるかのようである。その理由としては、松下の都市型社会論に加えて、その市民像の変化が考えられる。松下はかつて、都市型社会に生きる個人を、生活者としての市民、専門をもつ職業人、労働基本権をもつ労働者という三面からとらえていたが、最近では、この多面性・多元性への言及がほとんどみられなくなる。これらの多元的要素がどのように節合され、あるいはされないのか、「自己の利害に発して、自分は自由だと思いながら実はシステムに従属している自我の自発的服従」がみられる今日、そのような「自発的服従を内破するもの」(栗原彬)をどこに求めるかは、市民の政治理論において明確にされているとはいえない。

そもそも市民をよりどころとすることが選ばれる、その根拠はどこにあるのだろうか。それは、政治学者のア・プリオリな決断・選択によるのか、それとも、二つの政治理論の相互作用と現実政治の展開のなかで繰りひろげられる討論・闘争という開かれたプロセスのなかで、ア・ポステリオリに、しかも暫定的に選択されるのか、ということが問われなければならないだろう。

5 おわりに

この章では、きわめて限られた何人かの政治学者の仕事に代表させる形で、現代政治理論について検討してきたが、ここでは言及しなかったものを含め、原著にあたって、その理論、思想世界を経験するとともに、思想とそれをとりまく政治・経済・社会などと関係に注意をはらいながら学修を進めてほしい。

参考文献

阿部斉『現代政治と政治学』（岩波書店、一九八九年）
石田雄『日本の社会科学』（東京大学出版会、一九八四年）
大嶽秀夫『戦後政治と政治学』（東京大学出版会、一九九四年）
大嶽秀夫『高度成長期の政治学』（東京大学出版会、一九九九年）
加藤節『政治学を問いなおす』（ちくま新書、二〇〇四年）
小林正弥編『丸山眞男論——主体的作為、ファシズム、市民社会』（東京大学出版会、二〇〇三年）
田口富久治『戦後日本政治学史』（東京大学出版会、二〇〇一年）
都筑勉『戦後日本の知識人——丸山眞男とその時代』（世識書房、一九九五年）
平野浩・河野勝編『アクセス　日本政治論』（日本経済評論社、二〇〇三年）
村松岐夫・伊藤光利・辻中豊『日本の政治（第二版）』（有斐閣、二〇〇一年）
山田竜作『大衆社会とデモクラシー——大衆・階級・市民』（風行社、二〇〇四年）

第5章　リサーチ行政学・地方自治論

堀　雅晴

1　はじめに

本章の目的は近代国家形成のあり方の特徴を深く刻印されているのではないかと思われる、日本における行政学・地方自治研究の発展過程について、その誕生から今日の姿までのいわゆる鳥瞰図を示すなかで、初学者を斯学に招き入れようとするものである。その狙いを一言でいえば、戦後からではなくてその誕生から書き始めることで、戦後も長くその影響を及ぼし続けている講壇的学問と官僚的法解釈論の支配状況を、その行間に込めたいがためである。

さて行政学・地方自治研究はその名のとおり一方は学問名称であり、固有の研究対象と研究方法・体系を有するものである。他方の地方自治とは研究対象の名称であり、研究方法も行政学をはじめ政治学や憲法学・行政法学・経済学・財政学・社会学等、さまざまである。したがって本章で意味するところは学問方法である行政学と、それが固有の研究対象とする国家活動と、それ以外に重要な対象としてきた地方自治に対する行政学アプローチに関する事柄に限定されることになる。

ところで行政学の母国は、よく知られているように米国である。後の大統領になるウィルソン（W. Wilson）の雑誌論文「行政の研究」（一八八七年）がその始まりである。それ以降、米国行政学は行政国家形成期における制度改革課題の要請に応えるべく研究教育を発展させて、今日では世界の行政学の中心になっている。日本における行政学の研究教育の歴史は後述するとおり、実質的に見て、一九二一年に東京と京都の両帝国大学における行政学講座の再設置以降、八〇年余りということになろう。

当初は蝋山政道（東京大学一八九五―一九八〇年）と田村徳治（京都大学一八八六―一九五八年）の二人によって担われた。そして現在（二〇〇五年）では行政学会の個人会員だけで見ても、六〇〇名を超えるまでに発展してきている。また日本における行政学の学問上の特徴は今から思えば、一方で自らが帰属する政治学全体が欧米政治学理論の摂取に全力を注いでしまって現状分析に関わりが希薄化するなかで、他方で憲法学が本来担うはずの統治制度とその運用に関する研究に期待したほどの進展が十分にみられないなかで、両者をあたかも補完する形で政治学の立場からみてもっぱら国と地方自治体に関する制度と実際にわたる研究に精力的に取り組んできたといえる。あわせて公務員研修の実務や行政部門の各種審議会や住民・労働運動等を通じて実務・実践にも関わってきたといえる。

ところで米国行政学にはそれを育てた革新主義改革運動があったように、日本の行政学にもいわゆる大正デモクラシーの流れを継承した戦後改革という時代の要請があった。そこでは学問としての存在意義を辻清明以来、政治行政の民主化と現代化の二つの課題に求めてきた経緯があり、大変に保守的で官治的な傾向が強いなかで彼に代表されるリベラルな学風と、リアリストとしての研ぎ澄まされた現実感覚がそれを内面から支えたてきたのではないかと思われる。したがって歴史が浅かったにもかかわらず行政学の今日の発展ぶりは、こうした先達の学問への情熱と実践への努力が実を結んだのではないかと思えてしかたがないのである（みすず書房一九九一、田口二〇〇一b、寄本一九八三）。

さてこのような歴史や内容・特徴を持つ行政学・地方自治研究について、さしあたりどのように学んでいけばいいのか。このように問われて、すぐに適当な答えが見つかればいいけれども、なかなかそういうわけにはいかない。教科書類[1]から手始めに何冊か読んでみたらどうかと考えてみたものの、その後が続かない。それではいけないので、わかる範囲で冒頭で述べた鳥瞰図をおおまかに示しておいて、学術専門文献を読み進んでもらおうと考えた次第である。こうすれば初学者にも、その当時の研究課題や問題意識について大方の見当が付けれるからである。また将来についても、何らかの見通しが提供できるかもしれないと思われるからである。

そこでまずはじめに、日本における当該学問の誕生から現在までの歴史をいくつかの時期に区分して、各時期の概要を紙幅の許す限りで説明したい。次に初学者にとっての重要と思われる著作や一次文献資料等についても同様に紹介したいと考えている。したがって各自の関心と興味をエネルギーにして、一刻も早く内外の学術文献の読解に挑戦してみてほしいと強く希望するものである。

2　研究発展の時期区分

それではさっそく、日本行政学・地方自治研究の時期区分から述べていこう。かつて辻清明一九七六（東京大学名誉教授一九一三—九一）が三つの時期区分を行ったことがある。まず「創始期」として東京大学に行政学が科目として設置された期間（一八八二—九一年）、次に「復活期」として東京と京都の両帝国大学に行政学講座が再設置されて以降から第二次大戦期を挟んだ戦後期、そして執筆当時の七〇年代を「発展期」としていた。しかし今日それから数えて、すでに四半世紀が経過している。改めてここで時期区分を考えたい。

そこで辻の考え方を敷衍しながら、四つの時期区分、すなわち「創成期」「形成期」「確立期（七〇年代中期—九〇年代中期）」「過渡期（九〇年代中期から現在）」に分けて考えたい。その理由はこうである。そもそも日本における行政学・地方自治研究の発達を概観してわかることは、行政学者の学問的リーダーたちが海外の学問紹介に終始しがちな、いわゆる「輸入品としての行政学」の現状を一刻もはやく是正したいと考えたことと、日本行政の現状を十分に説明しうるだけの理論枠組を構築したいと研究に専念したことである。その意味で「国産の行政学」（西尾・村松一九九四、i頁）を構築したいという目標の達成は、関係者の悲願であった。そのように考えるならば西尾・村松編一九九四—九五（有斐閣講座と略）の刊行は、その達成を示す重要な指標になりうると思われる。言い換えるならば現在のところ九〇年代中期に、日本行政学は学問としてその確立を成し遂げたと言っていいであろう。

ところで実は有斐閣講座の刊行に先立つこと二〇年前に、日本で最初の講座である辻編集代表一九七六（東大講座と略す）が刊行されている。これは先ほどの目標から見れば行政学が、形成期から確立期に向けて重要な前進を築く指標になるように思われる。なぜならば当講座は先の「国産の行政学」というアイデンティティに関わる基本的な課題の外にも、国際化時代への対応（国際行政と比較行政、グローバルの視点）および日本行政の制度と機能の詳述という二つの課題についても手つかずのままで残されていたからである（西尾・村松一九九四、i～ii頁）。

こうしたことは、なぜそれまで行政学講座が存在しなかったのかという疑問とも重なる。先の蝋山は二つの原因があるという。一つは行政学の研究蓄積と研究者のいずれもがわずかであったことと、いま一つは行政学としてその存在意義を鋭く問われることとなる公害問題をはじめ開発行政や計画行政といった重要な学問課題に直面したことである（東京大学出版会作成のカタログの推薦文）。これに加えて六〇年代後半に全国の大学を襲った深刻な学園紛争も、彼らの研究生活に大きなダメージを及ぼした。しかし行政法学者の田中二郎（一九〇六―八二、四一年東京帝国大学教授就任）は東大講座の刊行で、ずっと以前から持っていた「『行政学とは何か』という素朴な疑問」が晴れたということである（同上）。

さて最後に現在の「過渡期」について、ここで先取りして述べておきたいことがある。それは前述してきた日本において確立されてきた学問体系とその特徴は、形成期と確立期を担った第二世代（辻一九一三―九一・長浜政壽一九一一―七一・吉富重夫一九〇九―七六・足立忠夫一九一七―二〇〇三等）とその後継者である第三世代（佐藤竺・君村昌・中村陽一・沖田哲也・本田弘・片岡寛光・大森彌・西尾勝・村松岐夫・寄本勝美・中邨章・今村都南雄・水口憲人・新藤宗幸・新川達郎等）の学会リーダーたちによって構築されたものである。そして今日では、公に「達成感」と「充足感」(西尾二〇〇一b、三五頁)が表明されているものである。[2] しかしながら現在の学問状況を見るならば、次の第四世代にとっては、必ずしもその継続性に確信が持てる状況にはないことは明らかであろう。例えば田辺国昭(東大教授)はこう述べる。

二一世紀においても研究者の想像力を刺激し続け、新しい研究プログラムを生みつづけることによって、維持することができるのか、それとも、二〇世紀に置き去られて、かつての骨相学のように、現在では否定されてしまったある時代風潮を示す遺物となり果ててしまうのか(田辺二〇〇一：一三八)。

ここで日本行政学の将来展望について、これまで明示的に述べられた範囲から、さしあたり言えばこうなる。今やアングロ・サクソン諸国から全世界に広がってきている新公共管理(NPM)運動の台頭を目の当たりにするなかにあって、日本行政学の発展方向の幅は一方の極で、従来からの方向性である「国産の行政学」構築という課題を支えているところの「制度学・政策学・管理学という三つの学の混成物からその合成物」への成長発展型の方向性(西尾勝二〇〇一a)やさらなる総合学問への発展を展望する学際・市民的ディシプリン開発型の方向性(足立一九九二a)であり、他方の極でNPM型行政学(上山二〇〇四)をはじめ公共経営学(片岡二〇〇二)やノニストレーション概念を中核に据えた総合管理学型の方向性(手島一九九九、今里二〇〇四)、アドミン・ヒヘラルキー＋ボトムアップ論を理論的中核とするまったく新しい行政学を展望した新天地開拓型の方向性(堀二〇〇二)等があるように思われる。そして現在の関心は、それぞれの方向性が、NPM運動とどのような関係に立とうとしているのかに集ってきているようである(進藤二〇〇二)。

もちろん、こうした今後の方向性がどのようになっていくかを十分に見定めるためには、どの学問でも共通して言えることであるけれども、学問それ自体の内在的発展力とともに、今後の社会的ニーズの見きわめと学問研究の社会的貢献度・認知度が共に大切になってくる。その点で今までになかった要素が日本に生まれている。それは昨今の大学院改革のなかで専門職養成の大学院の誕生のことである。そこでの教育内容がどのようなものなっていくのかが、行政学のあり方と内容そして研究方向を大きく左右するファクターとして見過ごせなくなっている(3)。いずれにせよ行政学は、現在、学問の確立後の安定した状況にあるというよりも、次の段階までの過渡期の局面に入っているように思われてしかたがないのである。

3 創成期の行政学・地方自治研究——一九二〇—三〇年代

日本における行政学という名の学問は一八八二(明治一五)年から、お雇い教師であるドイツ人ラートゲン(K. Rathgen)が東京大学文学部政治学科で教えた講義科目の一つとしてスタートした(辻一九七六)。しかし設置から一〇年もたたない九一年には早くも廃止された。その背景には八六年帝国大学令において大学設置の目的が「国家ノ須要ニ応スル学術技芸ヲ教授シ及其蘊奥(うんのう)ヲ攷究スル」こととなり、大学の理念として「立憲君主主義の国家体制建設期にふさわしい国家主義」と、「資本主主義の発展を迎える時期に適応する実用主義」(寺崎一九九二：二二七)が選択されたことがありそうである。具体的には八九年の大日本帝国憲法の発布のなかで、法律科目の需要が高まったことがあげられる。私学にあっても事情は同様のようである。[4] この点では政治学は対照的な存在であろう。官学のみならず私学や在野にあって、その後にわたって継続的に研究されてきて今日に至っているからである。

辻はこの点を捉えて、官学による「講壇行政学」（辻一九七六：二九七）としての性格を指摘する。またこの当時の行政学の内容は、ウィーン大学国家学教授のシュタイン（L. Stein）の影響が大きかった（同上）。背景には憲法制定を準備していた伊藤博文が、明治憲法体制の樹立にあたっての国家正統性の根拠を彼の学説に求めたことによる（寺崎一九九二：二二四―二二五）。なおシュタインの行政学は内容的（渡辺訳を介した点）に見て「君主の家政の学問」としての性格を有する官房学的性格が強く、日本行政学の源とは一線を画するものとの見解で落ち着いている（辻一九七六：三三二；西尾二〇〇一：四三）。

さてそれから日本行政学が再び固有の学問名として大学に登場するには、三〇年がかかった。すなわち一九二一（大正一〇）年に東京・京都の両帝国大学法学部に、ふたたび行政学講座が設けられることになったからである（当時は一人一講座制）。時代は日本も重工業時代を迎えて都市・農村問題が顕在化したころであり、いわゆる大正デモクラシーの高揚のただなかであった。設置に至る直接の理由はこうした時代背景のなかで、従来から行政学に比べて自己の存在理由を十分に主張し続けてきた行政法ではあったけれども、行政法各論ともなるとその法体系だけではなかなか論じれきれないさまざまな問題があることが担当者の間で痛感されていた。したがって行政学には改めて、その不備を補う役割が大いに期待されていたというわけである（蝋山・辻・吉富一九六二：八一―八二、八四）。そして最初の担当者には国際政治と行政法という、それぞれ異なる学問を学んでいた前述の蝋山と田村が就いた。

この二人は周囲からのそうした期待に応えるべく、日本行政学の「真の創始者」（辻一九七六：三二二）と見なされるべき学問業績を生み出した。辻は彼らの特徴を、次の三点にまとめている（辻一九七六：三二一―三二九）。

第一に学問方法論から見て、行政学を一つの学問として自立させるべく、政治学（蝋山）と法律学（田村）のそれぞれから自立させる志向を有していた点である。第二に自立した行政学による独自性の主張には行政を直接の研究対象とするべきとした点や、イデオロギーとは区別される構造・機能の合理的性格を指摘する点にあったことである。そして第三に両者とも、学問の体系化に努力した点である。

それ以外にも指摘しておきたい特徴がある。それは政治学と行政学の関係をめぐって、統一的把握で決着がつけられたことである。実は米国行政学においては今日あきらかに二つの系譜の存在（堀二〇〇一：一四七七［注二］）が認められるなかで、日本においては当初から政治学からの行政学の相対的自立を認めた形での統一的把握が選択されている（蝋山ほか一九五〇：七七［蝋山・辻の発言］）。そのことで日本行政学が行政過程を、単なる技術的合理化過程としてだけでなく、政治的非合理化過程としても見ようとする二重の観点把握の立場に立つことになったといえる（同上：田口二〇〇一b：一四一―一四四）。

ところで二〇世紀初頭の重工業社会への移行は講壇行政学をこうして復活させただけでなく、都市行政分野での注目すべき研究と実践を生み出した。具体的には関東大震災の復興計画や都市行政の調査研究に携わった東京市政調査会（一九二二年創立）の活動であり、大阪市助役・市長

（一九一四―三五）として総合的な都市政策の立案と実施で活躍した関一（一八七三―一九三五）を挙げることができる。またその学問的背景には、先に述べたウィルソン論文が発表された一八八〇年代から九〇年代に、実際に米国で都市行政と改革運動を学んでいた片山潜（一八五九―一九三三、社会主義運動の指導者）が帰国後に著した諸論考（『都市社会主義』一九〇三年刊としてまとめられる）があり、安部磯雄（一八六五―一九四九、早稲田大学教授）の『応用市政論』（一九〇八）等がある。同時期の著作として、ここで忘れてはならないものに、ニューヨーク市政調査会理事（前コロンビア大学教授）のビアード（A. C. Beard）の『東京市政論』や「近代都市計画の父」と呼ばれた池田宏（一八八一―一九三九、内務省初代都市計画課長）の『都市経営論』（一九二二）がある（神戸都市問題研究所編一九八八）。

したがって誕生まもない行政学はその母国と同様に、実際の改革運動から栄養を吸収したのである。現に蝋山は後年、都市行政を研究し始めたころの当時を振り返って、国内の参考文献としてあげた四冊のなかに池田と関の先の書物がある（蝋山一九六六）。また彼はビアードから行政（官）の法律偏重とドイツ観念論のドグマへの批判と、実地調査に裏付けられた学問構築の重要性を学んだということからもうかがい知ることができる（蝋山・辻・吉富一九六二）。

4　形成期の行政学・地方自治研究――一九四〇―七〇年代中期

一九四五年八月一五日は、日本にとって第二次世界大戦の終結とそれに伴う民主国家建設に向けた新たなスタートの日であった。その事情は学問にあっても同様であった。日本の行政学は政治学が「科学としての政治学」(丸山真男)として出発するのと歩調を揃えて、第一・二世代の人たちによる真理の探究の営みが公然と始まった。

形成期前半は四〇年代後半から五〇年代である。スタート時点での学問状況から見ていこう。この点については吉富重夫(一九五二)による文献解題が参考になる。彼が行政学の概論としてあげる文献のほとんどが米国のそれであり、国内では蝋山(一九二八、一九三〇、一九三六、一九五〇)と田村(一九二五、一九三八)、吉富(一九三九、一九四八)を挙げるのみであった。ただし注意すべきことは米国以外では日本と事情はだいたい同じであって、官房学の母国である独国ではすでに衰退しており、英国でも概論に見るべきものはないという有り様であったという。

五二年は創始者の下で育った第二世代が相次いで単著を刊行することで、一つの画期をなすといっていい(西尾二〇〇一a:四四、足立一九九二b)。辻『日本官僚制の研究』、足立『近代官僚制と階統制』、長浜『地方自治』、吉富『行政学』である。

また先述してある蝋山より指摘のあった新たな研究課題について、当時刊行されていた『行政研究叢書』(一九五七—六四年)のテーマから拾うとこうなる。「地方自治の区域」「行政管理の動向」「人事行政の課題」「行政機構の改革」「開発行政」「大都市行政」である。これらはいずれも、戦後日本経済が五〇年代以降、七三年のオイルショックまでの二〇年間にもわたり高度成長を維持することになるけれども、それを推進した各種の国家政策のうちでも全国地域開発政策と、官民一体となった推進体制の再編問題(占領政策の見直しも含む)をめぐっての学問的関心から生まれたものである。

最後にこの時期には、現在のような自治体労働運動や住民運動の側からの、地域開発や公害問

コラム　大島太郎（一九二九―七九）

大島は行政学者として、革新自治体運動の推進役だった人である。研究生活をスタートさせた当時、大抵は研究室にこもって外国産の理論研究に没頭するなかで、彼は違っていた。「理論の有効性」（大島一九六八：三三〇）を自覚しつつ「学問の実証性」への「懐疑」心があったから、費用や時間・根気のいる社会調査に関わって「実態と理論との往復運動」（福島一九七九：一九一）を重ねるスタイルを選択した。おかげで彼は「生気のない高踏的な革命論議にふけ」らず、「いきいきとさしせまった『問題』に具体的に処し、そこからあたらしい力を身につけていく」（同：三三八）態度が終始貫けた。こうした彼が亡くなる半年ほど前に、正念場を迎えた革新自治体の「本当の課題の一つ」（大島一九八一：二七七）としてあげたテーマは、職員厚遇問題への「庶民感情」（同：二七六）であり、データに基づく「積極経営論」（同）の確立を主張した。この「感情」に応えた減量経営という「保守的な発想」（同）に潜む危険性について大変懸念していたからである。

題等への研究活動が開始された（宮本二〇〇五）。一九五七年の第一回地方自治研究集会のスタートはその画期をなす。そして雑誌『月刊　自治研』（一九五九年）や『住民と自治』（一九六三年）の刊行開始により、研究と実践の持続的な交流が草の根レベルで図られていくことになる。

次の形成期後半は六〇年代以降である。第三世代の年長者による初めての教科書、加藤他（一九六六）や米国行政学のリーダーであるワルドー（一九六六）、岡部（一九六七）、川中（一九六七）等が刊行された。また先述の新たな研究課題を『行政研究叢書』と『年報行政研究』（一九六六―七六年）の特集テーマから拾うとこうなる。「行政改革の推進と抵抗」「公害行政」「現代行政の実践課題」「計画行政の理論と実際」「政策決定と公共性」「行政における組織と人間」「社会変動と行政対応」である。

ここで注目すべきは地方自治研究が安保反対国民運動の挫折以降、松下圭一論文（一九六一）

によって大きな「起爆力」（松下・村松一九九〇：一〇）を得たことである。そして実際に六三年以降の地方選挙では、いわゆる革新首長が相次いで誕生した。革新自治体の誕生はその理論と実践に大きな飛躍を促した。この研究分野のリーダーの一人である鳴海正泰（飛鳥田・横浜市長のブレーン）は、「地域民主主義論」「シビルミニマム論」「市民参加論」での学問的成果をそこに見ている（鳴海一九九四：第三章）。

さてこの時期の研究の集大成は七〇年代に入って明らかにされた。それは一九七二〜七三年に刊行された学際的研究成果である伊東ほか編『岩波講座　現代都市政策』であり、辻古稀記念論文集（渓内ほか一九七四）と東大講座である。

ところで今日の過渡期状況に関わって、少し補足しておきたいことがある。それは日本の行政学の特徴ともなっている組織理論と経営理論の弱さが、実はこの形成時期に徐々に進んだ両理論の外延化に起因するのではないか。換言すればこの外延化を契機に、内包部分の豊富化へと動き出したのではないかと思われるのである。

ここではそのように考える状況証拠を二つ挙げておきたい。一つは先ほどの加藤ほか（一九六六）ではサイモン（H. A. Simon）（一九七七）らの『行政学』（原著一九五〇年）で示された構成、すなわち「人間の合理的活動――組織の形成―維持―発展」を軸にして、「組織と管理、行政組織、予算行政、人事行政、行政責任」（同：一三）の各テーマを扱うやり方が、本来の構成として考えられていたことである。周知のとおり米国行政学には行政理論と組織理論の「ふたつの水脈」（西尾二〇〇一：二七）があり、その後の米国行政学の展開が「合流と分流」（同）の発展史であることを斟酌すれば、日本においても当然そうした学問展開の可能性が意識され追求されてもいいはずである。すでに「行政と経営」（公共性と企業性）に関心を寄せる公法学や経営学・会計学そして行政学の専攻者による行政管理研究会編（一九六二）の成果もあった（一瀬一九八八：二二一―二三）。そして実際にも、それは追求されていたと思われる（村松一九六三、一九六六、井出・西尾・村松一九七六：一一、西尾一九七六、一九八三、今村一九七八）。しかし学会全体は当時、ワルドーへの「傾倒的偏向」（今村一九八三：一一二）のなかにあったために、それ以上は進まなかったと思われる。

いま一つは戦後行政管理庁行政管理局長を務めた岡部史郎からの期待の表明である。彼は当時のアカデミズムの主流の立場を「政治学派」と名づけて、自らの立場である「経営学派」とは区別（岡部一九五七、一九六七：二二一―二五）した上で、「新しい学問としての行政学」が「それぞれの立場が、他の立場と協力し、融合しつつ、発展をつづけている」（一九六七：二四）との一応の認識を示しつつ、その方向性に大きな期待を寄せていた。最近でも実務家出身で東大講座に関わっていた田中守（一九九二）の「願望」（同：二三八）がそれを物語っている。

それではなぜこうした人的にも学問的にも基盤がありながら、日本行政学がそうした財産を生かせなかったのか。確かな証言がないので推測する他はなく、ここでは控えておく。いずれにせよこの時期には加藤ほか（一九六六）が想定した、もう一つの構成をもつ学問体系の確立の方向性があったことがわかる。

5　確立期の行政学・地方自治研究——一九七〇年代中期—一九九〇年代中期

第三世代のリーダーたちは、東大講座の刊行を通じて、日本の統治過程や政策過程についての実証分析の必要性を痛感するところとなり、さまざまな方法により研究を深化させていった。そして第四世代の後継者を育成しながら、彼らなりの「国産の行政学」のイメージをふくらませながら一九九四年から刊行されることになる有斐閣講座の完成に向かって、その研究成果を蓄積していった。その端緒は村松編（一九七七、一九八五）の教科書の刊行で開かれた。従来のものとは決定的に異なり、内包部分の豊富化を予告する画期的な教科書だった。その理由は政治・行政の両過程を循環する公共政策全般を通じて、そこで繰り広げられる立案・決定・執行・評価をめぐる行政現象を「意思決定」として捉え、それを軸にして書かれたものだったからである。その意味で伝統的な行政理論からでもなければ（外延化された）組織理論からでもなく、新たに公共政策論から書かれた体系的な行政学の登場であった（小島一九七九）。

さてその当時の時代背景を振り返っておこう。一方で一九七〇年代後半以降の不況と財政危機のなかで革新自治体は行き詰まりをみせ、他方で八〇年の同日選挙を契機に保守勢力の巻き返しが図られた。このなかで登場した中曽根政権は「戦後政治の総決算」をスローガンに掲げて、第二次臨時行政調査会（一九八一年発足）の新自由主義路線に基づく民営化路線（国鉄・電々公社・専売公社のJR・NTT・JTへの株式会社化）と地方行政改革大綱の実施（一九八二年）を強力に押し進めていくことになる。

こうした新たな状況は、学問状況にもさまざまな影響を及ぼした。まず六名の行財政学者（今村・大森・加藤(芳)・君村・新藤・西尾）は第二臨調が「分権と自治」を理念とする「地方の時代」の発展を押し留め、地方自治を危機に陥れる「新々中央集権」（西尾一九八三）の見解だとして批判を展開した。そして自らの見解である「先端で身近な政府として市区町村から国へ上昇する調整型の中央地方関係の構造」の「創造」（同：一〇二）を対置させた。そして辻山によって、「『統制のとれた分権』体制」（辻山一九九三：四七注(三二)）として豊富化されていった。

村松（一九八五）は六名の見解を「現実についての十分な知識の上に立っての提言であるだけに迫力がある」（同：二四〇）としてその実践的意義を高く評価しつつ、依拠する中央地方関係パラダイムが伝統的な中央政府による地方支配である「垂直的行政統制モデル」（同：二三九）であり、中央地方の相互依存関係の一部分しか捉えていないのではないかと批判する（同：二四一）。そして規範としても事実認識としても「中央地方関係を含む政治過程が選挙と選挙によって選ばれた代表者の議会を中心に動き出し、地方から中央へ向う影響力構造」（同：二四二）が歴然として存在するなかでは、自らの「水平的政治競争モデル」の方が説明力に優れていると反論する。

また村松からは辻を中心に築かれていた日本官僚制論への総批判も行われた（一九八五b：二〇三—二〇九）。辻らの見解を「官僚制優位論」とよび、自説を「政党優位論」とよんで対置させるのである。そこでの論点は三つと設定され、①歴史観としての戦前戦後の連続説か断絶説か、②政策形成における官僚主導か政権党主導か、③自民党議員の官僚出身者が多いことが彼らの行動も出身官庁が左右するのかどうか（やはり議員は選挙民に左右される）である。さらに村松の問題提起はこれに留まらず、政治体制論レベルでの「日本型多元主義」にまで展開する内容であったために、政治学会も巻き込んでの論争状態となった。反論が例えば佐藤（一九八八）や新藤（一九八九）、山口（一九八九）、石田（一九九二）からあった。なお、ここで村松の問題提起をめぐってやや詳しく述べたのは、学問状況を次の過渡期の段階に進ませるだけのインパクトをそこに認めるからである。

同様のインパクトは有斐閣講座それ自体からも読み取れる。これは学会企画ではなかったけれど、第三〜四世代の行政学会員四九名を動員して完成をみた講座だったことから、学会に大きな活力を生み出した。東大講座に関わった二人からの書評（伊藤一九九六、加藤一九九六）は、その証左である。しかし伊藤（一九九六）が指摘するとおり、編集者は「不毛な観念論争」（同）の回避を理由にして、講座の中核部分である「行政の存在根拠」（同：一七七）について何も明示しなかった。また伊藤自身、講座刊行以降の学問状況を先取りするかのように、自身の実証的な概念規定の試みを示すのである。もちろん彼以外の方法も当然にあるわけで、その意味でさまざまな学問方法論への関心が否が応でも高まることになった。

さて地方自治研究は革新自治体の衰退のなかで、どのような展開になっていくのかを見ていこう。一言で言えば長洲・神奈川県知事の提唱する「地方の時代」と歩調を合わせる形での「自治体改革」論への展開と自治体学の創造運動が進められたこと（鳴海一九九四：第一三〜一四章）、またアカデミックの側でも本格的な研究体制を整備すべく日本地方自治学会が創立されたこと、さらにそれまであまり目立たなかった都市経営論の潮流が財政危機を背景に一挙に台頭したこと（日本都市センター一九七八、一九七九）、前述の「経営学派」の潮流による実践的な目的を掲げた地方自治経営学会が発足したことが、この時期の顕著な特徴として挙げられる。

さて、有斐閣講座の刊行は地方自治研究にとっても、こうした新たな段階のなかで行われたことから期待も大きかったと想像される。その点で先ほどの加藤（一九九六）を読む限り記述の豊富さが評価されつつも、地方自治が「行政学のなかで、どのように組み込まれているのか、よく理解できない」（同：一七二）と厳しく指摘されている。その含意は重大ではないか。なぜかというと行政学がかつて地方自治をトータルに論じていたメインポジションからサブポジションへの後退を暗示させているからである。例えば有名な神戸市の都市経営に関して、さまざまな学問からのアプローチと諸々の研究蓄積（自治体問題研究所一九七九、高寄一九八五、一九九〇 一九九二―九三、宮本一九九〇b、蓮見・似田貝・矢沢一九九〇、広原一九九六、吉原編二〇〇〇）がある。しかし本格的な行政学からの研究が見当たらない。従ってこの時期以降、佐々木信夫（一九九〇）（元東京都庁職員）や富野暉一郎（一九九二）（元逗子市市長）に代表される実務経験者のアカデミックへの進出と活躍が注目されるのは、メインポジションへの復帰を果たす上で、彼（女）らの斯学への貢献度の高さによるのではないかと思われる。

6　過渡期の行政学・地方自治研究――一九九〇年代中期―現在まで

まず総括的議論として日本の行政学の現状と行政学的思考の特徴について、堀（二〇〇二）で簡単に押さえておきたい。先行研究によれば欧米の既成行政学が依拠してきた六つの前提が、いずれも形骸化していることが指摘されている。そこで日本の行政学の諸前提についても検討してみたところ、おおむね同様の傾向がはっきりした。ただし「B　ヒエラルキーの前提」と「D 上

図表５－１　形骸化に関する欧米と日本の比較

構造	A　自己完結性の前提	◎
	B　ヒエラルキーの前提	○
	E　標準的エスタブリッシュメント編成の前提	◎
機能	C　同一性の前提	◎
	D　上向きのアカウンタビリティの前提	○
	F　政治とは無関係なサービスという前提	◎

注：欧米と日本で共通する場合には◎、欧米の場合のみには○と表記する。
出典：堀2001：1465。

向きのアカウンタビリティの前提」については実質的にみて、形骸化がはっきりとした形では認められない（図表５－１）。この背景には日本には「政治的空間の閉塞性」（新藤一九九三：六三）問題があり、欧米に比べて行政官僚制の自由な作動が保障される条件が維持されているのではないかとの見方ができる。今話題のＮＰＭの導入のあり方はそれへの証左となっている。つまり欧米では政治執政部による行政官僚制の統制が主な動機となっているのに対して、日本では行政官僚制が自発的に「民間企業の経営原理を行政のマネージメントに埋め込」（上山二〇〇四：七〇）んで、自己革新の機会を得ようとしているからである。

またこうした日本の事情は、行政学的思考における特徴にも反映している。先行研究に従って縦軸に「強い執行部／トップダウン」⇕「弱い執行部／ボトムアップ」を、横軸に「ハイアラーキー型」⇕「権力バランス型」をそれぞれにとった座標軸を考えてみる（図表５－２）。そうすると従来の立場は縦軸ではほとんどが「強い執行部／トップダウン」の側にある。横軸では先述の言葉を使えば政治学派の大半は「権力バランス型」の側にあるけれども、「ハイアラーキー型」のそれにもＮＰＭ推

図表5-2　行政学的思考方法の4類型

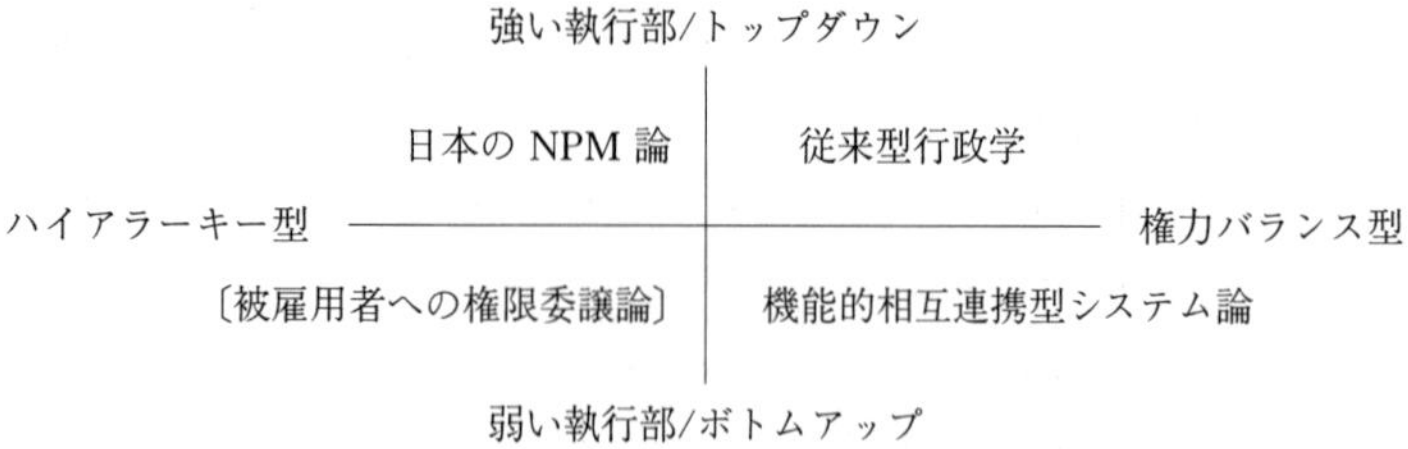

出典：堀2001：1472。

進者などの「経営学派」（上山二〇〇四、大住二〇〇二）が含まれる。なお「弱い執行部／ボトムアップ」＋「権力バランス型」の象限には、日本では寄本（一九七八）の「機能的相互連携型システム論」が唯一含まれるだけだと思われる。したがって前述の新天地開拓型行政学の提唱は、ネットワーク理論等の決定的な開発の遅れがその理由になっている。

次に各論に入る前に日本の統治構造が、一連の改革で「二〇〇一年体制」（新藤二〇〇〇：一八二）とよばれる新体制に移行していることから確認しておこう。行政改革会議（九七年最終報告）と行政改革委員会（九七年最終意見）により九八年中央省庁等改革基本法などが成立して、その制度枠組みの改変（内閣府体制と経済諮問会議・一府一二省体制・政策評価制度）と公共選択論の「公認の哲学」化がそれである。そのなかで日本官僚制論をめぐる研究は、現状がどうなっているのかを見ておこう。新藤（二〇〇一a）によればそれまでのマクロレベルの「政治学の官僚制論」（村松一九八一：一九、牧原一九九四：二九六）から、ミクロレベルの「行政学の官僚制論」へと移動しつつあるという（同：二六―二七）。具体的には政治家の対応と無数の行政事務を両方ともこなす部下に対する、「エリート官僚の論理と行動様式」および彼らの背後にある「制度」内部の解明ということである。そしてそれを示す業績が、各省庁の現役職員とともに政策過程をまとめた城山ら（一九九九・二〇〇二）と、参与観察を発展させた田丸（二〇〇〇）そして日本行政学会編（二〇〇五）となって現れている。

また地方自治研究について述べる前に、地方自治構造改革とよばれる現状を押さえておこう。二〇〇〇年四月の地方分権一括法の施行、〇三年の第二七次地方制度調査会最終答申と市町村合併推進三法の成立、そして第二八次地方制度調査会での道州制等の議論がそれである。したがってこうした動向を反映して、地方自治研究は新たな段階に達している。さまざまな立場から各種の研究が相次いで公刊されている。『岩波講座 自治体の構想（全五巻）』（岩波書店、二〇〇二年）や『講座 新しい自治体の設計（全六巻）』（有斐閣、二〇〇三年）、『自治体改革（全一〇巻）』（ぎょうせい、二〇〇四—二〇〇五年）、『シリーズ地方自治構造改革を問う（全五巻）』（自治体研究社、二〇〇四—二〇〇五年）、『岩波講座 都市の再生を考える（全八巻）』（岩波書店、二〇〇五年）である。したがってこうした成果のうえに立ってみると、前述した行政学のポジションがメインかサブかという関心よりも、どれだけ行政学・地方自治研究からこの分野に重要な貢献ができているのかという、それの方が大きな関心事にならなければいけないように思えてくる。

以上をここで簡単にまとめておけば、このようになろう。「国産の行政学」は後継者の育成のなかで当然のことながら従来の内包部分（統治構造や官僚制そして地方自治研究）を豊富化する方向で進展していき、そのなかで自治体革新運動の過程を通じて公共政策分野を新たに開拓して大きく発展してきたといえる。同時にこの過程は外国からの摂取過程ではいっしょに学ばれていた経営理論や組織理論等が、学会や学部の縦割りも背景にしながら徐々に外延化していったようである。現在、NPM運動の台頭が「国産の行政学」のアイデンティティを大きく揺さぶる事態になっているわけであるけれども、それは日本行政学がその確立過程のなかで外延化していった理論分野からの再内包化の動きを意味していると思われる。その際に根岸（一九七三）がかつて指摘していた日本行政学の「学」に関する、「単一理論型」か「多理論型」かの定義問題が再び浮上するかもしれない（同：二八八〜二九三）。

今日、グローバル化社会の激動の海に向って、各自がどのような羅針盤（学問）をもって船を漕ぎ出せばいいのかが厳しく問われている。したがって改めて羅針盤を一から作り直す気概が求められている。本章は院生時代には政治過程論を専攻し、その研究過程で行政官僚制の分析課題とぶつかり、それ以来新規参入者として研究してきた者の中間まとめといえる。私たちといっしょになって思索を重ねていただければ幸いである（堀二〇〇五）。

7　学習案内

まず学問としての行政学がどのように発展してきたのかを、順を追って関連文献を紹介しておこう。初学者には現在の変動期にあっては学問それ自体が問われており、くれぐれも学問のイメージをこれまでの固定概念だけで見ないようにしていただきたい。辻清明「行政学」大塚久雄ほか『社会科学入門』（みすず書房、一九四九年）、長浜政壽「行政学」末川博編『法学講要　上』（日本評論新社、一九五八年）「行政学といえば、大抵の読者が一体そんな学問があるのかと奇異な顔をされることだろう」（辻、三七頁、字体は改めてある）また「政治学と行政法学とのはさみうちにあっている」（長浜、一五八頁）との言葉で、当時の学問状況を推察することができる。若々しい学問ゆえに、その形成への情熱がこちらまで伝わってくる。大森彌「官僚制と自治」岩永健吉郎『政治学研究入門』（東京大学出版会、一九七四年）戦後三〇年を前にして、この間の研究の発展を文献解題により跡付けることで、いつまでも研究の拠り所としようとの意図で書かれたものである。取り上げられている四二点におよぶ文献群によって、当該研究分野の中心部分を容易に知ることができる。あわせてこれらが第三世代の学問的バックボーンを築いているように思われる。日本行政学会編『年報行政研究一七　行政学の現状と課題』（ぎょうせい、一九八三年）と『年報行政研究三六　日本の行政学——過去、現在、未来』（同二〇〇一年）日本行政学会の創立三〇周年と五〇周年を、それぞれ記念する学会誌である。これらを一読すれば、斯学の「過去・現在・未来」のうちの過去と現在のおおよそを理解することができるだろう。内容は前者では第二世代と第三世代の記念講演や座談会・論考から、後者では第三世代と第四世代の諸論考からなっている。

次に行政学説史の関係文献を紹介しよう。残念ながら政治学における田口（二〇〇一）や社会学の富永（二〇〇四）のような文献はない。しかし先達が折に触れて、行政学研究の現状や将来像について語っていて大変興味深い。最初に第一世代が私たちに残しておいてくれた文献には、蝋山ほか（一九五〇）と蝋山（一九七五）がある。次に第二世代のものとしては、蝋山・辻・吉富（一九六二）や辻（一九七六、一九八三）、足立（一九八三）、阿利・加藤・赤木・高木（一九八三）、足立（一九九二b）がある。また学問体系の確立に重要なリーダーシップを発揮した第三世代の文献には、井手・西尾・村松（一九七六）や片岡（一九八三）、西尾（一九八三、二〇〇一b）、村松

（一九八三、二〇〇一）、大森（二〇〇一）、新藤（二〇〇一b）がある。現在の第四世代の問題意識や研究課題は、縣（二〇〇一）、今里（二〇〇一）、田辺（二〇〇一）、真渕（二〇〇一）、山口（二〇〇一）そして堀（二〇〇一）でわかる。

またこの機会に創成期・形成期の著作でありながら、その生命力をまったく失っていない著作をいくつか紹介しておこう。蝋山政道『行政学総論』（日本評論社、一九二八年）や同『行政学原論（第一分冊）』（一九三六年）・同『行政学講義序論』（同一九五〇年）（前著の復刻増補版）第一世代がまったく何もないなかから、「自ら学問研究の方法を定め、自ら問題を発見して行かなければならぬ」（前書、一頁）ないとして書き上げた代表的文献である。そのために当然のことながら冒頭で学問の固有性や研究方法論をしっかりと論じている。この点は抽象的概念論理に基づいて「行政の本質」（第二―三章）を明らかにした吉富重夫『行政学』（有信堂、一九五二年）とは好対照をなす。また今日話題になっている公共性や公益性の研究に関しても、後書において重要な位置づけがなされていることは知っていていいであろう。そしてこの記述は村松の教科書に引き継がれている（一九八五：五二―五六、二〇〇一：四六）。関一『都市政策の理論と実際』（一九三六年、学陽書房より一九八八年復刻）はもともと遺稿集として刊行されたもので、近年になって地方自治の古典として再評価され復刻されたものである。内容は都市制度・都市計画・都市財政・公営事業・社会政策等、都市政策全般にわたっている。現代の都市問題を考える際には、ここに戻って論じないといけないだろう。例えば、彼は論文「法律制度の過信」において、中央政府の「中央集権的パターナリズム」（一九八八：八六）と自治に対する「不信任の観念」（同：八五）が背後にあるために、いくら法改正が行われても「運用の精神」（同：八六）がまったく改められない点を見抜いている。なおすでに一次文献の日記や研究書も刊行されていることもあって研究を始めやすい（関一研究会編集一九八九、芝村一九八九）。辻清明『日本官僚制の研究』（弘文堂、一九五二年／新版、東京大学出版会、一九六九年）は日本官僚制論を論じる者が立ち返るべき「原点」であり、統治構造論からの官僚制である。この考え方は日本の行政学の一つの伝統として継承され、「ユニークさ」となっている（西尾一九八九）。ちなみに後年、村松（一九八一、一九八五b）はこの伝統に広く立ちながらも、辻の立場を戦前戦後連続論とよび官僚優位説の根拠の一つに数え上げ、自らの断絶論的立場とそれに基づく政党優位論を問題提起したことは有名である。足立忠夫『近代官僚制と階統制』（学陽書房一九五二年）本書は新憲法のいう「全体の奉仕者」の理念を具体化すべく誕生した一九四七年の国家公務員法の成立以降、第二九条で定めた「職階制（position classification）」制度の導入をめぐる

コラム　足立忠夫（一九一七—二〇〇三）

ウェーバー（尾高一九八〇）はかつて学問業績の「『到達』はつねに新しい『問題提出』を意味する」（同：三〇）と語ったことがある。足立の場合がまさに、その好例であろう。なぜならば彼は足立一九七一の刊行を果たすと同時に、その当時から抱いていた日本行政学への「疑念」（一九九二：iii）を晴らすべく研究に精力的に取り組み、七四歳の時に自らの手で前著の全面的な書き直しという偉業を成し遂げられたからである。そこで彼が感じた「疑念」とは、自らの学んできた学問が一言でいえばエリート主義的な合理性と専門的知識技術からなる「市民不在の理論」（一九九二：一七八）ではなかったかということであった。したがって「行政研究に従事する人びとが、行政する側すなわち公共サービスの受任者・提供者・供給者の側ばかりでなく、行政される側すなわち公共サービスの委任者・受領者・消費者からも行政を研究されること切に祈る」（同：三二九）と述べ、「素人には専門家のもたない知識をもつ、そして統治（行政）される者は統治（行政）する者のもたない知識や技術をもつ」（同：一八三）との言葉を残している。

論争がおこったなかで辻の前掲書と共にアカデミックを代表する形で書かれた。同制度は足立にその拙速さ等を危惧されていたとおりに実施が見送られ、今日に至っている。二〇〇一年末の公務員制度改革大綱の閣議決定をうけて新たに「能力等級制」の導入が示されたことから、現在あらためて本書に戻っての議論が必要である。長浜政寿『地方自治』(岩波書店、一九五二年)本書は戦後改革のなかで民主的な地方自治の法制度がいったん制定されるものの、いわゆる逆コースのなかで形骸化の諸々の「改正」が行われるなかで、「いかにして地方分権と人民自治とを日本の社会の現実に立脚しながら然も新しく形成して行くか」(同:三四)という問題意識で書かれている。一九五七年の地方制度調査会第四次答申で公選制知事を廃止して総理大臣任命の「地方長」が盛り込まれるけれども、本書はすでに「地方民の信望を荷う政治家的人物は上からの任命によっては出てこない。……政治家を発見するための方法は民選による外はない」(同:二六一)との主張をしていた。佐藤竺『日本の地域開発』(未来社、一九六五年)は五〇年代の重工業中心の高度成長政策に対して、格差是正のために立案された地域開発政策の総合研究を進めた政治経済学であり、中央地方関係と政治行政関係の錯綜する実態について実証的にダイナミックに描いた現代行政国家論である。著者は若くして臨時行政調査会(一九六二―六四年)の調査員として見識を広げながらも決してそこに安住せず、日本の社会構造の底辺から頂点まで(鹿児島県を除いて)をくまなく歩き資料を調べあげてすべてを書いた。著者の「警告」(同:三)は四〇年後の今日でもまったく有効である。

さらにこれまであまり説明されてこなかった、書誌案内についても概説しておこう。まず研究動向を知るためには、日本行政学会編『年報行政研究』(一九六二年―)が基本文献となる。次に文献検索データベースの利用のほかに、法律専門月刊誌『法律時報』に掲載される「文献月報」のなかの「政治学・行政学」と、地方自治専門月刊雑誌『都市問題』の「文献情報」を、毎月楽しみにして目を通しておけば十分だろう。ちなみに後者の復刻版の刊行作業が進んでいる（『都市問題文献書誌〈戦後編Ⅰ・Ⅱ〉』（ゆまに書房、一九九六年））。

このように日頃から研究全体の動向を知っておくことは、各自の研究を進めるうえで、ある種の「勘」を生みだすことになるであろう。そのほかには日本政治学会の編集する『年報政治学』の毎号には文献委員会によって、一年間の主要業績と思われるものを紹介した「学会展望」が掲載されている。また日本行政学会の『年報行政研究』や日本地方自治学会の『地方自治叢書』、日本公共政策学会の『公共政策研究』にも研究論文とともに、前年度に刊行された学術専門書の書評が掲載されている。

ところで最近になって書評の役割に、ようやく関心が集まり始めている。なぜならばそれは当該文献の評価を定めて学会の業績目録に登録することであり、それを通じて当該研究分野の課題を学会として明確にして更なる研究の発展につなげていくことになるからである。したがって各自が書評で取り上げられた文献を読むことと、書評での評価と比較することは大変有意義な勉強になるだろう。例えば書評を読むことで、自分の読解力の正確さが試される。また評者と自分との評価軸とそれの適用に関する相違を自覚できる。伊藤（二〇〇二）の場合には、四名からの書評があるので比較検討を勧めたい（日高二〇〇二・真山二〇〇三・笠二〇〇三・堀二〇〇二）。

最後に実証的研究に欠かせない、一次文献資料集について簡単にでも紹介しておこう。まず『資料・戦後二十年史（全六巻）』（日本評論社、一九六六年）第一巻は辻編『政治』であり、戦後改革と逆コース・高度成長の模様を一次資料で生き生きと伝えてくれる。『戦後自治史（全七冊）』（文生書院一九七七年）この第一巻のなかには参考文献として連合国総司令部民生局報告（一九四八年）の「第八章地方自治」が、原文と訳文で収録されている。これを読むと戦後改革の課題がよくわかる。『戦後地方行財政資料（全三巻、別巻二巻）』（神戸都市問題研究所、一九八三―八四年）一九四九年のシャープ勧告、一九五〇―五一年の地方行政調査委員会（いわゆる神戸委員会）の勧告等、あまりにも有名な文献ばかりであるけれども、本書が復刻されるまでは容易に読むことができなかった。『資料　革新自治体』（全国革新市長会・地方自治センター編、日本評論社、一九九〇年）、『資料　革新自治体（続）』（地方自治センター資料編集委員会編、日本評論社、一九九八年）、『自治体革新の政策と構想（上下）』（地方自治センター編、公人社、一九八九年）革新自治体の実像を知るためにだけでなく、現代地方自治をめぐる中央地方関係や都市政策・行財政問題・コミュニティ問題等の本格的な研究への糸口を提供してくれる。この『解説と資料』シリーズは自治体問題研究所が収集した行政改革関係の各種一次資料を、解説つきで紹介したものである。インターネット時代だとはいえ大変便利である。最近のテーマは『自治体民間化』『「構造改革」戦略と自治体』『自治体自立計画の実際』『地方制度調査会「答申」を読む』『合併シュミレーションの読み方』等である。

注

（1）教科書には、さしあたり次のものがある。足立（一九九二a）、今村ほか（一九九六）、西尾（二〇〇一a）、村松（二〇〇一）、福田・真渕・縣編（二〇〇二）、新藤（二〇〇二）である。地方自治に関しても、次のものがある。通史的な理解が得られる宮本（二〇〇五）と鳴海（一九九四）、教科書として佐藤俊一（二〇〇二）、自治体行政学の構築をめざして書かれた大森（一九八七、一九九〇、一九九四）である。

（2）この点を確認できるものとしては、さしあたり井手・西尾・村松（一九九六）、西尾（一九八三）、村松（一九八三）、西尾（二〇〇一）を挙げておきたい。

（3）東京大学・京都大学・東北大学・北海道大学・一橋大学で相次いで専門職系の公共政策大学院が設立されており、私学でも早稲田大学公共経営研究科や明治大学ガバナンス研究科・中央大学公共政策研究科と続き、そして二〇〇七年四月開設予定の立命館大学公共政策大学院公務研究科と同様の状況を呈している。

（4）東京専門学校（早稲田大学の前身）では一八八六年の科目に行政学があり、八八年には行政学科が法律・政治の両学科とともに設置されるまでになったけれども、八九年に科目名称が変更されて内容も行政法学の濃いものになったということである（片岡一九八三：六五―六六）。慶応義塾大学においても事情は同じであった。政治学科開設時（一八九八年）当初から科目名称として行政学は設置されたけれども、そこでは少なくとも一九〇〇年には行政法が講じられている（堀江一九八八：四四八―四四九）。

参考文献

縣公一郎「行政学の現状と課題」『年報行政研究三六　日本の行政学――過去、現在、未来』（ぎょうせい、二〇〇一年）
足立忠夫『行政学』（日本評論社、一九七一年）
足立忠夫「行政学と私」『年報行政研究一七　行政学の現状と課題』（ぎょうせい、一九八三年）
足立忠夫『新訂・行政学』（日本評論社、一九九二年a）
足立忠夫「今はむかし――私の行政研究の回顧（一）」地方自治職員研修一九九二年一二月号（一九九二年b）
阿利莫二ほか「座談会　戦後状況と行政研究」『年報行政研究一七　行政学の現状と課題』（ぎょうせい、一九八三年）
一瀬智司『日本の公経営――その理論と実証』（ぎょうせい、一九八八年）

石田徹『自由民主主義体制分析――多元主義・コーポラティズム・デュアリズム』（法律文化社、一九九一年）
井手嘉憲・西尾勝・村松岐夫「行政学を考える」自治研究第五三巻二号（一九九六年）
伊藤修一郎『自治体政策過程の動態――政策イノベーションと波及』（慶応義塾大学出版会、二〇〇二年）
伊藤大一「書評　西尾勝・村松岐夫編『講座行政学』を読んで」『年報行政研究三一　分権改革――その特質と課題』（ぎょうせい、一九九六年）
今里滋「行政学のアイデンティティ」『年報行政研究三六　日本の行政学――過去、現在、未来』（ぎょうせい、二〇〇一年）
今村都南雄「アメリカ行政学の受けとめ方」『年報行政研究一七　行政学の現状と課題』（ぎょうせい、一九八三年）
今村都南雄『組織と行政』（東京大学出版会、一九七八年）
今村都南雄ほか『ホーンブック行政学』（北樹出版、一九九六年）
伊東光晴ほか編『岩波講座　現代都市政策（全一一巻・別巻）』（岩波書店、一九七三～七四年）
上山信一「ニュー・パブリック・マネジメント（NPM）とわが国の行政改革――行政学のバージョンアップに向けて」『年報行政研究三九　ガバナンス論と行政学』（ぎょうせい、二〇〇四年）
M・ウェーバー（尾高邦夫訳）『職業としての学問』（岩波文庫、一九八〇年）
後房雄「企業国家日本の動揺――再編成の奇跡」『ケインズ主義的福祉国家』（青木書店、一九八九年）
大島太郎『日本地方行財政史序説』（未来社、一九六八年）
大島太郎『自治体革新の展望』（未来社、一九八一年）
大住荘四郎『パブリック・マネジメント――戦略行政への理論と実践』（日本評論社、二〇〇二年）
大森彌『自治体行政学入門』（良書普及会、一九八七年）
大森彌『自治体行政と住民の「元気」――続・自治体行政学入門』（良書普及会、一九九〇年）
大森彌『自治体職員論――能力・人事・研修』（良書普及会、一九九四年）
大森彌「改革の時代と日本行政学」『年報行政研究三六　日本の行政学――過去、現在、未来』（ぎょうせい、二

〇〇一年）
岡部史郎『行政管理論』（良書普及会、一九五七年）
岡部史郎『行政管理』（有斐閣、一九六七年）
片岡寛光「行政学の現状と課題――諸外国の動向と行政理論の試み」『年報行政研究一七　行政学の現状と課題』（ぎょうせい、一九八三年）
片岡寛光「公・民・シビック部門が力を合わせ問題解決――片岡寛光・大学院公共経営研究科委員長に聞く」早稲田パブリックマネージメント一号（二〇〇四年）
加藤一明「書評　西尾・村松編『講座　行政学』」『年報行政研究三一　分権改革――その特質と課題』（ぎょうせい、一九九六年）
加藤一明ほか『行政学入門』（有斐閣、一九六六年）
川中二講『行政管理概論』（未来社、一九六七年）
行政管理研究会編『行政管理と経営管理』（有信堂、一九六一年）
神戸都市問題研究所編『地方自治古典叢書』（学陽書房、一九八八年）
小島昭「書評『行政学講義』――村松岐夫編」都市問題研究　第三一巻一号（一九七九年）
サイモンほか（岡本康雄ほか訳）『組織と管理の基礎理論』（ダイヤモンド社、一九七七年）
佐々木信夫『都市行政学研究』（勁草書房、一九九〇年）
佐藤俊一『現代都市政治理論――西欧から日本へのオデュッセア』（三嶺書房、一九八八年）
佐藤俊一『地方自治要論』（成文堂、二〇〇二年）
自治体問題研究所『「都市経営論」を批判する』（自治体研究社、一九七九年）
芝村篤樹『関一――都市思想のパイオニア』（松籟社、一九八九年）
城山英明・鈴木寛・細野助博『中央省庁の政策形成過程――日本官僚制の解剖』（中央大学出版部、一九九九年）
城山英明・細野助博『続・中央省庁の政策形成過程――その持続と変容』（中央大学出版部、二〇〇二年）
新藤宗幸『財政破綻と税制改革』（岩波書店、一九八九年）

新藤宗幸「公共性の拡散と再編――ポスト福祉国家への課題」山之内靖ほか編『岩波講座　社会科学の方法　第七巻　政治空間の変容』（岩波書店、一九九三年）
新藤宗幸『講義　現代日本の行政』（東京大学出版会、二〇〇一年a）
新藤宗幸「行政改革の焦点と行政研究の焦点」『年報行政研究三六　日本の行政学――過去、現在、未来』（ぎょうせい、二〇〇一年b）
進藤兵「行政学・地方自治（学界展望二〇〇一年）」日本政治学会編『年報政治学二〇〇二　二〇世紀のドイツ政治理論』（岩波書店、二〇〇二年）
関一研究会編集『関一日記――大正・昭和初期の大阪市政』（東大学出版会、一九八六年）
高寄昇三『現代都市経営論』（勁草書房、一九八五年）
高寄昇三『都市経営思想の系譜』（勁草書房、一九九〇年）
高寄昇三『宮崎神戸市政の研究（全四巻）』（勁草書房、一九九二～九三年）
田口富久治『戦後日本政治学史』（東京大学出版会、二〇〇一年a）
田口富久治「辻清明の政治学」『戦後日本政治学史』（東京大学出版会、二〇〇一年b）
田村徳治『行政学と法律学』（弘文堂書房、一九二五年）
田村徳治『行政機構の基礎原理』（弘文堂書房、一九三八年）
田中一昭・岡田彰『中央省庁改革』（日本評論社、二〇〇〇年）
田中守「心残りのこと――行政研究への願望」『年報行政研究二七　統治機構の諸相』（ぎょうせい、一九九二年）
田辺国昭「二〇世紀の学問としての行政学？――「新しい公共管理理論（New Public Management）の投げかけるもの」『年報行政研究三六　日本の行政学――過去、現在、未来』（ぎょうせい、二〇〇一年）
渓内謙ほか『現代行政と官僚制（上下）』（東京大学出版会、一九七四年）
田丸大『法案作成と省庁官僚制』（信山社、二〇〇〇年）
辻清明「日本における行政学の展望と課題」辻清明編集代表『行政学講座　第一巻　行政の理論』（東京大学出

版会、一九七六年ａ）
辻清明編集代表『行政学講座（全五巻）』（東京大学出版会、一九七六年ｂ）
辻清明「私の行政学」『年報行政研究一七　行政学の現状と課題』（ぎょうせい、一九八三年）
辻山幸宣「八〇年代の政府間関係」『年報行政研究二八　新保守主義下の行政』（ぎょうせい、一九九三年）
手島孝『総合管理学序説』（有斐閣、一九九九年）
寺崎昌男『プロムナード東京大学史』（東京大学出版会、一九九二年）
富永健一『戦後日本の社会学――一つの同時代学史』（東京大学出版会、二〇〇四年）
富野暉一郎『グリーンー・デモクラシー――いま池子から訴える』（白水社、一九九一年）
鳴海正泰『地方分権の思想――自治体改革の軌跡と展望』（学陽書房、一九九四年）
西尾隆「辻清明『日本官僚制の研究』」佐々木毅『現代政治学の名著』（中公新書、一九八九年）
西尾勝「組織理論と行政学」辻清明編『行政学講座第一巻　行政の理論』（東京大学出版会、一九七六年）
西尾勝「日本の行政研究」『年報行政研究一七　行政学の現状と課題』（ぎょうせい、一九八三年ａ）
西尾勝「新々中央集権と自治体の選択」世界四五一号一九八三年六月号（一九八三年ｂ）
西尾勝『行政学（新版）』（有斐閣、二〇〇一年ａ）
西尾勝「時代状況と日本の行政学の課題」『年報行政研究三六　日本の行政学――過去、現在、未来』（ぎょうせい、二〇〇一年ｂ）
西尾勝・村松岐夫編『講座行政学㈠　行政の発展』（有斐閣、一九九四年ａ）
西尾勝・村松岐夫編『講座行政学（全六巻）行政の発展』（有斐閣、一九九四年ｂ）
日本行政学会編『年報行政研究四〇　官邸と官房』（ぎょうせい、二〇〇五年）
日本都市センター編『都市経営の現状と課題――新しい都市経営の方向を求めて』（ぎょうせい、一九七八年）
日本都市センター『新しい都市経営の方向』（ぎょうせい、一九七九年）
根岸毅「政治学における行政部研究の位置づけ」『年報行政研究一〇　政策決定と公共性』（ぎょうせい、一九七三年）

日高昭夫「書評　伊藤修一郎著『自治体政策過程の動態――政策イノベーションと波及』」季刊行政管理研究九九号（二〇〇二年九月号）
ビアード（東京都政調査会訳）『東京の行政と政治――東京市政論』（一九六四年）
蓮見音彦・似田貝香門・矢沢澄子『都市政策と地域形成――神戸市を対象に』（東京大学出版会、一九九〇年）
広原盛明『震災・神戸都市計画の検証――成長型都市計画とインナーシティ再生の課題』（自治体研究社、一九九六年）
福島新吾「大島太郎小伝」専修法学論集三〇号（一九七九年）
福田耕治・真渕勝・縣公一郎編『行政の新展開』（法律文化社、二〇〇一年）
堀江湛「慶応義塾大学法学部政治学科の回顧と現況――政治学科開設九〇年にあたって」法学研究第六一巻五号（一九八八年）
堀雅晴「世紀転換期の現代行政学――アメリカ行政学の自画像をめぐって」立命館法学二七一～二七二号（二〇〇一年）
堀雅晴「書評　伊藤修一郎『自治体政策過程の動態――政策イノベーションと波及』」『地方自治選書一五　どこまできたか地方自治改革』（敬文堂、二〇〇二年）
堀雅晴「グローバル化時代の日本政治行政システム――その変容性をめぐる一試論」『「日本型社会論」の射程』（文理閣、二〇〇五年）
松下圭一「地域民主主義の課題と展望」思想一九六一年五月号（一九六一年）
松下圭一・村松岐夫「対談　戦後政治と地方自治――松下政治学の生成と展開」レヴァイアサン六号（一九九〇年）
真渕勝「行政研究――方法と課題」『年報行政研究三六　日本の行政学――過去、現在、未来』（ぎょうせい、二〇〇一年）
真山達志「書評　伊藤修一郎『自治体政策過程の動態――政策イノベーションと波及』」年報行政研究三八号（二〇〇三年）

宮本憲一『現代自治選書　地方自治の歴史と展望』（自治体研究社、一九九〇年a）
宮本憲一「都市経営の総括」都市政策五九号（一九九〇年b）
宮本憲一『現代自治選書　日本の地方自治――その歴史と未来』（自治体研究社、二〇〇五年）
村上弘『日本の地方自治と都市政策――ドイツ・スイスとの比較』（法律文化社、二〇〇三年）
村松岐夫「サイモンの『行政行動論』について」法学論叢第七二巻六号（一九六三年）
村松岐夫「行政における組織目標と人間の行動――サイモンの行政理論の一研究」法学論叢第七八巻六号（一九六六年）
村松岐夫編『行政学講義』（青林書院、一九七七年）
村松岐夫『戦後日本の官僚制』（東洋経済新報社、一九八一年）
村松岐夫「行政学の課題と展望」『年報行政研究一七　行政学の現状と課題』（ぎょうせい、一九八三年）
村松岐夫編『新版行政学講義』（青林書院、一九八五年a）
村松岐夫「政策過程」三宅一郎ほか『日本政治の座標』（有斐閣、一九八五年b）
村松岐夫『行政学教科書（第二版）』（有斐閣、二〇〇一年）
みすず書房 一九九一「追悼・辻清明」みすず第三三巻一二号（一九九一年）
山口二郎『一党支配体制の崩壊』（岩波書店、一九八九年）
山口二郎「失われた一〇年と行政学の責任」『年報行政研究三六　日本の行政学――過去、現在、未来』（ぎょうせい、二〇〇一年）
吉富重夫『行政組織原理』（日本評論社、一九三九年）
吉富重夫『政治の実践的性格』（玄林書房、一九四八年）
吉富重夫「行政学文献解題」『年報政治学一九五二』（岩波書店、一九五一年）
吉原直樹編『都市経営の思想――モダニティ・分権・自治』（青木書店、二〇〇〇年）
寄本勝美「役割相乗型の行政を求めて――新時代における行政と市民の課題」『年報行政研究一三　行政の責任領域と費用負担』（ぎょうせい、一九七八年）

寄本勝美「書評　大島太郎著『官僚国家と地方自治』『自治体革新の展望』」『年報行政研究一七　行政学の現状と課題』（ぎょうせい、一九八三年）
笠京子「書評　自治体の政策イノベーションとその波及メカニズム　伊藤修一郎著『自治体政策過程の動態――政策イノベーションと波及』」レヴァイアサン三三号（二〇〇三年）
蝋山政道『行政学総論』（日本評論社、一九二八年）
蝋山政道『行政組織論』（日本評論社、一九三〇年）
蝋山政道『行政学原論第一分冊』（日本評論社、一九三六年）
蝋山政道『行政学講義序論』（日本評論社、一九五〇年）
蝋山政道ほか「討論　日本における政治学の過去と将来」日本政治学会編『日本政治学会年報　政治学　一九五〇年度』（岩波書店、一九五〇年）
蝋山政道「都市政策の体系と内容」『関一遺稿集　都市政策の理論と実際』（都市問題研究会、一九六六年）
蝋山政道・辻清明・吉富重夫「日本における行政学の形成と将来」日本行政学会編『年報　行政研究一』（勁草書房、一九六二年）
蝋山政道「行政学の回顧と展望」『年報行政研究一一　行政学における組織と人間』（ぎょうせい、一九七五年）
ワルドー（足立忠夫訳）『行政学入門』（勁草書房、一九六六年）

第6章　リサーチ政治過程論

喜多　靖郎

1　はじめに

まず、この課題に対する考察は、日本政治学そのものの生成と発達についての概略的な考察から入っていかなければならない。

日本政治学の生成と発達は、明治維新（一八六七年の大政奉還、一八六九年の版籍奉還、一八七一年の廃藩置縣）の政治的変革に伴う具体的問題を契機として加藤弘之（解釈的啓蒙論）、植木枝盛（批判的啓蒙思想家）の活動によって、日本人の間に発生した近代的政治意識を基礎としたものである。ところで、明治維新当初の日本人の間に発生したこの近代的政治意識は、まさしく、蠟山政道教授が、名著『日本における近代政治学の発達、叢書名著復興7』（ぺりかん社、一九六八年）において説いておられる「門地門閥や身分階級の差別によって伝統的な治者階級に独占されていた政治を打破し、一般庶民にたいしてその政治的活動とその責任を分からしめることを要求し、かつそれを合理化する一切の意識[1]」であって、この近代的政治意識は、J・S・ミル（John Stuart Mill）、H・スペンサー（Herbert Spencer）、J・J・ルソー（J. J. Rouseau）ら数多くの近代思想の翻訳移入やこれらのわが国啓蒙思想家による天賦人権論を基調とした立憲主義・自由主義の政治思想の紹介などによって形成されていった。さらに周知のごとく、福沢諭吉や小野梓も、啓蒙思想の活動を行った代表的なひととしてみのがすことはできない。福沢や小野、とりわけ、小野は、小野の著作『国憲汎論』、『民法の骨』(2)において国法および民法の実証的研究を行っている。いずれにしても、ともかく、明治維新を起点とした近代的政治意識は、これらの当時の政治思想家たちによる啓蒙思想的活動、あるいは、近代政治の実証的研究活動によって形成されていった。

ところで、いうまでもなく明治維新によって、一般民衆の前に、国内統一を基礎とした近代国家が出現・成立したことになるがゆえに、明治維新以後、個々人にとっては、〈国家〉と〈社会〉の関係、あるいは、〈国家〉と〈個人〉の関係が社会生活のうえで重要な関係となってくる。それなるがゆえに、個々人の間で〈国家や社会そのものに対する意識〉や〈国家と社会の関係についての意識・思想〉が次第に明確化してくる。このように、明治維新当初は、イギリス、フランスで発達していた近代的思想・天賦人権論を基調とした立憲主義・自由主義的政治思想の影響をうけていたがゆえに、日本近代政治学の形成と発達の素地は、まず、このような面から形づくられてきたことになる。ところが、なんといっても明治維新を起点とした国内の統一を基盤とした国家体制が確立されたがゆえに、とりわけ、国家に対する尊厳の意識の発達が重要な課題となってくる。それなるがゆえに、やがて、明治中期において、加藤弘之らによって、一九世紀ドイツに発達した法治国家(Rechtstaat)を基軸とする国家学派の形成に巨大な業績をのこしたロレンツ・フォン・シュタイン、ロバート・フォン・モール(Robert von Mohl)、グナイスト(Rudolf von Gneist)、ブルンチュリーの著書の翻訳やかれらの学説の紹介などによって、日本近代政治学は、その形成期においてドイツの国法学的政治学の影響をうけることになる。このドイツの国法学的政治学の影響をうけた東京大学を始め官立諸大学を中心とするいわゆる〈国家学派〉の政治学〈官僚政治学〉が明確に発達してくるのである。ドイツ人ラートゲン（Karl Rathgen）によって、官学最初の政治学が、一八八二（明治一五）年から約八年間東京大学で講じられた。その後、小野塚喜平次博士が東京大学に新設されたわが国最初の政治学講座の専任教授に就任された。小野塚博士の『政治学大綱』（一八八二年）は、明治時代の代表的な政治学書であった。小野塚〈政治学〉は、当時、前述のごとくドイツの国法学の影響を強くうけていた日本近代政治学を国家学から独立させることの企図を最初に実現されたのであった。[3] しかしながら、小野塚博士の企図を最初として〈日本近代政治学が国家学から完全に解放され、自立せる学問として発達せんとする道〉は、当時の日本の社会・政治状況からして、極めて難しいことであった。日本の近代政治学が、国家学から完全に解放され一独立学問・一独立科学となるのは、周知のごとく、わが国におけるデモクラシーの成立とその運動の発達を待たなければならなかった。「而して、国家学的政治学の力強き伝統の下において、このデモクラシーの理論を展開し、国家学から政治学の完全なる解放への方途に寄与したのは、吉野作造博士であった。[4]」吉野博士は、雑誌「中央公論」に『憲政の意義を説いて其有終の美を済すを論ず』（一九一六年）『民本主義の意義を説いて再び憲政有終の美を済すを論ず』（一九一七年）の著名な二大論文を寄稿され、〈民本主義〉（Democracy）の論陣を張って、主権存民の明治憲法の枠内におけるデモクラシーの確立をはかり、普通選挙と政党内閣制の実施による民意の尊重を主張されたのであった。

2　社会学的政治学

第二次大戦前の日本において、社会に住む一般民衆からの真のデモクラシー運動がさかんであった唯一の時代は、大正時代（一九一二—一九二六）であった。とりわけ、大正初頭におけるデモクラシー運動のれい明は、明治の〈自由民権運動〉の時代を想起せしめるものがあった。かかる大正時代の政治学的環境のもとで、日本近代政治学の発達過程において、さきのドイツ国法学的政治学の影響を強くうけたいわゆる〈国家学派〉の政治学に対して、遠く、福沢諭吉や小野梓の啓蒙思想の実証的研究にその根源を求めることができるいわゆる〈実証学派〉の政治学が次第に明確に台頭してくる。この〈実証学派〉の政治学のさらなる明確な形成と発達は、主として早稲田大学を中心とした私立大学系統の諸学者の政治学説やジャーナリストの所論にもみられるのであるが、とりわけ、山田一郎、高田早苗、有賀長雄、長谷川万次郎、杉森孝次郎、大山郁夫らの代表的学者の諸業績によるものであって、わけても、大山郁夫氏の業績はまことに大きいものである。この〈実証学派〉の政治学は、「政治現象の実証的把握に努め、政治上の実際問題の考察を行ない、政治または国家の概念については、歴史学、社会学、または、経済学等他の社会科学の知識および方法と接触を保ち、国家学派のごとく、政治現象を国家現象から導入したり、或いはその機能としてのみ見なすことなくむしろ政治概念の構成に当たっては国家学と離れた独自の立場を主張するところに主たる特徴が認められる」のである。まことに、大山氏によって〈科学としての政治学〉の一つの礎がここに築かれたのである。周知のごとく、大山氏は、晩年、クラッペ（Hugo Krappe）などの多元的国家論の影響をうけられマルキシズムに接近されたのであるが、社会学的国家観を提唱したグンプロヴィッツ（Ludwig Gumplowicz）の社会闘争説やオッペンハイマー（Franz Oppenheimer）の階級闘争説に多大の影響をうけられたのであって、大正年間に刊行された氏の二冊の著書『政治の社会的基礎』（同人社書店、一九二二年）、『現代日本の政治過程』（一九二五年）は、グンプロヴィッツの社会学的政治学の立場から現実政治の批判を行ったものである。まことに大山氏は、グンプロヴィッツの学説に基づき社会集団の権力闘争を中心として国家現象説を考察し、現実の国家現象についての批判や政治問題の評論を行いつつ、それを通して〈科学としての政治学〉の建設を企図されたのであった。それゆえに、大山政治学は、まことに、実証的ならびに社会学的政治学の文字通り先駆的位置にあるといえるのである。[5]

以上、主として、蠟山政道教授の所説に依拠しつつ、[6]明治初頭から大正末葉にいたるまでの日本近代政治学の生成と発達の骨子を概観したところから、ここに、日本近代政治学の発達過程には、二つの学派的系譜、すなわち、ドイツ国法学的政治学の影響を強くうけた〈国家学派〉・国家現象説と社会学的国家観の影響を強くうけた社会学的政治学の〈実証学派〉・集団現象説一般の二つのいわば学問的山脈が台頭していたことが認識され得よう。そうして、政治現象を起す主体を〈国家〉に限定して認識すべきかあるいは国家以外の〈社会集団〉にまで拡大して認識すべきかの〈政治の本質〉的概念の枠組をめぐって、激しい政治概念論争が、〈国家学派〉・国家現象説と〈実証学派〉・集団現象説一般との間で展開されていた。つまり、第二次大戦（一九四一年一二月―一九四五年八月）前の日本近代政治学は〈国家〉や〈社会〉あるいはその両者の関係についての認識をめぐっての政治概念論争に終始していたのであった。すなわち、国家現象説を主張する〈国家学派〉系統の立場をとる代表的学者であった小野塚博士、潮田江次教授、今中次麿教授、田畑忍教授、矢部貞治教授、中村菊男教授と集団現象説一般を説く〈実証学派〉系統の立場をとる代表的学者であった大山郁夫（集団闘争説）、尾高朝雄（闘争調整説）、藤井新一（実力的統制説）、蠟山政道（組織化行為説）、恒藤恭、堀豊彦（団体意思決定説）の間で〈政治〉の認識枠組ひいては〈政治の本質〉そのものをめぐっての激しい政治概念論争が展開されていたのであった。(7)

3　政治過程論

いうまでもなく、ここで取上げる戦後の日本政治学の発達過程における政治過程論研究の源流は、はるかにさかのぼれば、大正末期に刊行された大山郁夫氏の前掲の二冊の著『政治の社会的基礎』と『現代日本の政治過程』に求めることができる。〈実証学派〉の集団現象説一般に属する。しかしながら、第二次大戦後、政治・社会状況の変動に伴い、戦前の日本政治学史上における政治の概念構成あるいは方法論やこれまでの政治概念論争の内容は、戦後の現実政治の分析・解明のうえには、十分な適応性を端的にいえば通用性をもたなくなった。それゆえに、戦後の現実政治の分析に適応し得る研究方途を見出す動向が次第に現れてくる。このことは、社会諸科学の前進を阻んできた絶対主義的天皇制が解消し、民主主義的な政治・社会の制度が採用され、学問研究・思想の自由が日本国憲法上保障されたことによって、諸外国の諸科学の豊富な文献・資料の導入が可能となり一層促進されるようになったためである。顧えりみるに、戦後の日本政治学の発達への歩みには、まず、政治概念論争に終始していた戦前の日本政治学の後進性に対する厳しい自己反省とそれの論理的帰結である現実科学としての政治学の樹立に対する要求が始まってきた。戦後の日本政治学におけるこの課題をいち早く提起されたのは、周知のごとく、丸山眞男教授であった。丸山教授は、一九五八（昭和三三）年、論文『科学としての政治学』（人文第二号、文部省人文科学委員会）のなかで、日本政治学のきわだった後進性と停滞性を鋭くえぐり、政治学徒に課せられた責務の重大性について厳しく考えられ、「政治学は今日なによりもまず『現実科学』たることを要求されているのである。」と述べられたのであった。[8] 丸山教授のこの論文によって、戦前の政治概念論争は終止符が打たれたとみることができる。丸山教授のこの論文以後、戦後の日本政治学では、学問研究と思想の自由なる環境のなかで戦後の現実社会や現実政治の構造に対する実証的研究のための思惟や理論の培養やその研究のための学問的活動が活発となった。

さて、戦後の日本政治学の初期は、丸山論文以後、H・J・ラスキ（Harold Joseph Laski）の政治思想（多元的国家論）の紹介・翻訳や研究がまことに盛んであった。また、アメリカ現代政治学や社会学の移入も盛んとなってきた。ラスキ研究やアメリカの現代政治学・現代社会学の影響のもとで、戦後の日本政治学では、まず、政治・社会に対する実証的研究のための思惟や理論および実証的研究方途が、政治過程の理論研究と実証分析に向けられた。すなわち、政治概念論争の終止符を打った丸山教授の前掲論文以後の戦後の日本政治学の研究の主たる動向は、いわゆる政治過程の理論研究と実証分析にあったといえるであろう。事実、一九五三（昭和二八）年、「戦後の日本政治過程」を主題とした「年報政治学」（日本政治学会編）が発刊され、一九五四（昭和二九）年五月の日本政治学会・研究会（於学習院大学）[9] で大石兵太郎博士が「圧力団体の諸問題

――特にアメリカを中心として」と題して研究発表されたのを契機として政治過程論の理論研究と圧力団体の実証的研究が旺盛となった。第二次大戦後の日本におけるこの分野の本格的研究に多大の示唆と刺激をあたえたのであった。大石博士のこの発表は、のちに、論文として『法と政治』（第五巻第三・四号、関西学院大学法政学会一九五五年）に所収されたが、大石博士はこの論文で「多元論はなお生きていることを有力に裏付けるものは、圧力団体の存在である。」と述べられ、多元的国家論と圧力政治の連関の問題をとりあげられ、V・O・キイ（V. O. Key）の圧力団体論やA・F・ベントリー（Arthur Fisher Bentley）の衣鉢を継いでいるD・B・トルーマン（David B. Truman）の政治過程論を紹介されている。その後、日本政治学界では、大衆社会論の勃興と関連して政治過程論や圧力団体論の理論研究やユニークな実証的研究の諸成果がアメリカ現代政治学の影響をうけつつ多く生み出され、一つのブームを形成した時期があった。すなわち、一九五八（昭和三三）年春の専修大学での「圧力団体と現代政治」という主題のもとでの日本政治学会総会・研究会から一九六〇（昭和三五）年の「日本の圧力団体」と題する「年報政治学」の発刊にかけての時期であった。その結果、戦後の日本政治学において、〈政治過程論〉の分野が有力なる研究分野として明確に開拓され、体系的に確立されるに至ったのである。戦後の日本政治学は、ラスキ研究のブームのあと、アメリカ現代政治学、アメリカ現代社会学や社会心理学の影響を著しく受けていく。

ところで、戦後の日本の現代政治学の発達に著るしい影響を与えてゆく一九五〇（昭和二五）年までのアメリカ現代政治学には、ここに明示するまでもなくすでに周知のことであるが、おおまかに言って、(A) 過程分析（Process Analysis）と (B) 心理分析的研究（Psychological Analysis）の

コラム　大石兵太郎（一八九八―一九五四）

大石兵太郎博士は、関西学院中学部をご卒業の後、東北大学で政治学、社会学を専攻された。東北大学を卒業後、関西学院に勤務され関西学院大学法学部助教授に就任され同大学法学部政治学科の創設に多大の貢献をした。私は、大石博士の研究演習に所属していた。大石博士は、白髪の堂々たる政治学者であられ、第二次大戦終了直後の日本における政治学研究会（こんにちの日本政治学会）の創設に、南原繁博士らと多大のご尽力をされたことを拝承している。大石博士は、熱心なクリスチャンであられ、いつも関西学院のキャンパスを聖書と、D・B・トルーマン、A・F・ベントリーの原書を持って歩いておられた。関西学院大学法学部教授にご就任中、同大学法学部長、同大学学長の要職にもたづさわれた。関西学院大学法学部に奉職中、大道安次郎教授、掘経夫教授らとも学問的交流を深められていた。大石教授は、一九五四年ご逝去された。

二つの大きな研究方途がある。(10) アメリカ現代政治学におけるこの二つの大きな研究方途は、奇しくも一九〇八（明治四一）年、同年代に発刊された次の二冊の大著、過程分析は、A・F・ベントリーの(11) *The Process of Government*, 1908. に、心理分析は、G・ウオーラス（Graham Wallas）の *Human Nature in Politics*, 1908. にそれぞれの根源を求めることができる。ここでは、本章の（4）の課題と基礎的な関係にある(A)の過程分析的研究方途の概要を考察していこう。過程分析的研究方途は、シドニー・ラトナー（Sidney Ratner）によって、「アメリカ政治学、わけても、政治過程論・圧力団体論の先駆的記念碑的著作」と讃えられたA・F・ベントリーの上記著書 *The Process of Government*, 1908. によって、アメリカ現代政治学における新しい研究方途として開拓された分野である。行動論・行動科学的政治学における思想的・理論的な源泉でもあるプラグマティズム哲学に基づく

コラム　上林良一（一九二七―　）

上林良一教授は、一九五四（昭和二九）年、関西大学大学院法学研究科修士課程政治学専攻修了後、関西大学法学部助手、専任講師、助教授を経て、教授として勤務し停年退職後南海電車貝塚駅の近くの静かな先生の住居で生活した。上林教授は、岩崎卯一博士の弟子であり、岩崎博士から、多大のご指導を受け、戦後の日本政治学の発達過程における政治過程論・圧力団体論の学問的分野の開拓・発展に多大の貢献をした。先生の著書「圧力団体論」（有斐閣、一九六三年）は、戦後の日本政治学の発達過程における政治過程論・圧力団体論の研究分野の開拓に多大の寄与をなされた貴重な政治学文献である。上林先生の温かいご推挙により私は関西大学非常勤講師を勤めることができ、先生から多大の貴重な示唆とご指導を仰ぎつつ私も政治過程論・圧力団体論を専攻していくことができた。

科学的認識論とそれを基盤とした政治過程論の複合的構造をなしている初期的著作のこの*The Process of Government*, 1908. において、ベントリーは、徹底して心理学的方法・心理主義を排除し、超事実主義（Hyperfactualism）の徹底を基軸として〈状況〉を〈過程〉（Process）という面からとりあげており、ベントリー理論は〈過程〉の政治学であると同時に〈集団〉の政治学でもある。ベントリー理論を起点としたこの過程分析的研究は、ベントリー以後、D・B・トルーマン、V・O・キイ、シャットシュナイダー、P・ヘリングなどによって発達せしめられ、いわゆる政治過程論（the Theory of Govermental Process）の領域を構成しているのである。この政治過程論の生成と発達は、既述のごとく、多元的国家論の勃興と関連性をもっている。いわゆる政治過程とは、「連続的な個々の政治活動からなっている政治運動」であって、政治形成の過程を社会にまで拡大し、政治権力と社会意思の媒介、いいかえれば、社会意思の政治化過程といい得よう。いずれにしても、政治現象のこのような局面を対象とする過程分析的研究方途は、ベントリーの社会集団の機能的側面の多元的把握を基盤として、人間の行動を既存の国家機関よりもむしろその外部諸集団における調整作用として機能的に把える圧力団体論の研究につながってゆくのである。もとより周知のことであるが、戦後の日本政治学では、ベントリーの学説は、まず、一九四八（昭和二三）年の大石兵太郎博士の著書『政治学序説』（白鯨書店、一九四八年）でとりいれられており、その後、辻清明教授の論文『社会集団の政治機能』（近代国家論第二部、弘文堂、一九五〇年）や蠟山政道教授の論文「圧力団体の意義と限界」（法律時報第二五巻第一号）や著書『政治学原理』（岩波書店、一九五二年）などで政治過程論の考察がなされているが、既述のごとく、一九五四（昭和二九）年頃から政治過程論研究が発達したのである。

　アメリカ現代政治学において上述のごとき位置にある〈政治過程論〉については、これまで、アメリカはもちろんのこと日本においても実に多くの理論政治学や政治過程論に関する文献において、体系的あるいは部分的に研究、引用、参照されてきた。たとえば、アメリカでは、ベントリー理論の体系的研究の労作ポール・F・クレス（Paul F. Kress）の *Social Science and the Idea of Process: The Ambiguous Legacy of Arthur F. Bentley* (Urbana: University of Illinois Press, 1970.)[12]、ジェームズ・ウオード（James Ward）の *Language, Form, and Inquiry: Arthur F. Bentley's Philosophy of Social Science.*（The University of Massachusetts Press, 1984.）や研究論文があった。日本においても、たとえば、田口富久治教授の論文『合衆国における現代政治学の形成―アーサー・F・ベントレイの政治学（一）（二）』（国家学会雑誌第七一巻二号、第七二巻第八号）、上林教授の論文『ベントリー社会学の立場―とくにウイーゼの関係学に対して』（法学論集第三三巻三・四合併号）、上林『ベントリーの集団理論の方法論―トランスアクショナル・アプローチの発展』（法学論集第三四巻三・四・五合併号）、上林、『ベントリーとデューイの連関―トランスアクションの形成』（法学論集第三五巻三・四・五合併号）、上林『J・デューイの政治学とトランスアクショナル・アプローチ』（関西大学百周年記念論文集』有斐閣、一九八六年）、喜多靖郎『アメリカ現代政治学における〈過程〉観念について』（近大法学第三二巻第一号）、喜多『ベントリー理論におけるトランスアクショナルアプローチ』（阪野亘編「行動論政治学」世界思想社、一九七六年）、喜多『A・F・ベントリーの生涯と思想』（近大法学第二六巻第四号）、喜多『A・F・ベントリー理論』（近大法学第三二巻第一号）、喜多『ポピュリズムとA・F・ベントリー（上）（下）』（UP一四六号、一四七号、東京大学出版会、一九八四年、一九八五年）、喜多『ポピュリズム・プログレッシヴイズムとA・F・ベントリー』（一）（近大法学第三七巻第三・四号）、辻中豊教授の論文『ベントリーの政治過程論の成立・挫折・転回（一）（二）――The Process of Goverment, 1908. から Makers, Users, and Masters. 1920』（阪大法学第一一〇号、第一一二号）の諸論文が発表されてきた。さらに、A・F・ベントリーの一九〇八年の大著 *The Process of Government*, 1908. の内容が、これまで、戦後の日本の政治学研究者による政治学に関する数多くの諸著作・諸論文において部分的には引用乃至参照されてきたにもかかわらず、ベントリーの一九〇八年のこの大著 *The Process of Government*, 1908. の全訳書が、いまだ刊行されていなかったのであるが、喜多と上林が共著で一九九四（平成六）年、A・F・ベントリーの生涯の一九〇八年のこの大著 *The Process of Government: a Study of Social Pressure* (Chicago, the University of Chicago Press, 1908.

pp. 494)（ピーターH・オデガードの序文とA・F・ベントリーによる著作所収）の全訳書喜多靖郎・上林良一訳・A・F・ベントリー著『統活過程論—社会圧力の研究』（総頁五九〇頁、法律文化社、一九九四年）を刊行した。ところで、研究余話であるが、私は、アメリカでのA・F・ベントリー理論の体系的研究の労作 *Social Science and the Ideal of Process: the Ambiguous Legacy of Arthur Fisher Bentley*, 1970. を生み出したポールF・クレス教授とアメリカ留学中（一九八五年八月—一九八六年一月）に長時間にわたってお会いすることができた。クレス教授は非常に喜んで下さって、ベントリー研究の進め方などに関しての豊富な示唆と励ましを私に与えて下さった。いまも、非常にありがたくなつかしく想い出されてくる。クレス教授のこの著作の内容を私は、日本において、すでに、喜多靖郎「A・F・ベントリー理論におけるトランスアクショナル・アプローチについて」（阪野亘編『行動論政治学』（世界思想社、一九七六年））などで詳しく紹介した。

A・F・ベントリーは、一八七〇年一〇月一六日、シカゴの西北約七〇マイルにあるロックフォード（Rockford, Illonois）のさらに西三七マイルのイリノイ州フリーポート（Freeport, Illinois）で生まれここで成長したのであるが、両親とともに、一八七九年に転居し、父の死去のあと家族の問題もあって約三年間（一九一一年まで）、シカゴにいたが、一九一一年にジャーナリズムの世界からも引退し、シカゴを去って、もっぱら健康保持のため、インディアナ州ペオリイ（Paoli, Indiana）で広大な土地一九エーカーと閑静な住居をもち果樹園を経営しながらプラグマティズム哲学の巨匠ジョン・デューイ（Jhon Dewey）と学問的交流を深めていく。一九五二年六月一日デューイ死去のあと、ベントリーは一九五七年五月二一日にペオリイのこの閑静な住居で死去する。私は、アメリカでの六カ月の留学中インディアナ州ペオリイのベントリーのこの質素にして閑静な元邸宅を訪問し、ベントリーの書斎などを詳さに見学することができた。ベントリー生前中一生仕えた女のお手伝いさんと近くに住んでおられるそのご子息（地元のハイスクールの先生）のご夫妻とにお会いすることができた。このお手伝いさんは、ベントリーのこの邸宅にいまも居住しておられ、この邸宅を守っておられる。このお手伝いさんとご子息ご夫妻は、私の顔をみるなり本当に涙を流して「訪問してくれたのは教授が日本人でははじめてです」と大変喜んで下さった。ベントリーの書斎や邸宅のなかをこのお手伝いさんとご子息ご夫妻の案内で詳さに見学することができた。

4　選挙過程・政策決定過程・立法過程

いうまでもなく、ここで取り上げる選挙過程・政策決定過程・立法過程は、独裁的乃至専制的政治体制とはおおよそ全く相異なった民主主義的政治体制とそのシステムを確立させている国家体制のもとでの〈政治の本質〉的概念の連続的な具体的な個々のカテゴリーに属するものである。すなわち、まぎれもなく、選挙↓政策決定↓立法は、民主主義的政治体制・法治国家のもとでは、どれ一つを欠いてもならない政治の基本的な連続的な個々の行為であり事象である。

さて、日本の政治学のなかでは、すでに、一九二五（大正一四）年、〈科学としての政治学〉の建設を企図されている大山郁夫氏の著書『現代日本の政治過程』において〈過程〉（process）という用語・概念がとり入れられていることが認められるのであるが、〈政治過程〉そのものを〈政治の本質〉に対する一つの研究対象・研究領域として明確にとり入れるようになったのは、いうまでもなく戦後の日本政治学においてである。すなわち、さきに概略的に考察したことであるが、民主主義的政治体制下の戦後の学問研究と思想の自由なる環境とアメリカ現代政治学・現代社会学の旺盛なる移入のもとで、戦後の日本政治学の初期における丸山論文以後の現実社会や現実政治の構造に対する実証的研究のための思惟や理論の培養やその研究のための学問的活動が活発化してきたなかにおいてである。〈過程〉(process) というのは「物事の進行・変化してゆく途中の段階。経過のみちすじ」(西尾・岩淵・水谷編『岩波国語辞典(第二版)』のことであり、政治過程は「広く政策形成に影響を及ぼす政治行動の連鎖」(社会学辞典、有斐閣、一九五八年、「政治過程」の項目参照) を意味するのである。

選挙過程

選挙 (election, Wahl, élection) というのは、「教会や会社、学会や労働組合や政治団体の役員・代表を選出する行為」(『社会学辞典』(有斐閣、一九五八年)「選挙」の項目参照) であり、同時に、この行為を実行することを通して個々の有権者の意思を表明する行為である。ここでは、国政レベルにおける〈選挙〉をとりあげ概略的に考察しておきたい。

まず、民主主義的政治制度に立脚した国家の政治制度には、おおまかにいって、イギリスや日本が採用している議院内閣制とアメリカ合衆国 (the United States of America U・S・A) が採用しているアメリカ大統領制とがある。したがって、一言で選挙過程といっても議院内閣制を採用しているイギリス、日本とアメリカ大統領制を採用しているアメリカ合衆国とでは相異なっている。

日本が採用している議院内閣制のもとでは、いうまでもなく個々の有権者の政治意思や政治的要求には、基本的にはまず国政選挙（日本の場合総選挙と称せられる衆議院選挙（定数小選挙区三〇〇人、比例代表一八〇人計四八〇人）と参議院選挙（定数選挙区一四六人比例代表九六人計二四六人））を通して表明される。もちろん、有権者の政治意思や政治的要求は、この国政選挙以外に日常、利益[13]集団（interest groups）を基盤とした圧力団体（pressure groups）を主体とする政治権力機構に対する圧力的活動（例えば陳情）の展開を通して代議機関（日本の場合国会・衆議院と参議院）を構成している個々の国会議員や政治権力機構（内閣や主要行政機関）や政党（politicalparty, Politische Partei, partipolitique）に直接表明されていることもある。しかしながら、基本的には、個々の有権者の政治意思の表明は、まず、この国政選挙を通してである。いわゆる国政選挙（衆議院選挙と参議院選挙）は、代議機関（衆議院と参議院）の構成を通して、日本国家のあり方と進路の方向を決定づけてゆく日本国民有権者にとっては極めて重要な第一次的な政治参加の機会である。議院内閣制のもとでは、国政選挙の結果に基づいて最大得票数を獲得した与党の党首が国会で日本国家の代表としての内閣総理大臣（Prime Minister）に指名され、指名を受けたその内閣総理大臣のもとで単独政権乃至与党を中心とした連立政権下の内閣（Cabinet）（閣僚の過半数は国会議員のなかから任命される）が構成されるからである。このように極めて重要な意味を持つ国政選挙は、再言するまでもなく、日本国民有権者一人一人の政治意思ないし政治的要求を表明する第一次的な極めて重要な政治参加の機会であるが、国政選挙において表明される有権者一人一人のこの政治的意思ないし政治的要求には、A・F・ベントリー（Arthur Fisher Bentley, 1870-1957）がすでに一九〇八年、*The Process of Government : a Study of Social Pressures*, 1908, 494pp. においていみじくも論述しているごとく、個々の有権者が所属ないし保っている個々の利益集団（interest groups）の集団的利益（group interests）が内含されており、[14] 国政選挙の結果は、個々の有権者のこの集団利益の反映であるともいい得よう。

アメリカ大統領制をとっているアメリカ大統領選挙と連邦議会（上院と下院）（上院は日本でいえば参議院・下院は衆議院に当る）議員選挙とである。周知のことであるが、日本の場合、国政選挙で最大得票数を獲得した与党の党首が国会の指名に基づいて内閣総理大臣に任命されるのに対して、アメリカ合衆国では「行政部の首長であり、対外的には亜米利加を代表する元首でもある」（『アメリカを知る事典』（平凡社、一九八六年）「大統領 President」の項目二七三頁参照）アメリカ大統領（President）は、アメリカ大統領選挙人団によって選出される。（大統領選挙人団の数は、五〇州各州とも連邦上院議員議席数定数二名と連邦下院議員議席数をプラスした数である。ちなみに、この合計は上院議員議席数百名と下院議員議席数四三五名とそれにワシントンDCの三名計五三八名である）その結果では、アメリカ大統領は、ここでいうまでもなく、間接選挙によって選出されるといわれ得るのであるが、すでにアメリカ合衆国の市民有権者が大統領選挙人を選ぶときに各党の大統領候補を念頭においているので、実質的には、直接選挙によって選出されるともいわれ得るのである。

立法・行政・司法の三権分立と独立を前提とした三権分立の政治原理とその制度・システムを最も忠実に実現させ運営させているのは、いうまでもなくアメリカ合衆国である。すなわち、立法作用（法創造作用）を担う立法機関・連邦議会（上院と下院）[15] と行政作用（制定された法を実施する作用）を担う行政機関・アメリカ大統領[16] と司法作用（裁判作用）を担う司法機関・連邦裁判所の三つの国家機関は完全に分立・独立をしている。アメリカ合衆国の元首でありアメリカ合衆国の巨大行政機構の長であるアメリカ大統領は、連邦議会議員ではなく（上院議員でもなければ下院議員でもない）、四年毎に行われるアメリカ合衆国の市民有権者によるアメリカ大統領選挙[17]によって直接選出されるのである。それなるがゆえに、アメリカ大統領は、年一回年頭教書を提出し、連邦議会で所信表明演説を行う以外は連邦議会に出席することはないのである。要するに、議院内閣制を採用しているイギリス・日本とは異って、アメリカ大統領制をとっているアメリカ合衆国の市民有権者は、アメリカ大統領選挙と上院議員選挙・下院議員選挙の三つの国政選挙の選挙権を行使し、個々の政治意思・政治的要求を表明しているのである。

政策決定過程

さて、無意識的な行動は別として、おおよそ、いかなる行為・行動にも一定のその行為・行動の目的とその目的を達成させるための手段・方策とがある。ところで、行為・行動の目的のための手段・方策は、通常、明文化され得る一定の計画に基づいて推進せしめられる。ここで取上げられる政策（policy）は、まさに国政レベルにおけるこの明文化された一定の国家の計画に当るであろう。いわゆる明文化された政策というのは、例えば、海図に基づいて一定の入港目的港に向かう明文化された船舶の航海方法と航海進路に当たるであろう。まさしく、政策は「広義には、政府・団体・個人が決定し保持する行為の進路・方法」であって、「通常は狭く国家の統治行為について用いられ、政府または政党・政治集団の政策」を指し、「政策の本質は、統治における目的と手段との統合として、一定の決定または判断行為である。」（以上、社会学辞典、有斐閣一九五八年、「政策」の項目参照五〇九頁）といい得るのである。

ところで、このような意味をもった一定の政策決定には、その前段階として一定のその政策の形成過程がなければならない。いうまでもなく国家の一定の政策形成主体は、議院内閣制のもとでは、国政選挙で最大得票数を獲得した与党とその与党の党首が就任する内閣総理大臣とその内閣総理大臣のもとで構成される内閣である。もちろん、国政選挙の運動期間中、立候補者を有権者の前に明示しているすべての政党や政治団体は、国家の種々の政策を掲げ、激しい政策論争が展開されるのであるが、基本的には、国家の一定の政策形成主体は、議院内閣制のもとでは、与党・内閣総理大臣・内閣である。いうまでもなく、議院内閣制のもとでは、与党・内閣総理大臣・内閣で形成された一定の国家の政策は、決定されなければならない。国家の一定の政策決定権者（formal decision makers）は、内閣総理大臣・内閣であるが、一定の国家の基本政策が決定されるには、さらに、国会の議決を経なければならない。

立法過程

上述のごとき過程を経て内閣総理大臣・内閣・国会の議決を経て形成され決定された一定の国家の政策は、それが実現化されるためには、いうまでもなく、民主主義的な法治国家のもとでは、立法化されなければならない。立法（law making）というのは、国会における法創造作用である。ところで、いかなる法律や政策実現のために不可欠な国家予算もその前身は一定の法律案や予算案である（もっとも国会に提出されるこの法律案には、議院内閣制のもとでは、内閣提出の法律案と議員提出の法律案とがある）。一定の国家の政策が忠実に実現化されるためには、この一定の法律案や予算案をまず一定の法律や予算に制定化されなければならない。一定の法律や予算の成立・制定

図表6-1　政治現象

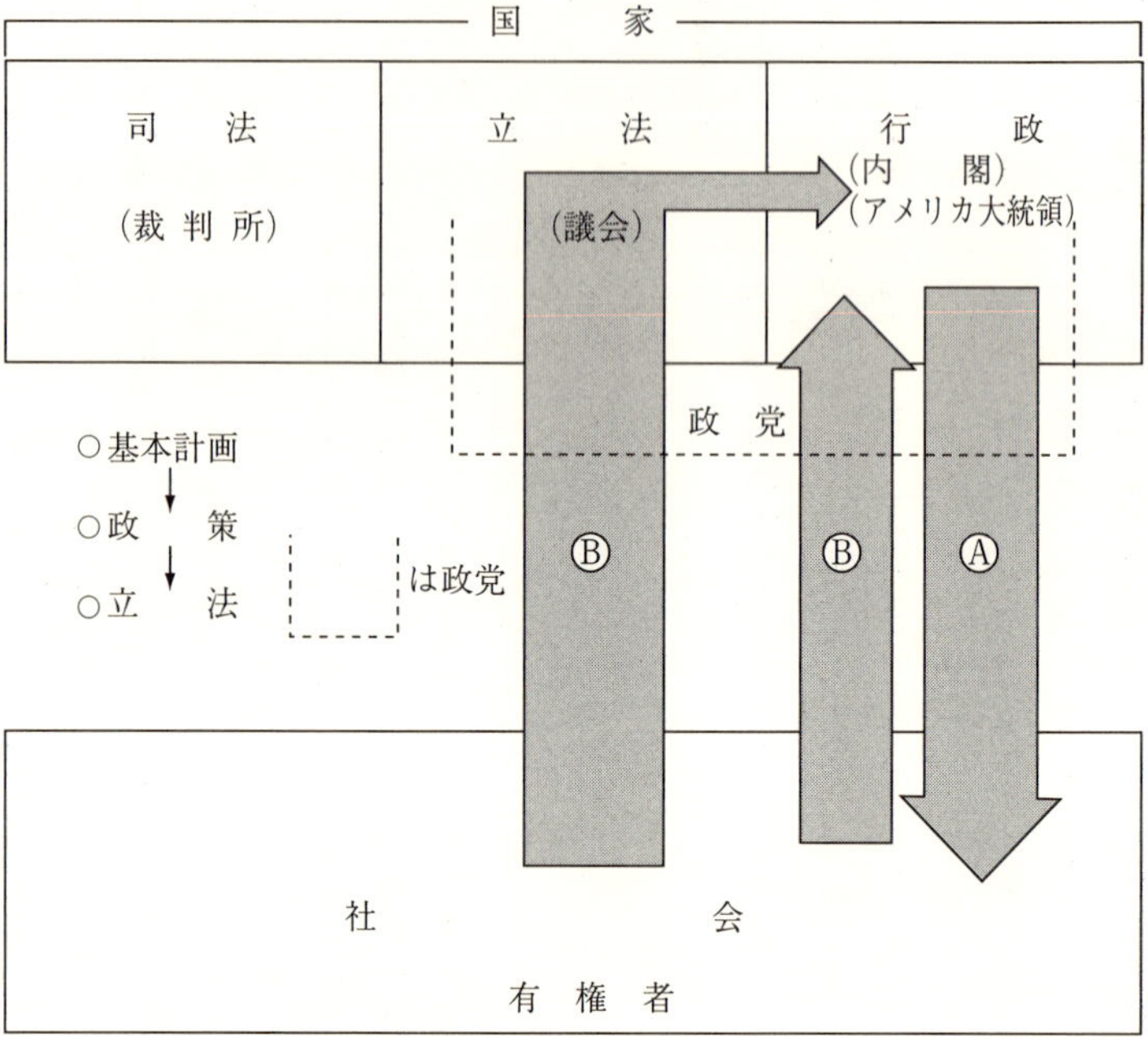

政治現象
- Ⓐ支配・統治現象
  - ○社会秩序の推進・社会の発展
  - ○社会的価値の創造・分配
  - ○政策の実施
- Ⓑ政治過程現象
  - ○政治意思・政治的要求・利益の反映・民意の反映
  - ○政党の活動・圧力団体現象・世論の動き・住民運動
  - ○市民運動の展開・選挙

図表6-2　政治と私の関係

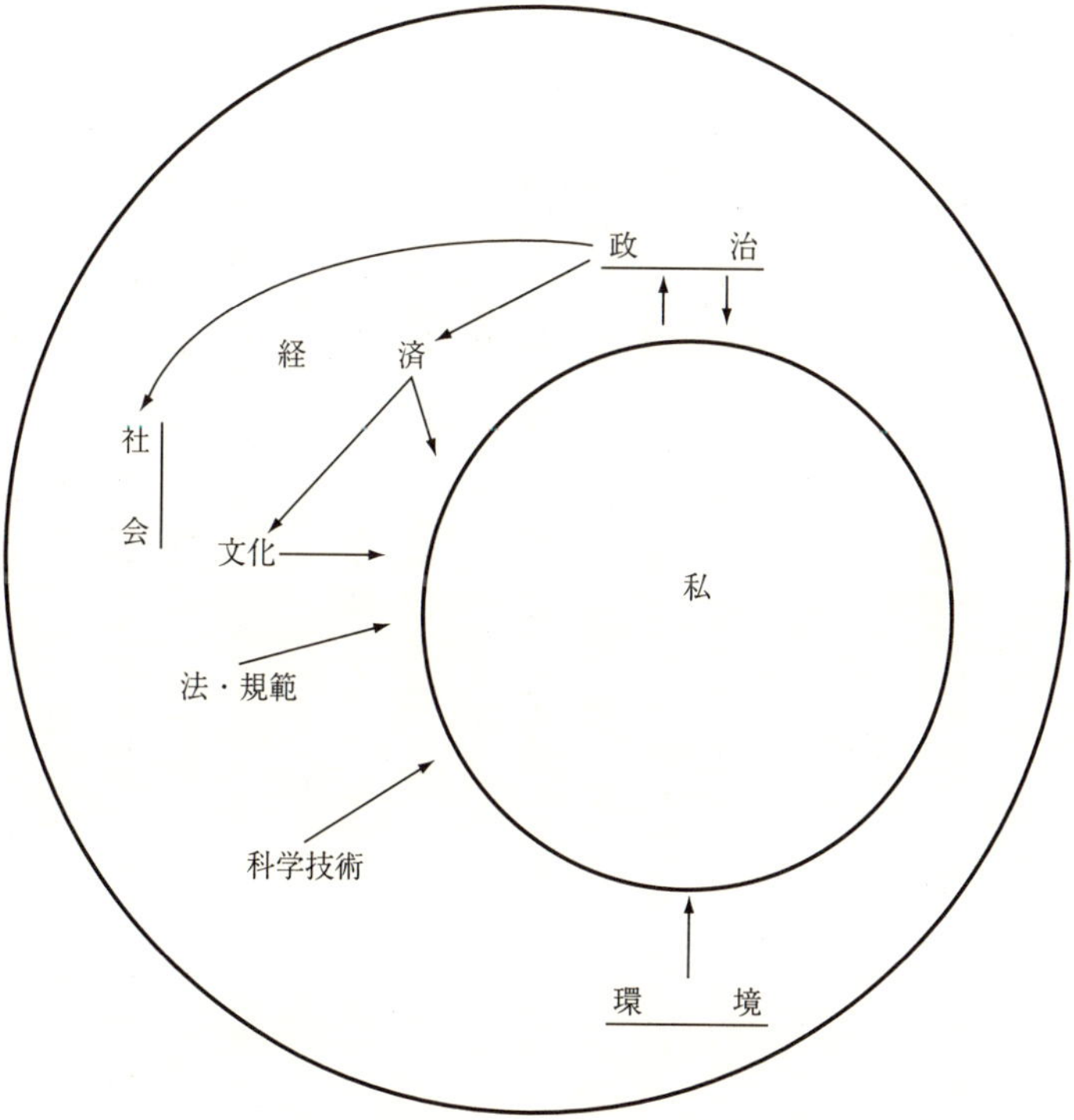

には、民主主義的国家体制・法治国家のもとでは、いうまでもなく、立法作用を担う国会での立法活動や予算審議の過程を経てであり、この過程を経て、一定の国家政策が実現化され得るのである。まさしく、「国会での立法活動や予算審議は、行政部内においてはすでに法律案や予算案の形成で決定された政策を審議し修正し、最終的に決定（または廃案）する立法部内での政策決定過程」（三沢潤生稿「政策決定の概観」年報政治学一九六七年、二五頁、日本政治学会編、岩波書店、一九六七年）といい得よう。このように、国会は、行政部（内閣総理大臣・内閣）において形成された一定の国家政策を民主主義的国家体制のもとでは不可欠な立法化する機能を担っているのである。このように、国会は、民主主義的国家体制のもとでの国政レベルにおける政治過程において極めて重要な不可欠な機能である立法作用を担っているのであるが、この立法作用に不可欠な国会審議が、三沢教授が前掲論文でいみじくも指摘しておられるようにとかく形式化されていることは否定され得ないのであり、国政の進路・運営にとってまことに由々しき事態というべきであろう。この国会審議の形式化は、まさしく三沢教授も指摘されているように「国会の地位の低下と官僚と与党の癒着の深化の結果」のなにものでもないというべきであろう[18]。

5 おわりに

政治過程論は、伝統的な制度論的政治学に相対して現実の政治の動向を分析、解明、把握することを目的とする。本章で取り上げた以外にも、世論形成過程、行政過程、司法過程などの問題も政治過程論の守備範囲となっている。

具体的な政治の実証的な検証とともに、具体的な政策立案、提言までをフォローしていくことが、今後の政治過程論に課せられたテーマとなってこよう。

注

(1) 蠟山政道『日本における近代政治学の発達　叢書名著の復興7』(ぺりかん社、一九六八年) 一九頁。

(2) 小野梓のこの二冊の著書『国憲汎論』と『民法の骨』は、一、憲法と民法の二大部門について全体的な立法研究をとりあげている。二、文明開花という現象を法律制度の上に実証しようとした学問的意図が見られる著書であって、当時、画期的な著書であったといい得よう。

(3) 蠟山・前掲書(注1)二八～九二頁。

(4) 蠟山・前掲書(注1)二八～九二頁。

(5) 蠟山・前掲書(注1)九八頁。

(6) 日本の政治学の生成と発達については、蠟山政道教授の前掲書の他に田畑忍『政治学概論』(法律文化社、一九五〇年) を参照した。

(7) この政治概念闘争は、蠟山政道教授の説明に依ればまず潮田教授、田畑忍教授らのいわゆる伝統的な国家学派系統の政治学者から提起されたといわれている。蠟山・前掲書(注1)一九六頁。

(8) 丸山教授の一九四八(昭和二三)年のこの論文「科学としての政治学」は、のちに同教授著『現代政治の思想と行動下巻』に所収されており本章では、同著による。(未来社、一九五七年) 三九一頁。

(9) 喜多は、一九五四年三月、関西学院大学法学部政治学科を卒業したが学部学生時代大石兵太郎博士の研究演習に入り政治学を専攻した。大石博士の研究演習に所属中大石先生から厳しい研究指導をうけた。一九五四年五月の学習院大学での日本政治学会総会・研究会に初めて入会・出席できたのであって、大石先生から「喜多君、H・J・ラスキの政治思想を研究していることもよいが、アメリカの現代政治学の起点に当りそしてラスキの多元的国家論と関係のあるA・F・ベントリーの政治過程論を専門に研究してゆきなさい」と温かいご指導を仰いだ。

(10) この二つの大きな研究方途の発達については横越英一『政治学体系』(勁草書房、一九六二年)五頁、と秋永肇『現代政治学第2部政治学の基礎概念』(富士書房、一九六五年)四六頁を参照。

(11) 政治過程論の先駆者としてアメリカ現代政治学の理論・思想の源泉に当るA・F・ベントリー(Arthur Fisher Bentley, 1870～1957)の生涯と思想・人物像については、これまでアメリカでは、ベントリー研究の長老シドニー・ラトナー(Sidney Ratner)らによってまたこの原著のオデガードの序文においても紹介されているが、日本では喜多が「A・F・ベントリーの生涯と思想」(近大法学第二六巻第四号)においてやや詳しく紹介している。

(12) 喜多は、日本において、アメリカでのベントリー理論の体系的研究の労作であるポール・F・クレスのこの著書を詳しく紹介している本章の参考文献に明示している拙稿を参照していただきたい。

(13) 利益集団の「利益」というのは、なにも、少しでも多くの利潤を獲得するという意味での利益ではなく、この場合の利益は、interest であり、interest というのは「関心」とか「眼の前に現われた自分にとって望ましい価値を追求する意欲」という意味があり、利益集団の「利益」というのは、このような意味の「利益」である。

(14) A・F・ベントリー(喜多靖郎・上林良一訳)『統治過程論——社会圧力の研究』(法律文化社、一九九四年)五九〇頁。

(15) 上院は、日本では参議院に当り、下院は衆議院に当る。日本では、衆議院の方が参議院よりもまず優位性をもっている。しかし、参議院は、慎重に法案を審議し立法化させてゆくための第二院に当り、重要な立法機関である。これに対しアメリカ合衆国では、上院の方が下院よりも優位性を保持していることは否定できない。日本とアメリカとでは逆になっているのである。

(16) アメリカ合衆国では行政機関は、アメリカ大統領とそれに直属せる巨大な行政機構であって、アメリカ大統領一人である。現在では、ブッシュ大統領一人とそれに直属せる巨大な種々の行政機関とである。

(17) アメリカ大統領選挙は、四年毎に行われる。近年では、一九八八年、一九九二年、一九九六年、二〇〇〇年、二〇〇四年に実施された。

(18) 三沢潤生「政策決定過程の概観」日本政治学会編『年報政治学　現代日本の政党と官僚』(岩波書店、一九六七年)五〜三三頁参照。なお、以上の論述については、ここに掲載の図表6-1政治現象、図表6-2政治と私の関係(以上喜多靖郎作成)を参照されたし。

参考文献

大山郁夫『政治の社会的基礎』(同人社書房、一九二三年)
高田保馬『社会と国家』(岩波書店、一九二二年)
中島重『改版多元的国家論』(二條書店、一九二二年)
丸山眞男『現代政治の思想と行動』(未来社、一九五七年)
蠟山政道『日本における近代政治学の発達・叢書名著の復興(7)』(ぺりかん社、一九六八年)
大石兵太郎『政治学序説』(白鯨書房、一九五一年)
A・F・ベントリー(喜多靖郎・上林良一訳)『統治過程論——社会圧力の研究』(法律文化社、一九九四年)
内田満『アメリカ圧力団体の研究』(三一書房、一九八〇年)
内田満『現代アメリカ政治学』(三嶺書房、一九九七年)
上林良一『圧力団体論』(有斐閣、一九六三年)
喜多靖郎『政治学の基本問題(増補版)』(晃洋書房、一九七一年)
アランC・アイザーク(喜多靖郎・富岡宣之訳)『政治学方法論序説』(晃洋書房、一九八八年)
福岡政行編『手にとるように政治のことがわかる本』(かんき出版、二〇〇二年)
日本政治学会編『年報政治学　現代日本の政党と官僚』(岩波書店、一九六七年)
日本政治学会編『年報政治学　政治学の基礎概念』(岩波書店、一九九一年)
外務省北米局監修『最新アメリカ合衆国要覧——50州と日本』(東京書籍、一九九二年)
伊藤光利・田中愛治・真渕勝『政治過程論』(有斐閣、二〇〇〇年)

小林良彰『現代日本の政治過程』（東京大学出版会、一九九九年）
小林良彰『選挙制度』（丸善、一九九四年）
三宅一郎『投票行動』（東京大学出版会、一九八九年）
大嶽秀夫『政策過程』（東京大学出版会、一九九〇年）
村川一郎『政策決定過程』（信山社、二〇〇〇年）
谷藤宏『現代日本の立法過程』（信山社、一九九五年）
岩井奉信『立法過程』（東京大学出版会、一九九八年）
中村睦男・前田英昭編『立法過程の研究』（信山社、一九九七年）
中島誠『立法学』（法律文化社、二〇〇四年）
大石兵太郎「圧力団体の諸問題——特にアメリカを中心として」法と政治第五巻三・四号（一九五五年）
喜多靖郎「現代社会集団の概念と構成に関する一考察——圧力団体現象の本質と意義についての一試論として」法と政治第一一巻一号（一九六〇年）
田口富久治「合衆国における現代政治学の形成——アーサ・F・ベントレイの政治学（一）（二）」国家学会雑誌第七一巻二号、第七二巻八号
上林良一「ベントリー社会学の立場——とくにウイーゼの関係学に対して」関西大学法学論集第三二巻三・四合併号
上林良一「ベントリーの集団理論の方法論——トランスアクショナル・アプローチの発展」関西大学法学論集第三四巻三・四・五合併号
上林良一「ベントリーとデューイの連関——トランスアクションの形成」関西大学法学論集第三五巻三・四・五合併号
上林良一「J・デューイの政治哲学とトランスアクショナル・アプローチ」『関西大学百周年記念論文集』（有斐閣、一九八六年）
喜多靖郎『A・F・ベントリーの論文 The Units of Investigatin in the Social Seiences について（一）（二）（三）』

近大法学第二二巻一号
喜多靖郎『アメリカ現代政治学における〈過程〉観念について』近大法学第二三巻一号
喜多靖郎「ベントリー理論におけるトランスアクショナル・アプローチ」阪野亘編『行動論政治学』（世界思想社、一九七六年）
喜多靖郎『A・F・ベントリーの生涯と思想』近大法学第二六巻四号
喜多靖郎『A・F・ベントリーの理論』近大法学第三二巻一号
喜多靖郎『ポピュリズムとA・F・ベントリー（上）（下）』UP一四六号、一四七号（一九八四年）
喜多靖郎『ポピュリズム・プログレッシヴィズムとA・F・ベントリー（上）』近大法学第三七巻三・四号
辻中豊『ベントリー政治過程論の成立・挫折・転回（一）（二）――The Process of Goverment, 1908 から Makers, Users, and Masters, 1920 へ』阪大法学一一〇号、一一二号
喜多靖郎『一八九〇年代のアメリカとA・F・ベントリー――序説』近畿大学法学第四九巻二・三号（二〇〇二年）
喜多靖郎『全訳と紹介・A・F・ベントリーネブラスカ・タウンシップの経済史を例証とした西部農民の状況』近畿大学法学第四五巻一号（一九九七年）

第7章　リサーチ日本政治史

小島　和貴

1　はじめに

政治史は、「公共的なもの」を実現するにあたっての権力現象を歴史的に解明することを目的としている。歴史研究の意義は、過去の歴史的事実を今日的に跡づけることで現代人にも有益な情報を提供しようとする。歴史的事実は、過去のことであるが故に同じ現象は繰り返されないのであるが、政治が自然人を中心として営まれる以上、政治現象の根底に共通する動態を観察することが可能であると思われる。もちろん古代と現代はわれわれを取り囲む環境が異なることは言を待たない。すなわち古代の政治が奴隷制を基調とし、中世のそれが宗教との関係を「大々的に」認め、近代には法治国家現象が現出し、さらに現代においては参加民主主義が叫ばれるなど、政治に参加するアクターの違いもあるのであるが、そうしたアクターが政治に参加する前提としては、「公共的なもの」の実現に向けてでなければならないのであり、こうした営みは昔も今も不変であるともいえる。

日本政治史研究は、政治学及び歴史学の知見に基づき行われる。今日、日本政治史が科学となるためには資料批判が研究の水準を決定づけるといっても過言ではない。資料には一次資料、二次資料、三次資料と資料の価値が変わってくる。今日の日本政治史研究ではより良質な一次資料をいかに批判的に検討を加え操作するかが重要である。そのため日本政治史研究に取り組もうとする者は、国立国会図書館、国立公文書館、各地の公文書館等、一次資料の蒐集にかなりの時間を割くことが要求される。資料には私文書と公文書の別が存在する。私文書は大久保利通、伊藤博文、井上馨といった実際に政治の中に身を置くなどした人物の書簡、日記等であり、公文書は太政官、内閣、地方政府等の諸記録である。私文書と公文書の双方の視点から対象に接近することで、動態的な日本政治史現象の解明に繋がるのである。その結果、これまで明らかにされてこなかった日本政治史の課題の解明が可能となるのである。ただ、私文書は明治の元勲などの実際の書簡・諸記録であるため、判読するのに困難を伴うこともある。

　資料の蒐集にかなりの時間を費やしたとしても、対象における不明な点が残る場合があるが、その際には合理的推定がなされる。寺崎修は合理的推定に際して次のことを強調する[1]。

①独善的な推測ではなく、説得力があるかどうか。
②同一の資料を利用するならば、誰もが同一の結論に達するかどうか。
③反証が出現する可能性がないかどうか。

日本政治史研究に要求されることは、一次資料を中心とした厳密な資料操作と合理的推定による各研究者における研究対象の解明なのである。以下では戦前から戦後にかけての日本政治史研究をその方法論にも注目しながらリサーチしてみよう[2]。

2　戦前の日本政治史研究

官学アカデミズム史学とその周辺

徳川幕藩体制を否定し、中央集権国家を目指した明治政府は、西南戦争がいまだ終結を見ない一八七七年、東京開成学校及び東京医学校の両校を併せて東京大学を設立し、法学、理学、文学、医学の四学部制を敷いた。東京大学は一八八六年の帝国大学令により官立帝国大学となり、一八九七年に至ると京都帝国大学の設立により東京帝国大学となった。その後、東北帝国大学、九州帝国大学等の帝国大学の新設と併せて、一九〇三年には専門学校令が制定されたことで私立大学が位置づけられるようになり、日本の高等教育の環境は整えられていくことになる。

明治期の日本政治史研究は大きくは法学部系統と文学部系統からなる。法学部系統の明治期日本政治史研究は、これまで語られることが多かったとはいえないが、東京帝国大学に見られるように、その研究体制は比較的早い時期に整えられた。一八八五年、従来文学部に属していた政治学理財学科が法学部（法政学部）に移され、一八八六年、帝国大学令の公布とともに政治学科へと改編され、これを機に一八八七年には、政治学科関係の団体として新たに国家学会が設立された。機関誌は『国家学会雑誌』である。同誌は、公法、基礎法学、政治学とともに政治史研究の成果を扱い、創立三〇周年記念として『明治憲政経済史論』を刊行することになる。そしてこの後、東京大学法学部の日本政治史研究を発展させるのに寄与するのが岡義武（一九〇二―一九九〇）である。岡は政治学の小野塚喜平次（一八七〇―一九四四）の薫陶を受け、吉野作造（一八七八―一九二三）の後を継いで政治史講座を担当し、当初はヨーロッパ政治史を、その後には日本政治史をも講じるのである。(3)『岡義武著作集』が岩波書店より刊行されている。

文学部の系統では、一八八九年にドイツ近代史学の創設者とも称されるランケ（Ranke, Leopold von, 1795-1886）の教えを受けたリース（Riess, Ludwig, 1861-1928）の指導により、東京帝国大学文科大学国史科の重野安繹（一八二七―一九一〇）、久米邦武（一八三九―一九三一年）、星野恒（一八三九―一九一七）らが中心となって史学会が創立された。初代会長は重野が務め、同年一二月、『史学会雑誌』（のち『史学雑誌』）を創刊した。史学会は「ランケ流の歴史学」、すなわち年代記的実証主義の立場をとる官学アカデミズム史学の拠点となるのである。官学アカデミズム史学の立場は、例えば、史学会の中心メンバーの一人、久米が、同立場から神道の非宗教性を指摘した論文、「神道は祭天の古俗」（史学会雑誌二三―二五号、一八九一年）を発表するや、神道家からの批判を受け、最終的には久米本人が東京帝国大学を辞職するといった事態に発展する事件（久米邦武事件）にも遭遇するなど、当時の国家状況においては直ちに市民権を勝ち取れたわけではなかったが、一九二九年には史学会創立四〇周年事業として論文集『明治維新史研究』の刊行を実現した。

東京帝国大学以外では、京都帝国大学には史学研究会が設立され、一九一六年に『史林』を創刊し、私学系では一九二一年に慶應義塾大学文学部史学科を中心として『史学』が創刊された。この間、早稲田大学出版部からはわが国最初の史学研究法または史学概論とされる坪井九馬三『史学研究法』が公にされている。私学系統においてもとりわけ注目されるのが、公務の傍ら活躍した尾佐竹猛（一八八〇―一九四六）である。尾佐竹は一九二一年から『法律及政治』に「帝国議会史前記」の連載を開始し、一九二五年には、明治維新を立憲政治への過程として捉え、大政奉還・「五箇条の誓文」などに新解釈を与えたとしばしば紹介され、後に学位論文ともなる『(維新前後に於ける)立憲思想』を上梓するのである。尾佐竹に関しては、吉野作造、宮武骸骨(一八六七—一九五五)らと発足させた明治文化研究会での活動もよく知られるところであり、ここでの活動は、一九二七年から刊行される『明治文化全集』(全二四巻)に結実した。一九二八(昭和三)年からは母校明治大学法学部教授として明治史を講じていた。現在、『日本憲政史大綱』、『明治維新』、『尾佐竹猛全集』などを通じ尾佐竹の立場を知ることができる。

脱官学アカデミズム史学への取り組みと「日本資本主義論争」

明治維新、帝国議会の開設等によって日本の近代化を模索した政府は、日清・日露の両戦争を経て、第一次世界大戦を経験し、西欧列強の後を追い続けた。一方、西欧の思想に学ぶ方針により、大正期には新思想が活況を呈し、「大正デモクラシー」といわれる時代風潮を作り出すことになる。田中浩は「大正デモクラシー」を、第一次世界大戦後、各国において中産者や労働者、農民が「政治の世界」に登場し、影響を与えはじめたことにより自由主義・民主主義の発展と新思想、社会主義の登場がもたらされたことを背景とした日本における思想・運動の総称であるとするが[4]、自由民権期には自由主義や社会主義が一部の民権家を中心とした広がりであったのに対し、この時期には、いわゆる知識人をはじめ中産者等にもマルクス主義をはじめとする新思想が浸透していったのである。そして日本政治史研究もこうした新思想の影響を受けながら、とりわけ昭和期にはいると官学アカデミズム史学とは異なる新たな方法論を模索するのである。こうした取り組みは、一九三二（昭和七）年に結成された歴史学研究会等を舞台にして行われた。同会は翌年から『歴史学研究』を発刊することになる。

日本政治史の新たな方法論・分析枠組みの模索という取り組みに大きな影響を与えたのはいわゆるマルクス主義である。この時期の日本のマルクス主義の立場は日本資本主義の発展段階に対する評価をめぐり大きく「労農派」と「講座派」とに分かれていた。前者の立場は、山川均や大内兵衛らに代表され、一九二七年に月刊誌『労農』を刊行したことで「労農派」と称される。山川らは福本イズムに反対し、一段階革命説を唱える立場である。一方、後者は二段階革命説を唱える立場で、野呂栄太郎（一九〇〇―三四）や羽仁五郎（一九〇一―八三）に代表される。野呂らは一九三二年から岩波書店より『日本資本主義発達史講座』（『講座』）を刊行したことで「講座派」と称される。ただ、戦前の時代風潮の中にあって、こうしたマルクス主義の立場からの研究は、治安維持法に代表される政府による統制法の影響でしばしば発禁処分等に遭遇することになる。

同講座は、野呂栄太郎、羽仁五郎、平野義太郎（一八九七―一九八〇）、山田盛太郎（一八九七―一九八〇）、大塚金之助（一八九二―一九七七）を中心に刊行されたものである。その刊行事情は大石嘉一郎「『日本資本主義発達史講座』刊行事情」（『日本資本主義発達史講座刊行五〇周年記念復刻版別冊一　解説・資料』岩波書店、一九八二年）に詳しいが、同講座の役割としては、三二年テーゼが『赤旗』紙上に発表されたときには、同講座の配本は進んでおり、結果的にこの時のテーゼを同講座が理論武装することを担うことになる。すなわちここでは、当該期における日本資本主義の発展段階を確認することが要求され、そのために明治維新の性格を明らかにすることが必要であったのである。羽仁らは明治維新を評して、ブルジョア民主主義革命の歪曲された形態、すなわち不徹底に遂行されるか、阻止・窒息された点を指摘する。維新変革においてはブルジョアジーでさえも「資本主義の自由なる発展、政治的自由の獲得を徹底的には勝ち得なかった」とし、結局こうした事態に立ち至るのは、世界資本主義に対する日本の後進性にあるとの見解がそこでは明らかにされるのである（羽仁五郎・伊豆公夫「明治維新に於ける制度上の変革」『日本資本主義発達史講座』（岩波書店、一九三二年））。マルクス主義の立場による明治維新への理解は、日本政治史を理論的に把握しようとする試みとして、さらには明治維新を歴史研究の対象としたということで評価できるのであるが、結局のところは政治の経済への還元を否定することはできないのであり、同立場からは政治空間のもつ独自のダイナミズムは捨象され、国家と社会の対抗が語られ続けることになるのである。

戦前期における日本政治史研究では、一方で資料に基づく官学アカデミズム史学が提唱され、他方でマルクス主義やさらにこの時期の時代状況も反映し提唱された、いわゆる皇国史観等に見られるような「理論化」の試みが模索されたといえよう。

3　戦後の日本政治史研究

「近代主義」と丸山真男

第二次世界大戦後、ＧＨＱの間接統治下において日本国憲法が制定され、新たに国民主権主義、基本的人権の尊重、平和主義が憲法の基本原理に掲げられた。大日本帝国憲法に見られた天皇を中心とした君主大権主義は廃され、国民中心の憲法原理が明らかとなった。新たな体制を迎えた日本の論壇においては、西欧諸国への「憧憬」と戦後社会における歴知的位置、あるいは日本の「特殊性」が改めて論じられるのである。こうした立場は、日本の進路の座標軸として西欧諸国が設定されるという点で、戦前の福沢諭吉（一八三五—一九〇一）らの立場とも通底するものであり、「近代主義」という概念で整理される。「近代主義」の立場は、永原慶二によると、一方では日本の戦前近代における西欧諸国との比較の中において日本の「歪み」、「未熟」、「前近代性」、「アジア的」といったものの克服が日本の民主主義の実現において不可欠であるという点で講座派の日本資本主義論の基底にある社会認識と共通のところが大きいとされ、他方では、福沢諭吉の日本の後進性への自覚を継承するものであるとされる。ただし「近代主義」の立場では、「講座派が強く指向した資本主義の矛盾とその克服の方向（社会主義に向けての二段階的変革）」についてては自らの論理の中に組み込んでいなかったという特色を有するのである。[5] こうした立場の代表的人物の一人が丸山真男である。丸山は、終戦直後、雑誌『世界』（一九四六年五月号）に発表した「超国家主義の論理と心理」でとりわけ脚光を浴びることになる。この若干一六頁という紙幅の中に込めた丸山の思いは、明治以来の日本の政治思想を分析するなかで明らかになった「無責任の体系」という枠組みから日本の軍国主義、超国家主義を明らかにしようとすることであった。しかし丸山はそもそも、恩師南原繁の薦めもあり、[6] 日本政治思想史を研究対象として、戦前来、荻生徂徠を中心とする儒学の形成過程の中に日本の近代の原型を捉え、江戸期を通じてその成立過程の考察を行うのである。丸山自身、江戸期の政治思想史研究において四書五経の決まり文句や五倫五常に遭遇するたびに、「苦労して漢文を読むことにどれだけ意味があるのかうんざり」していた時期もあったようであるが、[7] こうした丸山の研究の一端は、しばしば名著とされる『日本政治思想史研究』（東京大学出版会、二〇〇四年）にまとめられており、現在も容易に手にすることができる。この他、丸山の業績をまとめたものに、『丸山真男集（全一六巻・別巻）』（岩波書店、一九九六〜九七年）、『丸山真男座談（全九冊）』（岩波書店、一九九八年）、『丸山真男講義録（全七冊）』（東京大学出版会、一九九九年）、『自己』（みすず書房、二〇〇三年）などがある。

「講座派」と「『昭和史』論争」

一九五〇年代は、自由民主党と日本社会党が結党することで「五五年体制」が形成された時期である。「五五年体制」成立当時は、自由主義経済体制を機軸とした自由民主党の路線と社会主義社会の実現を目指した日本社会党路線との対峙による二大政党制の実現を指摘する声も大きかった。両政党はその依って立つ基盤が根本的に異なっており、イデオロギーを機軸とした政党構成であった。この時はまだ日本における社会主義社会の実現への可能性に期待がよせられていたといえる。しかし結果的には、現実的な高度経済成長政策を目指す自由民主党と、戦前来の「労農派」の影響も受けていた左派と民主社会主義をも目指す右派の対立に翻弄される日本社会党とに対する国民の支持は、自然と理念よりも現実的な生活の安定に向けられ、「五五年体制」成立当初の二大政党制実現への動きは、後に「一と二分の一政党制」と指摘されるまでになった。このとき共産党や公明党の政界進出に見られるように、野党が多党化したことも社会党が伸び悩む一因であったと考えられる。しかし社会主義・共産主義社会実現の「夢」を捨てきれない人々も多く存在したことも事実であり、日本政治史といったアカデミズムの世界においても依然、マルクス主義史観を堅持する集団がいたことも忘れることはできない。すなわち、戦後の日本政治史研究では、「近代主義」が標榜される一方、マルクス主義の歴史学の立場も健在であったのであり、同立場から明治維新の評価が加えられたのである。このように社会主義・共産主義社会が信頼され得る政治状況の中では、マルクス主義史観に傾倒する意義も認められたのである。

ところで戦後マルクス主義の歴史理論を基調に日本政治史研究がなされたことは関係者であれば誰でも知っていることである。しかし「マルクス主義の歴史学」、あるいは「講座派」、さらには「階級史観」、「社会構成体論」と言い立てることは容易であるが、その内実を検討することは容易な作業ではない。例えば永原慶二の「社会構成体論」に対する見解では次のようになる。(8)

社会構成体という理論範疇を内容としてどう理解するかについては、かならずしも一つの理解が確立されているとはいえない。しかし大まかにいえば、一定の歴史的社会の基礎を生産力の段階に規定されて成立する経済的諸関係の構造的結合体と考え、その土台の上に成立する法的・政治的諸形態、またそれに対応する意識形態までを含めて構築される社会的総体の構造とその発展理論だということは許されるであろう。マルクスはそうした社会構成体を規定する生産様式の基本形態をアジア的・古代的・封建的・近代ブルジョア的生産様式としており、社会構成体はその発展によって段階的移行を遂げるとした。

永原の見解も参考にしマルクス主義の立場を概略的に捉えるならば、最終的には資本主義の行き着くところの共産主義社会の実現にあるのであり、日本の資本主義が現在いかなる段階にあるのかを明らかにしようとするものである。その意味で明治維新や帝国議会の開設の意義が重要になる。ここから明治維新が絶対主義体制の到来にあるのか、ブルジョア革命であったのかといった認識の差異が生じることになる。すなわち明治維新をブルジョア革命の実現と評価するならば、次に予定されるのはプロレタリア革命であり、いつ当該革命を実現するかに期待がかかることになり、こうした立場をとるのがさきに観た山川均らの系譜からなる「労農派」である。一方、明治維新を絶対主義体制の招来とする立場をとるならば、まずはブルジョア革命を実現し、続いてプロレタリア革命を実現するといった二段階の革命論が必要となり、こうした立場をとるのが一九三二年より提出された『日本資本主義発達史講座』を一つの契機に形成された「講座派」である。そしてマルクス主義理論に立つ場合、革命の実現が重要になるのであり、革命勢力にとって重要な役割を持つプロレタリアあるいは人民の視点が強調され、そのよって立つ階級が考察の対象となるのである。

戦後いち早く「講座派」の立場から明治維新の性格を世に問うたのが遠山茂樹『明治維新』(岩波書店、一九五〇年)である。その翌年には遠山の活動に刺激を受け井上清が『日本現代史Ⅰ——明治維新』(東京大学出版会、一九五一年)を上梓した。井上はかつて羽仁五郎の影響の下、歴史研究に進んだこともあり、遠山同様「講座派」の立場に立つ。

マルクス主義の歴史学を模索する遠山は『明治維新』を出した後、一九五五年には今井清一、藤原彰らと『昭和史』(岩波新書、一九五五年)を世に問うことになった。同書が出版されると、亀井勝一郎は人間不在の歴史であると酷評した(亀井勝一郎「現代歴史家への疑問——歴史家に『総合的』能力を要求することは果たして無理だろうか」『文芸春秋』一九五六年三月号)。つまり亀井の見解では、歴史とはそもそも人間の歴史であり、その時空に生きた人間の迷いを重視しなければならないのであるが、皇国史観も唯物史観も「迷いのない歴史ばかり氾濫」させているとする。その結果、「人間性についての実証力は衰弱している」とするのである。この亀井の発言がいわゆる

「『昭和史』論争」として発展していくことになるのである。そこで当の遠山茂樹は、同じ年の『中央公論』六月号において、「現代史研究の問題点」を執筆し、自らの依って立つ立場を表明した。そこで遠山は、現代史研究の客観性を獲得するためには、労働者階級に注目されるところの「前衛の立場」に立つ必要があるとする。ここでいう「前衛の立場」とは、日本共産党の立場ではなく、「あるべき前衛の立場」である。遠山にして日本共産党の立場は、「あるべき前衛の立場」から批判の対象となるからであり、その「前衛」とは、「私は、基本的には二七年テーゼ、三二年テーゼの上に、歴史批判の立場を求めたい」と指摘するように、二七、三二年の両テーゼを機軸にした立場なのである。歴史家が如何なる史観にたつかは当事者の選択に委ねられるものでもあり、歴史解釈においては自然科学に見られるような客観性を求めることは困難であることが多いのも事実であるが、ここでのテーゼは、社会主義・共産主義国家を世界的に実現するための政治戦略であるため、こうしたテーゼの立場を歴史批判の立場として用いることを宣言する瞬間に、その歴史家の解釈が政治性を帯びるといった事態からの自由を失うことになるのである。この亀井・遠山論争に分け入り、アメリカ政治学の視点も踏まえて『昭和史』あるいは「講座派」批判を加えたのが篠原一である（篠原一「現代史の重さと深さ」世界一九五六年一二月号）。この時篠原は、政治過程論からの視点を重視し、「政治過程」の問題（そのゆがみ方を含む）に力点が注がれる必要性を指摘する。ここでいう篠原の重視する「政治過程」とは、「政策過程」（ディジョン・メイキング）への途であるとし、この立場をとるならば、「歴史の動きは一握りの政治家の恣意的決定によって起こるものでもなければ、また下部構造の単なる反映」でもなく、「立体的な螺旋的な循環の過程として現実の政治及び歴史は描かれる」ことになるのであり、これは現代政治の動態に着目することに繋がり、その結果、歴史の立体的・構造的把握が可能となると指摘することになる。そして「政治過程」の具体的研究をしないで、ある事象を直ちに独占資本と結びつけ、あるいは逆に、一つの現象を直ちに民衆の力によるものであると断定してしまう点が、マルクス主義者による現代史研究の欠落点であるとするのである。同氏の立場を踏まえるならば、「政治過程」の具体的研究をすることで、「ある事象を直ちに独占資本と結びつけ、あるいは逆に、一つの現象を直ちに民衆の力によるものであると断定」するような「独断」を避けることにもなる。

亀井、遠山、篠原らの論争で明らかになってきたマルクス主義の歴史学の問題状況に関しては、井上清も発言し、経済恐慌が民衆の革命的高揚とただちには結びつかないとするレーニンの指摘を持ち出し、これまでの日本の近現代史解釈に関して「幻想的な経済恐慌と革命運動の高揚の必然性とを直結させた『情勢判断』が、はばをきかしていた」、戦後における農村の変化にも関わらず、「その変化を正確に見ようとせず、農民の革命化は進んでいるとばかり、いいつづけた」と告白せざるを得なかったのである（井上清「現代史研究方法の問題点」思想一九五七年五月）。一方林健太郎は、マルクス主義の歴史学に対して「実証性」を完全に否定はしないものの、「現実の特定の部分のみが切り離されて実証の対象にされたのであって、これはほんとうの実証的態度ということはできない」との立場をとった。そして歴史学に求められるもの及びそれに対する態度として「Materialism」の重要性を指摘する。林の指摘するこの Materialism の重要性において語られることは、「存在」を前提として「存在」そのものから歴史研究をはじめ、ここでの「存在」を解釈する基準は、常に現在のわれわれの生活から生まれなければならないとすることである（林健太郎「現代歴史学の根本問題――マルクス主義歴史家への提言」思想一九五七年五月）。

「『昭和史』論争」から明らかになったことは、マルクス主義の歴史学に基づく日本政治史研究の限界性であったのではなかろうか。歴史家個人の政治的立場に関しては自由であることはいうまでもないが、共産主義社会の実現に対する明示的な標榜と、歴史解釈とをパラレルに行うとする立場では、対象となる「存在」が共産主義社会の実現を目指して行動あるいは実在していたのではない場合、「存在」に対する必然的矛盾が生じることは避けられない。マルクス主義理論が歴史的「存在」の中に胚胎するという「錯覚」は科学のもとの非科学性を招来することになるのである。

「近代化論」及び『明治精神史』

一九六〇年代は日米安保条約の改定をめぐる、いわゆる六〇年安保闘争によって政治が紛糾した。すなわち岸信介内閣は日米安保条約の改定を目指したが、国会の内外が騒然となり、東京大学の女子学生が警官隊と激突する中で圧死する事件も起き、最終的には岸内閣は強行採決に及びその結果、退陣を余儀なくされたのである。岸内閣の後を受けた池田勇人内閣は「国民所得倍増計画」を提出し、経済成長路線をとることを明らかにした。一九六四年には東京オリンピックが開催され、国民生活では電気掃除機、電気洗濯機、電気冷蔵庫といったいわゆる「三種の神器」が、そしてさらにはカラーテレビや自動車が普及した。日本に社会主義社会が実現するよりも先に、実際の国民生活は一見すると豊かさに見舞われた。こうして日本が経済成長する中、E・O・ライシャワー（Edwin. O. Reischauer, 1910-1990）らの研究を嚆矢として、いわゆる「近代化論」が唱えられるようになった(E.O.ライシャワー『日本近代の新しい見方』(講談社現代新書、一九六五年))。この立場は、マルクス主義の歴史学が「いわば日本近代史(戦前)をほとんど全面的に否定的にとらえる傾向が濃厚」であったのとは対照的に、アジア諸国の中にあって日本の近代化の成功を論証しようとする立場である。(9) これは日本の遅れを取り戻し西欧先進諸国を目標とする丸山らの「近代主義」の立場とも異なるものである。

ライシャワーは日本の経済と社会が大きな前進を遂げるに至った現状を踏まえ、明治の指導者が持っていた積極的な側面、すなわち急速に近代化した日本社会において彼らが果たした成功に注目する。そして日本は非西欧社会にあって近代化した最初の国であることから、近代化の成功の要因を幕末以来の日本の歴史に求め、近代化の過程の中で日本が西欧を範型とし、それに成功した軌跡を捉えることを強調するのである。さらに日本の歴史分析に向けた「近代化」概念の検討は、マウリス・B・ジャンセン編(細谷千博編訳)『日本における近代化の問題』(岩波書店、一九六八年)においても検討されており、その基本的な視座は、マルクス主義者に代表される「日本の失敗」論の克服である。同書は、アジア学会に属する近代日本研究会議(Conference on Modern Japan)の企画によるものであり、後に『日本の歴史』(ジョン・W・ホール(尾鍋輝彦訳)『日本の歴史(上・下)』(講談社現代新書、一九七〇年))で日本の一般読者にも知られることになるジョン・ホイットニー・ホールも名前を連ねている。

ライシャワーらの「近代化論」が提出された時期には、色川大吉『明治精神史』(黄河書房、一九六四年)も提出された。色川は、基本的にはマルクス主義の立場に立つものであったとしばしば指摘されるが、遠山や井上清らと違い、明治政府の上層部からのアプローチではなく、北村透谷や石坂公歴といった若き民権家・土着の人民の視点から明治という時代の基底に流れていた「精神」あるいは自由民権運動の「地下水」や日本人の精神の「地底の大江」への接近を試みるのである。初版『明治精神史』（一九七三年）は、一九六八年には増補版が出され、同年、『明治の精神』、そして『新編　明治精神史』へと、その間、いくつかの著作を出しながら、色川の世界が展開されていく。この色川の世界は『自由民権』（岩波新書、一九八一年）などに至るまで、従来の「講座派」が扱わなかった論点を究明するものとして注目される。

イデオロギー史観からの決別

かつて色川大吉が三多摩地区の資料発掘に情熱を燃やしたように、歴史家は、あらゆる可能性を考え資料の蒐集に務める必要があるのであるが、拠点となる資料館が整備される必要があることも事実であり、現在その拠点は国立国会図書館憲政資料室や国立公文書館である。

一九四八年、大久保利謙の「日本国会史編纂所設置に関する請願」が衆参両院で了承され、翌年には、国会議事堂内の国会分館図書課に憲政資料蒐集係が設置された。そして一九六一年には憲政資料蒐集事務が国会議事堂内から現在の国立国会図書館に移転し、一九八六年には現在の憲政資料室の体制が整備されることになる。[10] 同資料室は現在に至るまで、「伊藤博文関係文書」や「井上馨関係文書」といった私文書や日本占領関係資料としてのいわゆるＧＨＱ文書等の蒐集・保管・公開を進めており、歴史研究者にとっては身近な存在である。

一方、日本学術会議は、一九五九年、公文書の散逸防止と公開のための施設の必要性を内閣総理大臣に対して勧告した。当時、欧米ではアーカイブが整備されており、わが国においても公文書の整備の必要性が認められ、同勧告は政府の受け入れるところとなり、一九七一年、国立公文書館が設立されることになる。一九八七年には公文書館法が制定され同館は法律上の施設となり、一九九九年には、国立公文書館法が制定され、二〇〇一年から独立法人となり、公文書の保存、公開等の業務を担う重要な施設となっている。国立公文書館において保存・公開されるのは、公文録、公文類聚、公文雑纂等である。公文録は、明治元年から内閣制にかわるまでの明治政府の諸記録であり、各省庁別、年次別に編集されている。公文類聚は、一八八二年からの法律・規則の原案等が収録されたもので、公文雑纂は、公文類聚に収録された以外の内閣での諸記録を各省庁別、年次別に編集したものである。こうした資料はいずれも歴史研究にとって価値の高いものとして認めることができる。[11]

戦後から一九七〇、八〇年代を通じ、日本政治史研究に欠くことのできない資料環境が整えられていくのであるが、一九六〇年代の時点で、「近代化論」や「講座派」といった立場をとらない研究も提出されていたことを忘れることはできない。例えば中村菊男や中村勝範は、社会主義、社会主義政党に関して、実証主義の立場から『日本社会主義政党史』（経済往来社、一九六六年）や『明治社会主義研究』（世界書院、一九六六年）を提出し、三谷太一郎は『日本政党政治の形成』（東京大学出版会、一九六七年）において、M・ウェーバーの視点も参考として、原敬の政治指導に着目し、日本の政党政治の形成過程を考察している。そして伊藤隆は『昭和初期政治史研究――ロンドン海軍軍縮問題をめぐる諸政治集団の対抗と提携』（東京大学出版会、一九六九年）を提出し、以後、昭和の日本政治史研究をリードしていくのであるが、現在に至るまでの伊藤の学問に対する真摯なる取り組み、後身の研究者に対するさまざまな配慮には筆者も感銘を受けざるを得ない。また坂野潤治は『明治憲法体制の確立――富国強兵と民力休養』(東京大学出版会、一九七一年)を上梓し、一八九〇年の初期議会の開設から一九〇〇年の立憲政友会結成までの一〇年間における明治政府の「富国強兵」策と議会に注目する。さらに升味準之輔の『日本政党史論・全七巻』(東京大学出版会、一九六五年〜一九八〇年)も公刊され始める。升味の同業績は、一九六五年から一九八〇年まで公刊され続けるのであるが、この時期は従来の「近代主義」や「講座派」、さらには「近代化論」といった理論枠組が勢力を減退させ、いわゆる実証主義が唱えられるようになる「常況」を作り出すための過渡期として考えられるのである。一九七〇年代の後半ともなると、北岡伸一が『日本陸軍と大陸政策』(東京大学出版会、一九七八年)を上梓し、日本の陸軍の対外政策に関する体系的な研究を明らかにすることになり、一九八〇年代以降の実証主義の時代を迎える機運は高まってくるのである。武田清子が第二次世界大戦後における天皇あるいは天皇制の存在をめぐる「相剋」、すなわち存続か廃止かに関して、対戦終了前から見られたアメリカ、イギリス等の天皇観をも踏まえて論じたのもこの時期である(武田清子『天皇観の相剋――一九四五年前後』岩波書店、一九七八年)。

成田龍一は日本近代史学史を振り返り、一九七〇年前後の歴史学は、遠山茂樹『明治維新』(岩波書店、一九五〇年)、井上清『日本現代史I――明治維新』(東京大学出版会、一九五一年)、丸山真男『日本政治思想史研究』(東京大学出版会、一九五一年)などが「正典」とされ、これらの業績の問題意識と手法を学び、ここで展開された歴史像との関連を言及することが作法とされていたと指摘する。なぜならば歴史の論文は必ず個別の実証となるため、個別の分析が意味をもつには、それが「全体」へ通じていることを示さなければならないためである。その際、その「全体」として、先の業績にみえる近代日本像が与えられていたとするのである。しかし一九八〇年代に入ると、歴史に関心を寄せる人たちが、「かならず一度は読む」という著作、誰もが共通して読み、共有しようとする作品が喪失し、その結果、「近代日本」を考察するうえでの、共通の認識、方法がなくなり、八〇年代以降の「近代日本」研究の史学史を構成する「正典」が失われたとするのである。こうした事態を踏まえ、この一九八〇年代の史学史は「〈正典〉なき時代」と評価されることになる。[12] ここでの成田の指摘は、日本政治史研究にも適用可能であり、「正典」不在の状況の克服、すなわち日本政治史をだれもが納得する形で構築するために、あるいは信頼に足る日本政治史を構築するために研究者をして実証主義へと向かわせたのである。

一九八〇年代にはいると「地方経営」をめぐる政治的リーダーシップの競合といった視点から明治国家の形成過程を論じた御厨貴『明治国家形成と地方経営』（東京大学出版会、一九八〇年）をはじめとして、伊藤隆『昭和期の政治』（山川出版社、一九八三年）、伊藤隆『近衛新体制』（中公新書、一九八三年）、坂野潤治・宮地正人編『日本近代史における転換期の研究』（山川出版社、一九八五年）、伊藤之雄『大正デモクラシーと政党政治』（山川出版社、一九八七年）、寺崎修『明治自由党の研究（上・下）』（慶應通信、一九八七年）等が提出される。とりわけ寺崎は、これまでの講座派らの「階級史観」、ライシャワーらの「近代化論」に立脚した日本政治史を批判的に捉えて、当該研究に要求されているものは、まず事実の確認であるとして次のように指摘する。[13]

いまだ十分な実証的研究の蓄積をもちあわせていないわが国においては、これらの方法論の有効性はまったくの未知数であって、これを盲目的に過大評価することは最も危険である。わが国政治史研究の現状を思うとき、私は、この分野における今日の要請は、総合的、理論的研究よりも、むしろ、その大前提となるべき新資料の探索と個別実証的、特殊的研究を推進することではないかと考えている。いかなる総合的研究、理論的研究も、また、いかなる歴史的評価も、歴史的事実を正確にたどる段階をへないまま、さきへ前進することは、あまりにも無謀であり、とうてい不可能なことといわざるをえないからである。

日本政治史研究における実証主義の要請は寺崎のこの指摘により、象徴的に、そしてまた決定的に宣言されたといっても過言ではなかろう。こうした立場から寺崎は、自由党の解党に向けた政治過程を、これまでの党内における政策上の不一致ではなく、板垣外遊問題等で浮上してきた自由党の資金面に着目した議論等を行うのである。

日本政治史研究における実証主義の要請は一九九〇年代以降も引き継がれていくことになる。坂本一登は、外債募集や岩倉の米納論をめぐる政治過程の中に「宮中」を政治資源として登場させることで明治国家の形成過程における「天皇権力」に着目する一方で、「宮中」からの「政治」あるいは内閣の自立・安定化への力学を伊藤博文の政治指導に着目しながら論じているし（坂本一登『伊藤博文と明治国家形成──「宮中」の制度化と立憲制の導入』（吉川弘文館、一九九一年））、笠原英彦は、佐々木高行を中心に宮中侍補グループの天皇親政運動を考察している（笠原英彦『天皇親政──佐々木高行日記にみる明治政府と宮廷』（中公新書、一九九五年））。そして坂野潤治は一八七一年の廃藩置県から一九三六年の二・二六事件にいたる政治史を政治体制構想を軸に描くことを試みるのである（坂野潤治『近代日本の国家構想』岩波書店、一九九六年）。

一九九八年には中央公論社、後に中央公論新社より伊藤隆、猪木武徳、北岡伸一、御厨貴を中心として『日本の近代』（全一六巻）が刊行され始める。この中の一冊、『明治国家の建設』で坂本多加雄は従来のマルクス主義歴史学に関して次のように指摘する。[14]

冷戦が終了したことで、資本主義社会から社会主義社会へという歴史発展の展望は、少なくとも以前から想定されていた意味においては、もはや現実性を持たないものとなったのである。かくして、マルクス主義の歴史観が織りなす物語は、かつてのような自明さを喪失してしまった。

ここでの立場を踏まえ坂本は、日本近代史の当事者たちが、自らが置かれた状況や行動を、実際にどのような「物語」で理解していたかということから出発して、そこから、一つの統一的な歴史像を描くことを試みるのである。こうした実証主義の要請がいよいよ強まる中、季武嘉也は野田卯太郎文書等を使用して『大正期の政治構造』（吉川弘文館、一九九八年）を出版し、藤井徳行は、従来、ほとんど等閑に付されてきた禁衞府に関して、当事者への聞き取り調査、あるいは『禁闕守護教科書』等の資料を使用し、その成立過程から当該組織の制度、組織、人事等の考察を通じて禁衞府設置の意義に対する理解への貢献をする（藤井徳行『禁衞府の研究——幻の皇宮衞士總隊』慶應義塾大学出版会、一九九八年）。そして玉井清はテツオ・ナジタの原敬論も参考とし、「好意的中立戦略」の視点等を用いながら原敬の政治戦略を論じるのである（玉井清『原敬と立憲政友会』慶應義塾大学出版会、一九九九年）。昭和戦前期の政友会の派閥を中心とした研究では奥健太郎『昭和戦前期立憲政友会の研究——党内派閥の分析を中心に』（慶應義塾大学出版会、二〇〇四年）も上梓されている。また楠精一郎は、戦前から戦後にかけての昭和の代議士を、彼らをとりまく人間模様と戦争の断絶を乗り越えた連続性に軸足をおき考察を試みる（楠精一郎『昭和の代議士』

文春新書、二〇〇五年)。楠は、「あとがき」において政治家の思想や政策対立軸が本書で十分言及できなかった側面を認め、「政局史になってしまった」との印象を告白するのであるが、政治過程とはそもそも人間のなせる技であり、経済的合理性や理想的な思想がそのまま政策として実現するものではない。そこにはほんらい人間関係の持つ「泥臭さ」あるいは非合理性から自由にはなり得ない空間が存在するのであり、本書を通じ、政治家の権力に対するダイナミズムの一端がうかがいしれるのである。

近年では、大塚桂の岩倉具視研究に見られるように(大塚桂『明治国家と岩倉具視』(信山社、二〇〇四年))、従来の日本政治史の立場とは異なる研究も世に問われるところとなっている。岩倉が明治前期政治史のキーパーソンであることに疑いはないが、大塚の立場は、日本政治史でもなく日本法制史でもない、「日本国家(史)論」の体系化を目指して岩倉を捉えようとするものである。また外国人による日本政治史研究も注目されており、J・ダワー(三浦陽一他訳)『敗北を抱きしめて(上・下)』(岩波書店、二〇〇一年)やドナルド・キーン(角地幸男訳)『明治天皇(上・下)』(新潮社、二〇〇一年)などがある。

裁判の研究

一九八〇年、三谷太一郎は『近代日本の司法権と政党――陪審制成立の政治史』(塙書房、一九八〇年)を世に問うた。三谷はここで日本の陪審制を単なる司法制度としてではなく、その成立過程に見られる「政治的要請に応ずる政治制度」としての性格等に着目し、政治史の問題として扱うことを試みるのである。ところで、陪審制に関しては、米国裁判での陪審制の名は一般にも知られるところであるが、わが国でも現在では使用されていないが、制度上の陪審制度は廃止されていない(15)。この陪審制の下における裁判では、陪審員の決定が裁判の決定に拘束力を持たないなどの不十分さは認めるものの、大正デモクラシーという時代背景を背に受けて、加藤友三郎内閣は同制度を制定させたのである。同制度の成立過程において三谷は、従来の陪審制研究とは異なり、原敬率いる政友会といった政党勢力の影響力を重視するのである。三谷は後に「政治制度としての陪審制——日本及び欧米」他を新たに併せて、『政治制度としての陪審制——近代日本の司法権と政治』(東京大学出版会、二〇〇一年)を出版することになるが、同氏の業績は、政治的問題として、わが国の裁判研究の必要性を訴えるには十分である。日本における裁判の研究が明治維新や自由民権運動、あるいは大正デモクラシー等の研究と比較した場合、明らかに遅れをみせていることを考えると、貴重である。現在わが国では、「裁判員制度」が関係者及び一部の国民に注目されるところとなっている。そして三谷の陪審制研究は、こうした裁判制度改革の先駆けとなるものでもある。だが、こうした現実的要請の文脈に直接的にかかわらずとも、裁判制度を法律学・法制史の問題としてだけでなく、政治史の世界へ引き上げ、論じる三谷のセンスはさすがであるといわざるを得ない。

一方、司法権の運用の問題に関しては、楠精一郎『明治立憲制と司法官』(慶應通信、一九八九年)がある。司法権というと、その独立問題との関係で直ちに大津事件と児島惟謙が想起されるが、楠はこれにとどまらず、一八八七年代から一八九七年代における司法部と司法権運用の実態を、司法官の懲戒事件及びその人事の事例から接近を試みるのである。楠は、最高裁判所所蔵「懲戒裁判判決録」等の新資料を駆使しながら議論を展開しており、その実証性は手堅い。

行政・政策への関心

一九九三年には「五五年体制」が終焉し、従来の経済成長路線が不確かな時代となった。経済学の分野では野口悠紀夫『一九四〇年体制――さらば「戦時経済」』(東洋経済、一九九五年)等の戦前・戦後連続論が唱えられ、日本政治史研究においても戦前と戦後の関連性を考慮した、政策・行政への関心の高まりを見せた。行政領域における歴史的関心は辻清明『(新版)日本官僚制の研究』(東京大学出版会、一九六九年)、あるいは、その考察から日本を「生まれながらの行政国家」と位置づけ、「行政文化」に接近した井出嘉憲の研究等に見られるが(井出嘉憲『日本官僚制と行政文化――日本行政国家論序説』東京大学出版会、一九八七年)、行政史研究への視座は、P・セルズニックの理論を用いながら森林行政を論じた西尾隆『日本森林行政史の研究――環境保全の源流』(東京大学出版会、一九八八年)により提示されたといってもよい。しかしさらなる本格的実証的行政史研究は笠原英彦『明治国家と官僚制』(芦書房、一九九一年)をまたなければならない。笠原は明治期太政官制の考察に際して古代以来の同制度の改革の視点を用いており、また「政策官僚」の視点から安藤則明、佐々木高行、江藤新平を論じている。

「五五年体制」の終焉をもたらした総選挙で敗北を喫した自由民主党は、従来すくなくとも表面的には政策的協調をとることは難しかった日本社会党と連立を組み与党に復活し、その後、一九九六年には橋本内閣を迎えた。同内閣は行政改革を旗印に「六大改革」を掲げ、行政組織の再編に着手し、その結果、従来の自治省、郵政省、総務庁が統合して総務省になることが明らかになった。こうした行政改革が叫ばれる中、笠原英彦は過去に見られた多くの行政改革が、その本来目指された成果を達成し得なかった理由の一端を「行政文化」に求め、日本の当該文化の解明を試みるのである（笠原英彦『日本行政史序説』（芦書房、一九九八年））。その際笠原は、日本政治史研究が明治維新や議会の開設といったテーマを追究する傾向がある中で、太政官制に焦点を当てる。司馬遼太郎が日本の行政組織における太政官政的側面を指摘したことは比較的よく知られるところであるが、太政官制は古代以来の制度であるため、近代史の研究者にはいささかの馴染みにくさを持つことは否定できない。しかし笠原の研究関心は直接近代に限られたものではないことから、広範な視野に立った蓄積の上に近代太政官制を評価することになる。

ところで橋本行革の結果創設された総務省は戦後に限ってみれば巨大官庁の出現であることは疑いがなく、この巨大化した官庁を迎えるにあたり、巷では「内務省復活論」が華やいでいた。このときの内務省復活論に対して百瀬孝は「内務省の問題点は、警察とほかの国内行政が一体化していたことにあり、これがふたたび結びつくのでないかぎり、内務省復活などということにはならないと思われる」と指摘したのち、旧内務省では一つの局で行われていた事務が、戦後は各省単位で処理されることになり、これは「旧内務省系官庁組織の拡大強化」であるとの認識から、内務省の能率的だった行政事務の処理を評価する（百瀬孝『内務省――名門官庁はなぜ解体されたか』（PHP新書、二〇〇一年））。百瀬は内務省に対しては「大久保利通以来の名門」との視点を打ち出し、「牧民官」としてしばしば紹介される地方官に関しては、牧民思想の例として日田県知事時代の松方正義や筑摩県権令時代の永山盛輝を紹介し、彼らの殖産興業政策や学校教育の振興に尽力した開明的側面を強調する。さらに同潤会住宅などを紹介する中で、内務省の社会行政の先進性を見るのである。

政策への関心では、例えば少子高齢化の問題と絡めて考えてみると、一九七〇年には日本の高齢化率は七％を超え高齢化社会となり、その二四年後には高齢社会に突入した。高齢化の速度は欧米諸国との比較においても驚くべき早さであり、老人医療費の高騰あるいはこれまでの老人福祉の課題が改めて議論される必要性が提起された。そこで政府も一九八九年にはゴールドプランを作成し、ホームヘルパーや福祉施設の整備に取りかかりを見せることになった。高齢化の問題は高齢者の増加のみではなく、それは少子化とも密接な関係にあり、一九九四年にはエンゼルプランを作成し、少子化対策の一環として充てた。

こうした医療、福祉の問題の解決が叫ばれる中、一九九五年には杉山章子の『占領期の医療改革』（勁草書房、一九九五年）が出版される。近代医療導入の試みは、明治時代に本格化するのであるが、現代医療制度は間接占領下に行われた改革の影響を無視して議論することはできない。そこで杉山は、間接占領下にとられたＧＨＱと日本側の折衝をふまえつつ、厚生省の組織が新しくされ、保健所の再建に着手される過程をその議論の中に消化していくのである。ところで医療を社会化するためには、高額な医療費から国民を解放することが必要である。公費負担を選択するか、保険方式を選択するかの問題一つとっても医療問題は政治性を帯びることになる。わが国では昭和期にもなると健康保険法が施行されるなど、医療保険が具体的な政策として政治日程に確認されるが、中静未知はこの医療保険の問題を「所管」の問題とも絡めながら論じるのである（中静未知『医療保険の行政と政治――一八九五～一九五四』（吉川弘文館、一九九七年））。さらに医療行政に関しては、笠原英彦『日本の医療行政――その歴史と課題』（慶應義塾大学出版会、一九九九年）が世に送り出された。ここで笠原は、わが国の医療行政を一八七四年の「医制」制定時までさかのぼり、長与専斎や後藤新平といった日本の医療・衛生行政をリードした官僚に注目し、

「自治衛生」・「衛生警察」といった概念を用いて考察を加える。笠原の議論は、戦後の医療行政と福祉行政の関係にも及び、「福祉サービスが医療の名の下に行われていることの矛盾に気づかず、早急な社会福祉面のケアを進めようとしなかった行政の責任は重い」と歴史家・政治史家の立場から告発するのである。

この他の行政・政策研究では、御厨貴は、戦前から戦後にかけての水資源開発等に観られる権力過程を「政策の総合」という視点から分析した『政策の総合と権力——日本政治の戦前と戦後』(東京大学出版会、一九九六年)を上梓しており、宗教行政に関しては小河原正道が『大教院の研究——明治初期宗教行政の展開と挫折』(慶應義塾出版会、二〇〇四年)を著した。小河原の研究は、大教院の設置から、その所管官庁であった教部省の廃止に至るまでの経緯を、宗教行政史として位置づけ議論する。従来、宗教問題は、宗教史等の分野において議論される傾向があったが、宗教の問題は明治政府にとっても重大問題であり、日本政治史の射程にはいるのである。政策を日本政治史の問題として取り上げる際には、政治史の知識と当該政策を理解するための知識とが要求されるのであるが、小河原はそうした課題もこなし、増上寺に保存された資料等より、大教院を取り巻く政治史・行政史を鮮やかに描くのである。またGHQの統治政策及び戦後復興との関連でも議論は盛んである。GHQ研究では竹前栄治が従来よりよく知られているが(竹前栄治『GHQ』(岩波新書、一九八三年))、近年の研究では五百旗頭真の研究が注目される(五百旗頭真『占領期——首相たちの新日本』(読売新聞社、一九九七年))。公職追放研究では『公職追放——三大政治パージの研究』(東京大学出版会、一九九六年)、『公職追放』(岩波書店、一九九八年)等で知られるように増田弘の精力的な活動がある。さらに第二次世界大戦を挟んだ、政治空間における戦前と戦後の断絶と連続性の視点から、比較的広範囲に考察を試みるものもある（北岡伸一・御厨貴編『戦争・復興・発展――昭和政治史における権力と構想』（東京大学出版会、二〇〇〇年））。

4　おわりに

二一世紀を迎え、日本政治史研究の領域では御厨貴『オーラルヒストリー』（中公新書、二〇〇二年）が出されるなど、方法論的には新たな段階に入った。中村菊男は聞き取り調査等を用いるといった、歴史を「足で書く」ことの有効適切性を指摘していたものの（中村菊男『日本政治史読本』（東洋経済新報社、一九九六年））、これまで当該領域の研究では、国立国会図書館憲政資料室などに所蔵された私文書、国立公文書館等に所蔵された公文書にみられるような、いわゆる文字史料を中心に歴史が語られることが多かった。しかしここに来てオーラルヒストリー、すなわち政策決定に直接かかわった人物にインタビューを試み、これを公刊し資料として用い歴史を記述しようとする方法論への理解が進んでいるように見受けられる。戦前期には多くの政策決定者間のやりとりが手紙でなされることも多く、当時の記録として残るのであるが、とりわけ戦後の日本政治史研究においては、手紙等で記録が残らない場合も多いことが想定されるため、同氏の提唱する方法論は、当該研究を進める上での空白を埋めるためにも注目されるのである。こうした注目すべき方法論が提唱される中で、本章では、最後に改めて日本政治史研究の特色と課題について考えたい。

日本政治史は、政治を歴史的文脈で読み解くことになるのであるが、ここでの行為は、単なる

コラム　中村菊男（一九一九―七七）

三重県志摩郡鳥羽町（現、鳥羽市）に生まれる。祖父は三重県会議員、父は同県会議員そして初代鳥羽市長をつとめるなど、政治家の家庭に育つ。一九四三年、慶應義塾大学法学部政治学科を卒業し、一九五二年、慶応義塾大学法学部教授となる。中村の著作については、戦後まもなく出版された『政治学』（世界書院、一九四八年）、明治の民法典論争を条約改正と絡めた政治史の文脈で論じた学位論文である『近代日本の法的形成』（有信堂、一九五六年）、『日本政治史読本』（東洋経済新報社、一九六六年）をはじめとして膨大な数にのぼる。中村は学問としてのみ政治を捉えるのではなく、現実政治にコミットした政治学者であったこともあり、民主社会主義連盟（民社連）、そして一九六〇年発足の民主社会主義研究会議（民社研）等において、その指導的立場をとり、また民社党のブレーン的存在も兼ね、日本の民主社会主義の研究さらには普及・啓蒙に務めるのである。中村が指導した民社研は現在、政策研究フォーラムとして活動を続け、その機関誌『改革者』は現在までも健在である。中村の活動は広範囲にわたり、一九六八年からは民間放送にて番組審議会委員を務めるなどした。中村は、マルクスへの問いかけとして次のように記している。「御身は偉大なる学者であり、私は貧弱なる一学徒にすぎない。御身のような学問の大系をわたくしは樹立することができない。しかし、御身の学説がいかに現実とあわないものであるかを実証的に指摘することはできる。その仕事を自分はやり遂げる」と（中村菊男『議会政治と大衆行動』（有信堂、一九六〇年）一四〇頁）。中村の大学人としての姿勢は、既成の理論よりも実証から導かれた枠組みを重視し、実践するところにあったといえよう。

過去の出来事を羅列するといったものではない。この点に関してE・H・カーの議論を参考に考えてみたい（E・H・カー（清水幾太郎訳）『歴史とは何か』（岩波新書、一九六二年））。すなわち、シーザーがルビコン河を渡ったという歴史的事実と、無名の人が何百人とその同じ河を渡ろうが歴史的事実とはならないという過去の事実との分水嶺は歴史家が決定するところである。そしてとりわけ近代史を扱う場合の歴史家の素養は、僅かな重要な事実を発見し歴史的事実とすることであり、その他の事実を非歴史的事実として切り棄てる必要がある。歴史は資料に語らせることの重要性は、とりわけ実証主義の立場を採る場合重要視されるように思われるが、資料に埋没することを避けるためには、歴史家には「史観」が求められるのである。そして現代は歴史の延長であるとはしばしば指摘されることであるが、カーの議論の基調の一端を今一度振り返るならば、「過去を見る眼が新しくならない限り、現代の新しさは本当に摑めない」ことになるのである。

一方、日本政治史にとって重要な要素となる歴史学の現実社会との関係に関して、柴田三千雄は次のように指摘する。[16]

歴史学と現実社会との間には密接な関連があるが、その関係はきわめて複雑であるように思われる。……（中略）……歴史学の変貌の過程には、あたかも経済変動の歴史において短期変動と長期変動とがあるように、短期的なものと長期的なものとがあるように思われる。短期的なものは、ある大きな歴史的事件を契機にして歴史学の動向に生ずる変化であり、……（中略）……長期的なものは、特に顕著な画期をとらえ難いままに変貌してゆく動向であり……（中略）……長期的なものは、短期的なものの集積でありながら、単にそれにとどまらず、独自の異質の基調をつくり出してゆく。

日本政治史と現実社会との関係においても密接な関係があると考えられるが、柴田の指摘を踏まえるならば、この両者の関係を安易に模索することはある種の危険性を伴うことにもなろう。日本政治史が黙示仮説に従いしばしば語られるのはこのためである。そこでわれわれにとって重要なのは、何が日本政治史研究にとって重要なのかである。その際、当面の見取り図が用意されているならば幸いであり、この役割を担うのが概説書・教科書であろう。

大久保利謙編『日本政治史Ⅲ』（山川出版社、一九六七年）では、明治維新、明治一四年政変、明治憲法体制、大正デモクラシーといったように日本政治史の事象的対象が何であるかを教えてくれるし、北岡伸一『日本政治史——外交と権力』（放送大学教育振興会、一九九一年）は、次のように指摘し日本政治史にとって「権力」に対する理解が必要であることを強調する。[17]

日本政治史とは、近代日本の政治権力に関する歴史的分析であり、政治権力を中心として見た近代史である。その対象は、古代以来の日本の政治でもなく、近代全般でもなく、地方その他のレベルの政治でもなく、あくまでも近代日本における中央レヴェルの政治であり政治権力である。

日本政治史は、単なる近代史ではなく、北岡の指摘にあるとおり「権力」概念が、そしてさらに敷衍して考えるならば、「国家」や「正当性」といった概念が明示的もしくは黙示的に、論述の中に横たわることになるのである。さらに、ここで扱われる歴史は、中央レヴェルの政治であり、地方史はあくまでも地方史なのであって、日本政治史は、日本国の「統治」現象に関する文脈で論じられることが要求されてくるのである。また、坂野潤治『日本政治史——明治・大正・戦前昭和』（放送大学教育振興会、一九九三年）は次のように指摘する。[18]

北一輝について書かれた研究書を何冊読んでも、自分の目で北一輝自身が書いた『国体論及び純正社会主義』や『日本改造法案大綱』を読まなければ、北一輝について自分自身の評価を下すことはできない。……(中略)……大久保利通、木戸孝允、西郷隆盛のいわゆる維新の三傑についても、その後継者である伊藤博文、大隈重信、井上馨、黒田清隆らについても、同様である。これら明治政府の指導者ではなく、それに反対した在野の民権家たちについても、同様である。自分自身の目で植木枝盛や中江兆民などが展開した政府批判の議論を読まないかぎり、自由民権運動についての研究書を何冊読んでも、自由民権運動は分からない。明治維新、自由民権、昭和ファシズムについて言えることは、「大正デモクラシー」についても言える。「大正デモクラシー」を代表する憲法学者美濃部達吉の憲法論や、政治学者吉野作造の民本主義論を、自分の目で読まないかぎり、「大正デモクラシー」の本当の姿は分からない。

日本政治史を論じる場合、自分が対象とする事象に関する一次資料に取り組まない限り、自らの日本政治史を論じることはできないということを坂野の指摘からわれわれは学ぶのである。さらに、天川晃・御厨貴『日本政治史――二〇世紀の日本政治』(放送大学教育振興会、二〇〇三年)に見られるように、「二〇世紀」という枠組みで日本の政治の軌跡をたどろうとする試みもある。これまでの多くの日本政治史の教科書は近代日本をベースに戦前の政治を圧倒的分量で叙述し、戦後の扱いは限られる傾向にあったが、本書は、近代・現代といった枠組みとはやや系統を異にしていることから、当然、戦後に関する記述も分量を増し、GHQの間接統治からサンフランシスコ講和条約の締結、高度経済成長、沖縄返還、日中国交正常化、リクルート事件、湾岸戦争と日本、そしてバブル経済の終焉に至るまで語られることになる。戦後も五〇年以上が経過した今、こうした試みは今後も増えると思われるが、オーラルヒストリーなど同時代史を捉える困難性を

コラム　大久保利謙（一九〇〇—九五）

大久保利謙は、一九〇〇年、当時内務省に務めていた父大久保利武、母栄の長男として生まれた。明治の元勲大久保利通は父方の祖父にあたる。高等科まで学習院で学び、一九二八年、東京帝国大学文学部国史学科を卒業する。卒業後、『東京帝国大学五〇年史』の編纂に携わり、ここでの取り組みを基に近代文化史、洋式学問導入史の分野にて業績を積む。第二次世界大戦後、国会図書館憲政資料室の立ち上げに関わり、憲政資料の調査・蒐集に尽力する。一九五三年には名古屋大学教育学部教授として教育史講座を担当することになるが、大久保自身政治史や社会史への研究の広がりを展望していたようである。名古屋大学在職中も非常勤調査員として憲政資料室での勤務を継続し、一九五九年には立教大学文学部史学科に職を得る。一九七一年、国立公文書館が開設されるが、大久保は設立準備の段階から関わり、設立後も日本歴史学協会国立公文書館特別委員会委員として、資料の蒐集や整理に協力するのである。

憲政資料の整理を行う中で、一九五二年、「明治一四年政変と井上毅」（『開国百年記念明治文化史論集』所収）を提出したことを皮切りに、大久保の研究は政治史の領域へも波及していくことになるが、大久保はこの時の論文を振り返り、「わたくしの歴史研究にとって、戦前と戦後を区切る分水嶺のような位置を占める」ものであると語っている。大霞会編『内務省史』の編纂にも関係し、一九九三年には日本近代史学の確立と基礎資料の蒐集・保存に貢献したことに対して朝日賞（一九九二年度）を受賞する。『大久保利謙歴史著作集（全八巻）』（吉川弘文館、一九八六年～一九九三年）がある。

克服するような方法論によって歴史分析に耐えうることになるのであろう。よき教科書・概説書との出会いは、当該学問研究への誘いであり、日本政治史の発展には不可欠である。この点に関して史学の立場から鈴木淳は指摘する[19]。

概説は単なる歴史の要約ではない。その時代の全体に目が行き届く必要もない。所詮それは不可能だから。概説は研究者によるその時代の描き方の試みを示すものであり、その対象地域や時期の幅はそれぞれの著者の判断によろう。……(中略)……概説については、円熟した研究者の務めであると考える。

日本政治史を志そうとする者が「かならず一度は読む」著作が今後さらに求められるのではなかろうか。

注

(1) 寺崎修「政治史と資料批判」堀江湛・花井等編『政治学の方法とアプローチ』(学陽書房、一九八四年)二五七〜二五九頁。

(2) 本章を執筆する際、以下の著書を特に参照させていただきました。永原慶二『二〇世紀日本の歴史学』(吉川弘文館、二〇〇五年)安丸良夫『〈方法〉としての思想史』(校倉書房、一九九七年)成田龍一『歴史学のスタイル——史学史とその周辺』(校倉書房、二〇〇四年)石井進編『歴史家の読書案内』(吉川弘文館、一九九八年)等。

(3) 篠原一・三谷太一編『岡義武著作集 第八巻付録』(岩波書店、一九九三年)五四頁。

(4) 田中浩『戦後日本政治史』(講談社学術文庫、一九九七年)六三〜六四頁。

(5) 永原・前掲書(注2)一五三〜一五七頁。

(6) 水谷三公『丸山真男』(ちくま新書、二〇〇四年)二三頁。

(7) 篠原・三谷・前掲書（注3）一三～一四頁。
(8) 永原・前掲書（注2）一五七頁。
(9) 鳥海靖『日本の近代――国民国家の形成・発展と挫折』（放送大学教育振興会、二〇〇二年）一四頁。
(10) 国立国会図書館ホームページ（http://www.ndl.go.jp/）。
(11) 国立公文書館ホームページ（http://www.archives.go.jp/）。
(12) 成田龍一「〈正典〉なき時代」前掲『歴史家の読書案内』一九～二三頁。
(13) 寺崎修『明治自由党の研究（下）』（慶應通信、一九八七年）二六七～二六八頁。
(14) 坂本多加雄『（日本の近代二）明治国家の建設――一八七一～一八九〇』（中央公論社、一九九八年）一四頁。
(15) 宇治敏彦編『首相列伝――伊藤博文から小泉純一郎まで』（東京書籍、二〇〇二年）九〇～九四頁。
(16) 柴田三千雄「一九七六年の歴史学界総説」史学雑誌八六編五号。
(17) 北岡伸一『日本政治史――外交と権力』（放送大学教育振興会、一九九一年）三頁。
(18) 坂野潤治『日本政治史――明治・大正・戦前昭和』（放送大学教育振興会、一九九三年）九～一〇頁。
(19) 鈴木淳「史学の本分――日本近代史研究の視座から」（財）史学会編『歴史学の最前線』（東京大学出版会、二〇〇四年）五八～六一頁。

参考文献

伊藤隆・猪木武徳・北岡伸一・御厨貴編『日本の近代（全一六巻）』（中央公論社、一九九八年～二〇〇一年）
色川大吉『（色川大吉著作集第一巻）新編　明治精神史』（筑摩書房、一九九五年）
笠原英彦『行政史研究序説』（芦書房、一九九八年）
北岡伸一『日本陸軍と大陸政策』（東京大学出版会、一九七八年）
玉井清『原敬と立憲政友会』（慶應義塾大学出版会、一九九九年）
寺崎修『自由党の研究（上・下）』（慶應通信、一九八七年）

坂野潤治『近代日本の国家構想』(岩波書店、一九九六年)
丸山真男『日本政治思想史研究』(東京大学出版会、一九五二年)
御厨貴『明治国家と地方経営』(東京大学出版会、一九八〇年)
三谷太一郎『増補　日本政党政治の形成——原敬の政治指導の展開』(東京大学出版会、一九九五年)

第8章　リサーチ政治思想

石井　健司

1　はじめに

本章では、戦後日本における政治思想史研究の主な業績を、古代、中世、近代、現代と年代順に整理し、それらの業績が執筆された当時の時代背景なども考慮に入れながら、その内容や意義について紹介する。最後に、日本における政治思想史研究の今後の課題について考えてみる。

政治思想研究の概要・意義・方法論

「政治思想史」とはいかなる学問であろうか。本章において「政治思想史」という場合、それは具体的には「西洋政治思想史」のことを指す。つまりそれは、①時間的には古代（紀元前六世紀頃）から現代（二一世紀）にかけて、②地理的にはヨーロッパおよびヨーロッパと文化的に連続した地域としての北アメリカにおいて、③テクストとしては著作・論文・政治的パンフレット・ビラ・演説などを通じて展開された、政治をめぐる思想的営為を、同時代の政治的・社会的文脈や思想家の個人史と関連づけつつ、分析し解釈し歴史的に跡づける学問である。

それでは、われわれがこうした「政治思想史」という学問に取り組むことに、一体どのような意義があるのだろうか。この問いに対しては、次のような二つの答え＝二つの立場があるであろう。一つは、「正義とは何か」「国家とは何か」といった政治をめぐる歴史を越えた普遍的な問題の存在を前提とし、そうした問題に対する示唆や解答を政治思想史の古典的テクストの中から得ることを主張して、政治思想史研究の意義を〈古典的テクストとの対話による政治的思惟の深化〉に求める立場であり、シュトラウス（Leo Strauss, 1899-1973）に代表される。[1] もう一つは、そうした超歴史的・普遍的な問題の存在自体を否定し、政治思想とは特定の時代の特定の課題に対する特定の意図の表現にすぎないと主張して、政治思想史研究の意義を〈政治思想の歴史的再構成による自己認識・自己相対化〉に求める立場であり、スキナー（Quentin Skinner, 1940-）に代表される。[2]

こうした政治思想史研究の意義をめぐる二つの立場は、そのまま政治思想史研究の方法論をめぐる二つの立場に直結する。すなわち、「テクスト主義」（textualism）と「コンテクスト主義」（contextualism）との対立である。前者は、あくまでもテクストを中心として、テクストにおける思想家の陳述（それは多くの場合、政治をめぐる普遍的な問題に関わっているとされる）を、テクストの綿密な分析によって理解しようとする方法である。これに対して後者は、テクストにおける思想家の意図（それは多くの場合、特定の時代の特定の政治課題に関わっているとされる）を、テクストが生み出された時代の社会的・知的文脈と関連づけて、とくにその時代の言語上の慣習に焦点を当てて、理解しようとする方法である。

こうした政治思想史研究の意義と方法論をめぐる二つの立場は、どちらかが一方的に正しくてどちらかが一方的に誤っているという性質のものではない。初学者の段階では、こうした二つの立場のどちらに立つべきかという点に拘泥するよりも、政治思想史研究の意義や方法論についてこうした二つの立場があるということを理解し、自分が今どちらの立場に立って分析・解釈を進めているのかを意識することが重要であろう。(3)

政治思想史の学習方法

それでは、われわれはこうした「政治思想史」という学問に取り組む際に、どのような方法で学習・研究を進めていけばよいのだろうか。研究意欲に燃える初学者の中には、いきなり「近代ヨーロッパにおける民主主義思想の発展」などといった壮大な研究テーマに取り組んでしまい、失敗する者もいるかもしれない。そうした失敗を防ぐためにも、研究初期の段階では、自らの問題関心に基づいて、あるいは指導教官などとも相談しながら、自らの研究の出発点（今後の研究の立脚点）となるような古典的テクストを選び出し、それを丹念に読み解くことが必要である。古典的テクストの丹念な読解こそ、政治思想史研究の「王道」であり、これに勝る学習・研究の方法はないといっても過言ではない。幸いなことに日本では、こうした古典的テクストのほとんどが翻訳されており、しかもその大半は文庫化され、比較的安価に入手することができる。こうした古典的テクストを入手し、丹念に読み込んで、まずはその内容を理解することに努める。そして、重要な古典的テクストの内容についてある程度の理解が得られたなら、次は二次文献などを活用して、そのテクストが生み出された時代の政治的・社会的文脈について調べる。古典的テクストを同時代の政治的・社会的文脈の中に位置づけることによって、より深くテクストの内容を理解することができるはずである。[4] こうした作業を経て一冊の古典的テクストを自らの血肉とすることができれば、それが今後の自分の研究の立脚点となる。そこから徐々に視野を広げていくことで、研究の方向性も見えてくるのではないだろうか。前述した政治思想史研究の方法論をめぐる議論とも関連するが、最後に、現代イギリスの代表的な政治学者クリック（Bernard Click, 1929-）の言葉を引用して、本節を閉じよう。いわく、政治思想史研究の最良の方法は、「テクストを読み、コンテクストを考え、そしてまたテクストに帰ることである[5]」。

2　古代・中世の政治思想

古代・中世の政治思想に関する研究は、近代・現代のそれと比べると、個々に優れた業績はあるものの、全体としては活況であるとはいいがたい。そうした中で本節では、古代・中世の政治思想に関する研究業績を、古代ギリシャ・ローマ、中世キリスト教世界、中世から近代への転換期（ルネサンス、宗教改革）というカテゴリーで、整理・紹介していきたい。

古代ギリシャ・ローマの政治思想

本項では、ソクラテス（Sōkratēs, 469-399 B. C.）、プラトン（Platōn, 428-347 B. C.）、アリストテレス（Aristotelēs, 384-322 B. C.）を中心とする古代ギリシャの政治思想と、古代ローマの政治思想に関する研究業績を紹介する。

(1)　古代ギリシャの政治思想

①山本光雄『アリストテレス――自然学・政治学』（岩波新書、一九七七年）
②田中美知太郎『プラトンⅠ～Ⅳ』（岩波書店、一九七九～八四年）
③佐々木毅『プラトンと政治』（東京大学出版会、一九八四年）
④佐々木毅『プラトンの呪縛――二〇世紀の哲学と政治』（講談社、一九九八年／講談社学術文庫、二〇〇〇年）
⑤米沢茂『ソクラテス研究序説』（東海大学出版会、二〇〇〇年）

①は、アリストテレスの思想を自然学、政治学（倫理学を含む）、弁論術という三つの論点から解説した入門書。意外なことであるが、アリストテレスの政治思想を独立して扱った研究書は、現在までのところ刊行されていない。②は、著者の半世紀にわたるプラトン研究の成果をまとめた大著であり、第Ⅳ巻でプラトンの政治理論について検討している。③は、政治思想史研究の観点からの最も重要なプラトン研究であり、政治と哲学の両義的関係を念頭に置きつつ、プラトンの主要著作を検討することによって、彼の政治理論の具体的展開を考究する。④は、「プラトンの政治化」をめぐる激しい論戦の検討を通じて、二〇世紀とは思想的にみていかなる時代であったのかを考察する。⑤は、第三部でソクラテスの民主主義観や国家観を取り上げている。

(2)　古代ローマの政治思想

古代ローマの政治思想については、キケロ（Marcus Tullius Cicero, 106-43 B. C.）、セネカ（Lucius Annaeus Seneca, 5 B. C. -65 A. C.）といった注目すべき思想家が数多くいるにもかかわらず、現在までのところ独立した研究書は刊行されていない。近年における共和主義への関心の高まりを考えても、古代ローマの政治思想の研究は、さらなる進展が望まれる分野である。とりあえずここでは入門書として、高田康成『キケロ――ヨーロッパの知的伝統』（岩波書店：岩波新書、一九九九年）を挙げておく。

中世キリスト教世界の政治思想

本項では、アウグスティヌス（Aurelius Augustinus, 354-430）、トマス・アクィナス（Thomas Aquinas, 1225-74）を中心として、中世キリスト教世界の政治思想に関する研究業績を紹介する。

①稲垣良典『トマス・アクィナスの共通善思想――人格と社会』（有斐閣、一九六一年）
②大西藤米治『中世政治思想研究――アリストテレス主義の連続性について』（有斐閣、一九六四年）
③高坂直之『トマス・アクィナスの自然法研究――その構造と憲法への展開』（創文社、一九七一年）
④柴田平三郎『アウグスティヌスの政治思想――『神国論』研究序説』（未来社、一九八五年）
⑤茂泉昭男『アウグスティヌス研究――徳・人間・教育』（教文館、一九八七年）
⑥鷲見誠一『ヨーロッパ文化の原型――政治思想の視点より』（南窓社、一九九六年）
⑦柴田平三郎『中世の春――ソールズベリのジョンの思想世界』（慶応義塾大学出版会、二〇〇二年）

①は、トマス・アクィナスの著作に散見される共通善についての論述を詳細に分析し、それらを総合的に解釈しようとする試み。②は、この分野における先駆的業績であり、アリストテレス的理念の連続性という観点から中世ヨーロッパ政治思想の展開を概観した大作である。③は、アクィナスの自然法思想の構造をきわめて詳細に検討した労作。④は、政治思想史研究の観点からアウグスティヌスにアプローチした先駆的業績。彼の歴史観とその前提をなす時間論の構造に注

目することで、『神国論』の背景にある思想的枠組を発見し、アウグスティヌスの政治思想の特質と全体像を明らかにする。⑤は、第Ⅱ部でアウグスティヌスの国家論を取り上げる。⑥は、中世ヨーロッパの政治思想が「合理性」の獲得へ向けて展開していく過程を歴史的に跡づけた意欲作。⑦は、一二世紀ルネサンスの体現者といわれるソールズベリのジョン（John of Salisbury, 1115-1180）の政治思想を、国家有機体論、教会と国家の問題、暴君殺害論などの論点から分析した日本初の本格的な研究書。

中世から近代へ──転換期の政治思想

一五～一六世紀は中世から近代への転換期であり、近代政治思想の前提となったさまざまな政治的概念が準備された時代であった。本項では、この時代の政治思想に関する研究業績を、ルネサンスと宗教改革という二つのカテゴリーで整理する。ルネサンス期の政治思想については、マキァヴェリ（Niccolò Machiavelli, 1469-1527）とトマス・モア（Thomas More, 1478-1535）を中心として、宗教改革期の政治思想については、ルター（Martin Luther, 1483-1546）とカルヴァン（Jean Calvin, 1509-1564）を中心として、主要な研究業績を紹介する。

(1)　ルネサンス期の政治思想──マキァヴェリ、トマス・モアを中心として

①柴山英一『マキァヴェリの歴史的研究序説』（風間書房、一九六九年）
②佐々木毅『マキアヴェッリの政治思想』（岩波書店、一九七〇年）
③塚田富治『トマス・モアの政治思想──イギリス・ルネッサンス期政治思想研究序説』（木鐸社、一九七八年）

④菊池理夫『ユートピアの政治学——レトリック・トピカ・魔術』（新曜社、一九八七年）

①は、マキァヴェリ研究史を概観し、彼の政治思想と個人史との関係やルネサンス史における位置づけなどを検討しつつ、その主要著作を分析することによって、マキァヴェリは共和主義者であったとの解釈を示す。②は、戦後における最も重要なマキァヴェリ研究であり、マキァヴェリ解釈において彼の政治技術論のみに関心を集中することの誤りを指摘し、彼の政治技術論と哲学（とくにその人間像）の有機的連関に注目することによって、マキァヴェリの政治観の構造と特質を明らかにする。③は、モアの政治思想に関する先駆的な研究業績であり、演技者としてモアを論じるという独創的な視点から、その思想の展開を人文主義者、改革者、保守主義者という三段階に整理して、彼の豊かな多面性を描こうとする。④は、ルネサンス期の政治思想を「レトリック」と「魔術」という鍵概念によって検討したユニークな試み。モアの『ユートピア』を比喩的・アイロニー的な作品と解釈する。

(2) **宗教改革期の政治思想——ルター、カルヴァンを中心として**

①有賀弘『宗教改革とドイツ政治思想』（東京大学出版会、一九六六年／復刊、一九七九年）

②田上雅徳『初期カルヴァンの政治思想』（新教出版社、一九九九年）

③木部尚志『ルターの政治思想——その生成と構造』（早稲田大学出版部、二〇〇〇年）

①は、政治思想としてのドイツ・プロテスタンティズム（とりわけルター主義）の展開を領邦教会制との関連において検討することで、ドイツ思想史の特質を明らかにする。近代における政治権力と自由の関係を政治と宗教の相互連関に焦点を当てて検討した重厚な研究である。②は、カルヴァンの政治思想に関する数少ない研究書。カルヴァンの初期思想を検討することで、近代初

期の政教体制およびその思想と、カルヴァンの教会論的な枠組みにおける政治理解との対比を鮮明に描き出す。③は、①を批判的に継承・発展させたもので、トレルチ（Ernst Troeltsch, 1865-1923）のルター解釈に異議を唱え、ルターにおける信仰の論理と政治の論理の間に積極的かつ内在的な連関を見いだそうとする。

3　近代の政治思想（1）——国民国家の形成

ヨーロッパにおける一七～一八世紀は、いわゆる「近代化」の出発点であった。一七世紀のイギリス革命、一八世紀のフランス革命は、絶対主義国家を打倒し封建社会を崩壊させ、これに代わって〈国民国家——市民社会〉という新たな政治秩序を成立させた。敗戦直後の日本の政治学界においては、戦前の天皇制国家から脱却し国民主権原理に基づく新たな国家を建設するという問題意識が広く共有されたので、政治思想史研究においても、一七～一八世紀のヨーロッパ政治思想、とくに近代国民国家の構成原理としての社会契約説の研究が、重要な意味をもつことになった。本節では、この時代の政治思想に関する研究業績を、上記の二つの革命と関連づけて整理・紹介する。まず、本節全体に関わる重要な研究業績を挙げてみたい。

①福田歓一『近代政治原理成立史序説』（岩波書店、一九七一年／『福田歓一著作集』第二巻、岩波書店、一九九八年）
②加藤節『近代政治哲学と宗教——一七世紀社会契約説における「宗教批判」の展開』（東京大学出版会、一九七九年）

③関谷昇『近代社会契約説の原理――ホッブズ、ロック、ルソー像の統一的再構成』(東京大学出版会、二〇〇三年)

①は、自然法思想と社会契約説とを中心とする近代政治原理の成立過程を歴史的に跡づけた研究として、もはや古典的地位を占める名著である。著者がこうした主題を取り上げるに至った背景には、自身も述べているように、第二次大戦を通して「大日本帝国の国家破産に自ら立会った体験」があった。天皇制ファシズムによる「政治の神秘化」を克服し、個人の自由とデモクラシーを正統性根拠とする新たな国民国家を建設するという問題意識においては、「デモクラシーの哲学の究極の根拠」としての社会契約説の研究が、きわめて実践的な意義を有していたのである。そうした意味において本書は、厳密な歴史研究でありながら、その背後に強烈な実践的関心が控えており、しかもそれが歴史研究を阻害していないという点において、政治思想史研究の一つの範型を示すものであるといえる。(6) ②は、①の解釈視角を基本的に継承しつつ、そこでは必ずしも中心的な論点にならなかった宗教論を本格的に取り上げることによって、近代ヨーロッパ政治思想史研究に新たな地平を切り開いた記念碑的労作。一七世紀の社会契約説における宗教論を「哲学的=政治的『宗教批判』の試み」と理解し、そうした観点からホッブズ、スピノザ(Benedictus de Spinoza, 1632-77)、ロックの宗教論の連関を分析することによって、近代政治哲学が「国家と宗教」の問題にどのような論理的解決を与えたのかを検討する。③は、①の解釈視角を批判的に乗り越えようとした野心的な試みであり、「解釈的主体論」という新たな視角からホッブズ、ロック、ルソーの主体論、自然論、作為論を批判的に復元することで、社会契約説の可能性と限界について考察する。

イギリス革命をめぐる政治思想

本項では、ホッブズ（Thomas Hobbes, 1588-1679）とロック（John Locke, 1632-1704）の政治思想に関する研究業績を紹介する。

(1) ホッブズ

①藤原保信『近代政治哲学の形成——ホッブズの政治哲学』（早稲田大学出版部、一九七四年）
②田中浩『ホッブズ研究序説——近代国家論の生誕』（御茶の水書房、一九八二年）
③高橋眞司『ホッブズ哲学と近代日本』（未来社、一九九一年）
④高野清弘『トマス・ホッブズの政治思想』（御茶の水書房、一九九〇年）
⑤鈴木朝生『主権・神法・自由——ホッブズ政治思想と一七世紀イングランド』（木鐸社、一九九四年）

①は、福田歓一とともに戦後日本の政治思想史研究をリードしてきた藤原保信の出世作。藤原は、ホッブズの政治哲学を彼の自然哲学や人間論から切り離して解釈する傾向を批判し、むしろ逆に自然哲学から人間論、政治哲学へと検討を進めることによって、ホッブズによる「政治哲学の近代的転換」は近代自然科学の原理と方法への依拠によって可能になったと結論づけた。こうした藤原のホッブズ解釈は、前述した福田『序説』とともに、その後のホッブズ研究に大きな影響を及ぼすことになった。②は、ホッブズをハリントン（James Harrington, 1611-77）、ロック、ルソー、シュミット（Carl Schmitt, 1888-1985）らと比較することによって、「国民主権論の創始者」というリベラルなホッブズ像を提示する。著者はこの他にも、『トマス・ホッブズ研究（イギリス思想研究叢書(三)）』（御茶の水書房、一九八四年）や『ホッブズ（イギリス思想叢書(三)）』（研究社出版、一九九八年）などの刊行によって、戦後におけるホッブズ研究の発展に大きく貢献した。③

は、幕末から一九七〇年代に至るまでの日本におけるホッブズ研究の歴史を丹念に跡づけた労作。巻末にはホッブズに関するほとんどすべての論考を網羅した詳細な文献目録が付されている。④は、ホッブズによるキリスト教理解の分析を軸に、彼の神観念、人間観、国家観、歴史観を検討することで、ホッブズの思想の全体像に迫る。⑤は、コンテクスト主義的な方法論に依拠し、一七世紀イングランドにおけるホッブズと聖職者・神学者との論争を検討することによって、ホッブズの政治理論の世俗的性格を浮き彫りにする。

(2) ロック

①山崎時彦『名誉革命の人間像』(有斐閣、一九五二年)
②松下圭一『市民政治理論の形成』(岩波書店、一九五九年)
③田中正司『ジョン・ロック研究』(未来社、一九六八年/増補版、一九七五年)
④友岡敏明『ジョン・ロックの政治思想――〝伝統〟と〝革新〟の一断面』(名古屋大学出版会、一九八六年)
⑤加藤節『ジョン・ロックの思想世界――神と人間との間』(東京大学出版会、一九八七年)
⑥大澤麦『自然権としてのプロパティ――イングランド革命における急進主義政治思想の展開』(成文堂、一九九五年)
⑦下川潔『ジョン・ロックの自由主義政治哲学』(名古屋大学出版会、二〇〇〇年)
⑧中神由美子『実践としての政治、アートとしての政治――ジョン・ロック政治思想の再構成』(創文社、二〇〇三年)

①は、戦後日本におけるロック研究の先駆的業績であり、ロックの政治理論の中に名誉革命を担った新興階層の「妥協的性格」を見いだす。②は、その独創的な問題設定や分析枠組によって、

戦後のロック研究において独自の地位を占める著作である。松下のいう「市民政治理論」とは、自由の主体である個人から出発して、個人→（代表）→議会→（法律）→政府という権力統合過程をもつ政治理論のことである。松下は、こうした市民政治理論が二〇世紀において大きく変容したことに着目し、この変容を分析する視座を築くために、ロックによる市民政治理論の「古典的形成」を研究したのである。こうした松下のロック研究は、その後展開された「松下政治学」と称される独自の政治理論体系の出発点をなすものといえる。[7] ③は、第一部でロックの自然法思想と経験哲学の関係を内在的に分析し、第二部でロックの財産論の検討を通じて彼の国家像の権力的性格を明らかにする。著者の『市民社会理論の原型―ジョン・ロック論考』（御茶の水書房、一九七九年）は、この第二部を母体としており、ロックの思想の中に一八世紀の〈市民社会の自然史〉論の原型を見いだす。④は、対立の激しいロック解釈史を踏まえつつ、彼の最初期の草稿『世俗権力論』の分析を通して『統治論』を再検討することで、その政治思想の内的展開を跡づけるとともに、アウグスティヌスらと比較することで、ロックの歴史的位置づけを検討する。⑤は、前述した加藤『近代政治哲学と宗教』の続編的な著作であり、「キリスト教思想家」として形成されたロックの実像を検討することで、ロックの政治哲学が彼独自の「神学的パラダイム」の枠内でのものであることを明らかにする。⑥は、レヴェラーズからウィッグ急進派（とくにロック）へと連なる急進主義政治思想の潮流を、一七世紀イングランドの歴史的・政治的伝統と関連づけつつ、スキナー的言語論の視角から分析することによって、イングランド革命の政治思想史的意味を解明しようと試みる。⑦は、ロックの自由主義政治哲学の基本原理として、政教分離の原理、プロパティの原理、同意と服従の原理、正義の原理、公共善の原理の五つを挙げ、こうした諸原理の構成概念と正当化根拠を批判的に検討する。⑧は、ロックの政治観の中に政治的慎慮と密接に結びついた実践的能力に関する「政治のアート」論を見いだし、それを彼の統一的な思想の中に位置づけることで、新たなロック像を提示しようと試みる。

フランス革命をめぐる政治思想

本項では、モンテスキュー（Charles Louis de Secondat, baron de la Brède et de Montesquieu, 1689-1755）とルソー（Jean-Jacques Rousseau, 1712-78）の政治思想に関する研究業績を紹介する。

(1) モンテスキュー

①福鎌忠恕『モンテスキュー——生涯と思想』全三巻（酒井書店、一九七五年）
②樋口謹一編『モンテスキュー研究』（白水社、一九八四年）
③佐竹寛『モンテスキュー政治思想研究——政治的自由理念と自然史的政治理論の必然的諸関係』（中央大学出版部、一九九五年）
④押村高『モンテスキューの政治理論——自由の歴史的位相』（早稲田大学出版部、一九九六年）
⑤川出良枝『貴族の徳、商業の精神——モンテスキューと専制批判の系譜』（東京大学出版会、一九九六年）

①は、モンテスキューの全著作の紹介・解説に加えて、彼が生きた時代の社会的環境、思想的背景、歴史的伝統を踏まえてその思想の成立過程を跡づけたきわめて詳細な評伝。②は、京都大学人文科学研究所による共同研究の成果であり、法律・政治・経済・社会・歴史・文学といったさまざまな観点から、モンテスキューと近代との関わりを探究した論文集。③は、モンテス

キューの主要著作を検討することで、彼の政治思想における「政治的自由の理念」と「自然史的政治理論」の関係を分析した労作。巻末に詳細な文献目録が付されている。④は、モンテスキューを同時代のコンテクストの中に埋没させるのではなく、彼と「問題圏の共有」を図るという問題意識の下で、モンテスキューの自然法論、政体論、自由論を検討する。⑤は、モンテスキューが「自由な国家」に不可欠の要素として貴族的精神を挙げたことの意味を探りつつ、彼の自由概念における「政治的自由」と「市民的自由」の二元性を明らかにする。

(2) ルソー

①桑原武夫編『ルソー研究』(岩波書店、一九五一年/第二版、一九六八年)
②樋口謹一『ルソーの政治思想』(世界思想社、一九七八年)
③小笠原弘親『初期ルソーの政治思想――体制批判者としてのルソー』(御茶の水書房、一九七九年)
④白石正樹『ルソーの政治哲学――その体系的解釈』上・下巻(早稲田大学出版部、一九八三年)
⑤吉岡知哉『ジャン=ジャック・ルソー論』(東京大学出版会、一九八八年)
⑥土橋貴『ルソーの政治思想――平等主義的自由論の形成』(明石書店、一九九六年)
⑦小林浩『ルソーの政治思想――『社会契約論』から『ポーランド統治考』を読む』(新曜社、一九九六年)
⑧山本周次『ルソーの政治思想――コスモロジーへの旅』(ミネルヴァ書房、二〇〇〇年)
⑨鳴子博子『ルソーにおける正義と歴史――ユートピアなき永久民主主義革命論』(中央大学出版部、二〇〇一年)

①は、前項②と同じく京都大学人文科学研究所による共同研究の成果であり、戦後日本におけるルソー研究の事実上の出発点といえる。ルソーの思想をさまざまな観点から考察しており、ル

ソーの全著作の要約や詳細な年譜を付すなど資料的価値も高い。なお本書の補巻として、桑原武夫編『ルソー論集』（岩波書店、一九七〇年）がある。②は、ルソーの平和思想とパトリオチスムとの関係を中心に論じたもの。③は、「体制批判者としてのルソー」の生成過程に焦点を当て、その思想形成の歩みを跡づける。④は、矛盾が多いといわれるルソーの政治哲学を体系的に解釈することを試みて、その背後に一貫して流れる民主主義の精神を析出する。⑤は、ルソーを「表現者」という位相において捉え、学術や社会に対する彼の「批判」や国家や教育に対する彼の「構想」を検討することで、ルソーの思想表現の特質を明らかにする。⑥は、ルソーの政治思想の中心的な論点は自由と平等の止揚を目指す「平等主義的自由論」の構築にあったと解釈し、ルソーの一般意思的国家論の全体像を宗教、倫理、政治という三層構造の中で捉える。著者の『ルソー平等主義的自由論研究——救済神学のポリティカリゼーションのなかで』（明石書店、二〇〇二年）は、ルソーの平等主義的自由論が形成された「ジュネーブの背景」を探る。⑦は、これまでほとんど検討されることがなかったルソーの『ポーランド統治考』を解読し、ルソーの政治思想における人民および国家の問題に光を当てる。著者の『ルソーと国家』（世界書院、一九九九年）は、ルソーの国家間関係論を検討したもの。⑧は、自我と秩序の相互包摂的な関係の探究というモティーフから、ルソーの思想を再構成する。⑨は、ルソーの家族論、労働論、人格論、宗教論、歴史観を検討しつつ、その一般意志論の構造をヘーゲル、マルクスとの関連において分析することで、ルソーの思想体系を解明しようと試みる。

4　近代の政治思想（2）——市民社会の成長

一七〜一八世紀のいわゆる「市民革命」において提起された政治的諸原理は、その後一九世紀における市民社会の成長の中で、「保守主義」「自由主義」「社会主義」という三つの思想潮流を生み出すことになった。本節では、こうした三つの思想潮流に沿うかたちで、代表的な研究業績を整理・紹介していく。

保守主義とその周辺

本項では、バーク（Edmund Burke, 1729-97）を中心とするイギリス保守主義、ヒューム（David Hume, 1711-76）を中心とするスコットランド啓蒙思想、ヘーゲル（Georg Wilhelm Friedrich Hegel, 1770-1831）を中心とするドイツ観念論について、主要な研究業績を紹介する。

(1)　イギリス保守主義——バークを中心として

①小松春雄『イギリス保守主義史研究——エドマンド・バークの思想と行動』（御茶の水書房、一九六一年）
②中野好之『評伝バーク——アメリカ独立戦争の時代』（みすず書房、一九七七年）
③小松春雄『イギリス政党史研究——エドマンド・バークの政党論を中心に』（中央大学出版部、一九八三年）
④岸本広司『バーク政治思想の形成』（御茶の水書房、一九八九年）

⑤岸本広司『バーク政治思想の展開』（御茶の水書房、二〇〇〇年）
⑥坂本義和『国際政治と保守思想（坂本義和集第一巻）』（岩波書店、二〇〇四年）
⑦清滝仁志『近代化と国民統合――イギリス政治の伝統と改革』（木鐸社、二〇〇四年）

①は、戦後日本におけるバーク研究の出発点として古典的な位置を占める。バークを「近代保守主義の父祖」と位置づけ、その保守主義哲学の形成過程を時代背景や個人史と関連させつつ検討する。②は、アメリカ独立革命期までのバークに関する詳細な評伝。③は、名誉革命から第一次選挙法改正までのイギリス政党史を、バークの政党論の視座から検討したもの。④は、政界登場以前の「初期バーク」を対象にし、非政治的な著作も含む彼の初期著作を検討することで、バークの道徳主義的な政治思想の形成過程を明らかにする。⑤は、④の続編として、政界進出以降のバークを取り上げ、ジョージ三世の専制やアメリカ植民地の独立といった重要な政治問題への対処の過程で、バークの政治思想がどのように具体化され展開されたのかを検討する。⑥は、国際政治学の泰斗である著者が若き日にあえてバークの反革命の思想に取り組み、その思想を内在的に分析した意欲的論考を収録している。⑦は、イギリス保守主義の系譜に連なる思想家たちが産業化と民主化をめぐる同時代の危機に対していかなる判断と解決策を示したかを検討することで、イギリスにおける旧体制から近代的国家体制への転換を〈知の支配〉をめぐる闘争という観点から考察した力作。

(2)　スコットランド啓蒙思想――ヒュームを中心として

①田中敏弘『社会科学者としてのヒューム――その経済思想を中心として』（未来社、一九七一年）
②田中秀夫『スコットランド啓蒙思想史研究――文明社会と国制』（名古屋大学出版会、一九九一年）

③坂本達哉『ヒュームの文明社会―勤労・知識・自由』（創文社、一九九五年）
④犬塚元『デイヴィッド・ヒュームの政治学』（東京大学出版会、二〇〇四年）

ヒュームに関する研究は、経済思想史・社会思想史・政治思想史・哲学・歴史学などの分野で盛んになされているが、研究業績が多い反面、その思想の全体像の把握がなかなか進まないという弊害も生まれている。各分野における研究の成果を踏まえて、ヒュームの思想を統一的に把握することが、今後の研究の大きな課題であろう。①は、経済思想史研究の観点からヒュームにアプローチした先駆的業績。著者はその後も、『イギリス経済思想史研究――マンデヴィル・ヒューム・スミスとイギリス重商主義』（御茶の水書房、一九八四年）、『ヒュームとスコットランド啓蒙――一八世紀イギリス経済思想史研究』（晃洋書房、一九九二年）など重要な業績を発表している。②は、スコットランド啓蒙思想家の文明社会論を国制問題との緊張関係を手がかりにして解読しようとする試みで、ヒューム以外にも多くの思想家が取り上げられている。著者はその後も、『文明社会と公共精神――スコットランド啓蒙の地層』（昭和堂、一九九六年）、『共和主義と啓蒙――思想史の視野から』（ミネルヴァ書房、一九九八年）など多くの著作を刊行し、日本におけるスコットランド啓蒙思想研究をリードしている。③は、ヒュームの思想の方法的基礎をなす「人間学」の構想を解明し、それを踏まえて「文明社会」という鍵概念を通じて彼の著作を検討することで、社会科学者としてのヒューム像を提示しようと試みる。④は、政治思想史専攻者による本格的なヒューム研究であり、近年における最も重要な業績である。ヒュームの政治学史像を『論集』と『イングランド史』の分析に基づいて再構成し、彼が政治学の伝統を継承しながらそこに加えた再解釈と革新に独創性を見いだす。「富と徳」という図式の中でヒュームを理解しようとする従来の解釈を明確に否定するなど、きわめて刺激的な議論が展開されている。

(3) ドイツ観念論――ヘーゲルを中心として

①金子武蔵『ヘーゲルの国家観』（岩波書店、一九四四年）
②南原繁『フィヒテの政治哲学』（岩波書店、一九五九年／『南原繁著作集　第二巻』（岩波書店、一九七三年）
③原田鋼『カントの政治哲学――ドイツ近代政治思想の「性格学」序説』（有斐閣、一九七五年）
④藤原保信『ヘーゲル政治哲学講義――人倫の再興』（御茶の水書房、一九八二年）
⑤柴田高好『ヘーゲルの国家理論』（日本評論社、一九八六年）
⑥高柳良治『ヘーゲル社会理論の射程』（御茶の水書房、二〇〇〇年）

ヘーゲルを中心とするドイツ観念論の研究は、戦前から現在に至るまで盛んであり、研究業績もおびただしい数にのぼっている。しかしその多くはドイツ観念論者の「哲学」の研究であって、ドイツ観念論者の「政治思想」の研究となると、その業績は限られたものとなる。①は、ヘーゲルの国家論に関する戦後初の本格的な研究であり、ヘーゲルの国家論の成立過程を丹念に跡づけ、その体系を批判的に検討している。②の著者南原繁は、単に「政治思想史研究者」というよりも、一人の「政治思想家」と呼ぶべきであろう。②は、南原が一九三〇年代に発表した諸論文をまとめたものであり、第一部でフィヒテ（Johann Gottlieb Fichte, 1762-1814）の「知識学」（＝形而上学・哲学）と政治理論の関係を検討しつつ、第二部で彼の政治理論の展開を自由主義、社会主義、民族主義という三段階に整理して分析し、最後にその政治理論の現代的意義を考察している。純枠に学問的な研究でありながら、同時代の課題（天皇制ファシズムやマルクス主義との対決）への問題意識が背後に控えており、こうした南原の研究スタイルは、その弟子の福田歓一へと受け継がれたといえよう。[8] ③は、政治思想史研究の観点からカント（Immanuel Kant, 1724-1804）にアプローチした数少ない本格的な研究書。カントの政治哲学が彼の哲学体系の中でいかなる位置を占め、さらにそれが近代ドイツ政治思想史においていかなる役割を果たしたのかを、カント自身の問題意識に即して検討する。④は、藤原保信による包括的なヘーゲル研究であり、人倫概念を手がかりにして、初期ヘーゲルにおける人倫の発見、『精神現象学』における人倫の再興、『法の哲学』における人倫の体系という構成で、ヘーゲルの政治哲学の全体像を明らかにする。⑤は、〈自然法―ヘーゲル―マルクス〉という構想の下で、『法の哲学』における市民社会論と国家論の検討を通じて、ヘーゲルの法・政治哲学による近代自然法国家理論の受容と超克を探究する。⑥は、必ずしも統一したテーマの下で書き下ろされたものではないが、「ドイツ憲法論」を手がかりにしてヘーゲルの近代国家観を探った第一章や、ヘーゲルの職業団体論をホッブズの組織論、ルソーの部分的結社論、スミスやマルクスの社会理論と比較した第六、七章は興味深い。

自由主義

本項では、一九世紀における自由主義の代表的思想家として、ベンサム（Jeremy Bentham, 1748-1832）、J・S・ミル（John Stuart Mill, 1806-73）、トクヴィル（Alexis de Tocqueville, 1805-59）を取り上げ、彼らの政治思想に関する研究業績を紹介する。

(1) ベンサム、J・S・ミル

①西尾孝司『イギリス功利主義の政治思想』(現代情報社、一九七一年/増訂版、八千代出版、一九八一年)
②山下重一『J・S・ミルの思想形成』(小峯書店、一九七一年)
③山下重一『J・S・ミルの政治思想』(木鐸社、一九七六年)
④小泉仰『ミルの世界』(講談社学術文庫、一九八八年)
⑤関口正司『自由と陶冶――J・S・ミルとマス・デモクラシー』(みすず書房、一九八九年)
⑥矢島杜夫『ミル『自由論』の形成』(御茶の水書房、二〇〇一年)

①は、ベンサムを中心とするイギリス功利主義に政治思想史研究の観点からアプローチした先駆的業績である。著者はその後も、『ジェレミ・ベンサムの政治思想』(八千代出版、一九八七年)、『ベンサム『憲法典』の構想』(木鐸社、一九九四年)、『ベンサム倫理学・教育学論集』(御茶の水書房、二〇〇二年)など多くの業績を発表し、日本におけるベンサム研究を牽引している。

日本におけるミル研究は、戦前から一九六〇年代頃までは、主に経済学の分野で進められてきた。こうした状況においてミルの政治思想の研究に先鞭をつけたのが、山下重一である。②は、少年時代から一八四〇年までのミルの著作・論文を検討することで、彼のユニークな思想形成の過程を分析する。③は、その続編として、ミルの『自由論』と『代議政治論』を検討することで、彼の政治思想を内在的に理解し、その現代的意義について論じる。④は、ミルの倫理思想についての研究であり、「有神論」などのミルの論文や書簡の抄訳を収める。⑤は、②③以降における最も重要なミル研究であり、〈自由を志向する精神は一定の陶冶を前提とする〉という結論に至るまでのミルの思想的苦闘を、思想形成史的観点から明らかにする。⑤は、『自由論』の思想的源泉、自由の個人的側面と社会的側面に関するミルの見解、『自由論』とミルの他の著作との関係などの検討を通じて、『自由論』の全体像と史的意義を明らかにする。ミルの社会科学方法論という観点からは、著者の『ミル「論理学体系」の形成』（木鐸社、一九九三年）も重要。

(2) トクヴィル

①田中治男『フランス自由主義の生成と展開――一九世紀フランス政治思想研究』（東京大学出版会、一九七〇年）
②中谷猛『トクヴィルとデモクラシー』（御茶の水書房、一九七四年）
③小川晃一『トクヴィルの政治思想――政治における知性』（木鐸社、一九七五年）
④中谷猛『フランス市民社会の政治思想――アレクシス・ド・トクヴィルの政治思想を中心に』（法律文化社、一九八一年）
⑤松本礼二『トクヴィル研究――家族・宗教・国家とデモクラシー』（東京大学出版会、一九九一年）
⑥宇野重規『デモクラシーを生きる――トクヴィルにおける政治の再発見』（創文社、一九九八年）

①は、「自由」と「秩序」を鍵概念にして、トクヴィル、コンスタン（Benjamin Constant, 1767-1830）、ギゾー（François Pierre Guillaume Guizot, 1787-1874）らの自由主義思想を検討する。②は、トクヴィルの思想と行動を歴史的文脈の中で考察する。③は、トクヴィルの政治的伝記の試み。④は、トクヴィルのデモクラシー論、奴隷制・植民地論、歴史認識、宗教論などを一九世紀フランス政治思想史の文脈において捉える。⑤は、トクヴィルの専制論、宗教論、さらには従来あまり顧みられることのなかった家族観について検討する。⑥は、近年における最も重要なトクヴィ

ル研究であり、すべての人間を平等化・同質化しようとする巨大なデモクラシーの力を「政治」の再活性化によって乗り越えようとしたトクヴィルの思想的営為を明らかにする。

社会主義

本項では、主としてマルクス（Karl Marx, 1818-83）の政治思想に関する研究業績を紹介し、それとともに、マルクス主義とは異なる社会主義の系譜として、オーウェン（Robert Owen, 1771-1858）、サン＝シモン（Claude Henri de Rouvroy, comte de Saint-Simon, 1760-1825）、プルードン（Pierre Joseph Proudhon, 1809-65）らの初期社会主義に関する研究業績を紹介する。

(1) マルクス

①柴田高好『マルクス主義政治学序説』（三一書房、一九六四年）
②平田清明『市民社会と社会主義』（岩波書店、一九六九年）
③田口富久治『マルクス主義政治理論の基本問題』（青木書店、一九七一年）
④大藪龍介『マルクス派の革命論・再読』（社会評論社、二〇〇二年）
⑤青木孝平『コミュニタリアニズムへ――家族・私的所有・国家の社会哲学』（社会評論社、二〇〇二年）

①は、戦後の学界において独自のマルクス主義政治学を構想した柴田高好の著作。マルクス主義政治学の方法論について検討するとともに、その具体的適用としての政治論について述べる。著者の『マルクス国家論入門』（現代評論社、一九七三年）は、レーニン（Vladimir Il'ich Lenin, 1870-1924）の国家論と、その源流となったエンゲルス（Friedrich Engels, 1820-95）の国家論を批判的に検討し、これらと区別されたマルクス本来の国家論の姿を追求する。②は、フランス語版

『資本論』の研究に基づいて、従来のマルクス主義研究における「市民社会」概念の欠落を指摘し、市民社会と社会主義社会の連続性を強調して、大きな波紋を呼んだ。③は、マルクス主義政治学の方法論、国家論、プロレタリア独裁論、政党論、統一戦線論、革命論などについてまとめたもの。著者の『マルクス主義国家論の新展開』（青木書店、一九七九年）は、いわゆる「先進国革命路線」の資本主義国家認識を批判的に検討し、六〇年代末からはじまるマルクス主義国家論の再生と展開を概観する。④は、『国家と民主主義——ポスト・マルクスの政治理論』（社会評論社、一九九二年）、『マルクス社会主義像の転換』（御茶の水書房、一九九六年）に続く、著者のマルクス主義研究の三作目であり、マルクス、エンゲルス、トロツキー（Lev Trotskij, 1879-1940）の革命論を中心に検討する。⑤は、現代におけるマルクス主義のリベラリズム化に異議を唱え、マルクスの社会哲学の中からコミュニタリアニズムの先駆的論理を析出することで、マルクス主義の現代的再生の可能性を追求する。

(2)　初期社会主義

①坂本慶一『フランス産業革命思想の形成——サン—シモンとサン—シモン派』（未来社、一九六一年）
②河野健二編『プルードン研究』（岩波書店、一九七四年）
③中村秀一『産業と倫理——サン＝シモンの社会組織思想』（平凡社、一九八九年）
④藤田勝次郎『プルードンと現代』（世界書院、一九九三年）
⑤土方直史『協同思想の形成——前期オウエンの研究』（中央大学出版部、一九九三年）
⑥永井義雄『ロバアト・オウエンと近代社会主義』（ミネルヴァ書房、一九九三年）

①は、サン＝シモンとその弟子たちの思想と運動の検討を通じて、フランスにおける産業革命

思想の形成とその現実的影響について考察する。著者の『マルクス主義とユートピア――初期マルクスとフランス社会主義』（紀伊國屋新書、一九七〇年／復刻版、一九九四年）は、フランス社会主義が初期マルクスの思想形成において果たした役割を検討したもの。②は、京都大学人文科学研究所による共同研究の成果であり、「国家の消滅」を理想としたプルードンの思想をさまざまな観点から総合的に描き出した論文集。巻末に詳細な年譜とプルードンの全著作の改題が収録されている。③は、サン＝シモンの思想の全体像を彼自身が提示した「交互運動」という視点から統一的に描き出し、そこに見いだされる社会進歩と思考の運動法則を分析することで、彼の思想の現代的意義を探る。④は、近年における最良のプルードン研究であり、一八四〇～五〇年代半ばにおける彼の「相互主義」の構想を解明しつつ、五〇年代以降における彼の著作を「連合主義」の観点から検討する。⑤は、オーウェンの自然思想・宗教思想を検討し、それを踏まえて彼の協同思想をその実践活動と関連づけて解釈することで、統一的なオーウェン像を示そうと試みる。⑥は、オーウェンの協同社会主義の成立過程を歴史的に跡づけたものであり、『イギリス急進主義の研究――空想的社会主義の成立』（御茶の水書房、一九六二年）、『ロバート・オーエン試論集――非政治的解放理論の構造』（ミネルヴァ書房、一九七四年）に続く、著者によるオーウェン研究の三作目である。

5　現代の政治思想

政治をめぐる現代の思想的営為において、大きな注目を集めている議論が二つある。一つは、二〇世紀の全体主義に対する理論的反省から導き出された「公共性」をめぐる議論であり、もう一つは、功利主義的規範理論の揺らぎにともなって提起された「正義」をめぐる議論である。本節では、この二つの議論を手がかりにして、現代政治思想に関する研究業績を整理・紹介していく。その前に、現代政治思想全般に関する概説書を挙げておきたい(9)。

①藤原保信・千葉眞編『政治思想の現在』(早稲田大学出版部、一九九〇年)
②藤原保信『二〇世紀の政治理論』(岩波書店、一九九一年)
③小野紀明『二十世紀の政治思想』(岩波書店、一九九六年)
④寺島俊穂『政治哲学の復権――アレントからロールズまで』(ミネルヴァ書房、一九九八年)

公共性をめぐる政治思想

二〇世紀に入って「公共性」をめぐる議論が大きく展開するきっかけとなったのは、アーレント(Hannah Arendt, 1906-75)による私的領域・社会的領域に対する「公的領域」優位の主張と、ハーバーマス(Jürgen Habermas, 1929-)による対話的合理性に基づく「市民的公共性」概念の提起とであった。本項では、この二人の政治思想に関する研究業績を紹介する。

(1) アーレント

①寺島俊穂『生と思想の政治学――ハンナ・アレントの思想形成』(芦書房、一九九〇年)
②千葉眞『アーレントと現代――自由の政治とその展望』(岩波書店、一九九六年)
③伊藤洋典『ハンナ・アレントと国民国家の世紀』(木鐸社、二〇〇一年)
④矢野久美子『ハンナ・アーレント、あるいは政治的思考の場所』(みすず書房、二〇〇二年)
⑤杉浦敏子『ハンナ・アーレント入門』(藤原書店、二〇〇二年)

⑥川崎修『アレント――公共性の復権（現代思想の冒険者たち一七）』（講談社、一九九八年／新装版、二〇〇五年）

①は、アーレント研究の先駆的業績であり、アーレントの思想形成の展開を彼女自身の生きた現実と結びつけて理解する。②は、アーレントの思想に内在しつつ、自由、権力、革命といった論点から彼女の政治理論を再構成し、それを現代における「市民の自由の政治」の再構築に生かそうとする。③は、「疎外」「共和国」「ペルソナ」という三つの鍵概念によって彼女の思想を読み解く。④は、書簡や遺稿など諸々のテクストを駆使して、アーレントの「政治的思考」の現場を精密に跡づけることで、「現われ」や「あいだ」といった彼女独特の語彙について考察する。⑤と⑥は、アーレントについての優れた入門書。⑤は、アーレントの思想における複数性と公共性、共和主義、闘技的民主主義、労働観、フェミニズムなどの概念を丁寧に解き明かす。⑥は、アーレントの一九世紀秩序解体論、全体主義論、アメリカ論を概観するとともに、『人間の条件』を中心に展開された彼女の政治思想を「政治の復権」という視座から詳しく検討する。

(2) ハーバーマス

①藤原保信・三島憲一・木前利秋編『ハーバーマスと現代』（新評論、一九八七年）
②河上倫逸、M・フーブリヒト編『法制化とコミュニケイション的行為――ハーバーマス・シンポジウム』（未来社、一九八七年）
③中岡成文『ハーバーマス――コミュニケーション行為（現代思想の冒険者たち二七）』（講談社、一九九六年／新装版、二〇〇三年）
④豊泉周治『ハーバーマスの社会理論』（世界思想社、二〇〇〇年）

⑤永井彰・日暮雅夫編『批判的社会理論の現在』（晃洋書房、二〇〇三年）

①は、ハーバーマスと、彼と直接間接に関係した思想家とをさまざまなテーマに即して比較考察した論文集。第Ⅲ部におけるウェーバー（Max Weber, 1864-1920）、ヘーゲル、アーレント、ロールズらとの比較考察が興味深い。②は、一九八五年にハーバーマスを迎えて京都で開かれたシンポジウムの記録であり、「法制化」「合理化」「近代化」といったテーマについて、ハーバーマス自身も含めた多くの研究者が白熱した議論を展開する。③は、ハーバーマスの思想形成の軌跡を時代背景の説明も含めて包括的に論じた優れた入門書。④は、「批判としてのマルクス主義」「コミュニケーション論的転回」「近代のプロジェクト」という三つの観点からハーバーマスの社会理論を捉え直し、「日常政治の闘争に陣地を移した」という彼の思想像に迫る。⑤は、『事実性と妥当性』を主たる検討の対象として、一九九〇年代以降のハーバーマスの理論展開について検討する。

正義をめぐる政治思想

ロールズ（John Rawls, 1921-2002）による『正義論』（一九七一年）の刊行を契機として、政治思想を含む社会哲学の世界では、いわゆる「リベラル・コミュニタリアン論争」が巻き起こった。この論争自体は現在では沈静化しているが、この論争をきっかけとして、「リベラリズム」「リバタリアニズム」「コミュニタリアニズム」という三つの思想潮流が明らかとなった。本項では、ロールズを中心とする現代リベラリズムに関する研究業績とともに、リバタリアニズムとコミュニタリアニズムに関する研究業績について紹介する。

(1)　現代リベラリズム――ロールズを中心として

①藤原保信『政治理論のパラダイム転換――世界観と政治』(岩波書店、一九八五年)
②藤川吉美『ロールズ哲学の全体像――公正な社会の新しい理念（正義の研究二）』(成文堂、一九九五年)
③川本隆史『ロールズ――正義の原理』(現代思想の冒険者たち二三)』(講談社、一九九七年)
④渡辺幹雄『ロールズ正義論再説――その問題と変遷の各論的考察』(春秋社、二〇〇一年)
⑤伊藤恭彦『多元的世界の政治哲学――ジョン・ロールズと政治哲学の現代的復権』(有斐閣、二〇〇三年)

政治思想史の分野でロールズに最初に着目したのは藤原保信であった。藤原は、『正義・自由・民主主義――政治理論の復権のために』(御茶の水書房、一九七六年)でロールズに初めて言及し、①では欧米におけるロールズを中心とした「政治哲学の復権」の動向をいち早く紹介している。続く『政治理論のパラダイム転換――世界観と政治』(岩波書店、一九八五年)ではロールズの正義論の論理構造を検討し、『自由主義の再検討』(岩波新書、一九九三年)では自由主義の歴史を概観しつつその限界を指摘し、二一世紀に向けてコミュニタリアニズムへの展望を語っている。②は、ロールズ哲学の全体像を著者独自の視点から詳細に分析し、伝統的な正義論と比較しつつ、その史的意義について論じる。著者の『公正としての正義の研究――ロールズの正義概念に対する批判的考察』(成文堂、一九八九年)は、より内在的な方法でロールズの正義概念を批判的に検討したもの。③は、ロールズの思想形成過程や『正義論』の論理構成などについて解説した優れた入門書。④は、メタ倫理学と規範倫理学に関するヘア (R. M. Hare, 1919-2002) からの批判とそれに対するロールズの応答を分析しつつ、『公正としての正義——再説』（二〇〇一年）におけるロールズの最終応答を検討する。著者の『ロールズ正義論の行方——その全体系の批判的考察』（春秋社、一九九八年／増補新装版、二〇〇〇年）と本書とは、〈総論—各論〉の関係にある。⑤は、「価値の多元性」に対するロールズの態度をシュトラウスおよびマルクス主義との比較を通じて明らかにするとともに、格差原理と福祉国家の関係や公正な税負担に関する彼の議論を検討することで、ロールズの正義論の現代的意義を考察する。

(2) **リバタリアニズムとコミュニタリアニズム**

①森村進『自由はどこまで可能か——リバタリアニズム入門』（講談社現代新書、二〇〇一年）
②菊池理夫『現代のコミュニタリアニズムと「第三の道」』（風行社、二〇〇四年）
③森村進編『リバタリアニズム読本』（勁草書房、二〇〇五年）

リバタリアニズムとコミュニタリアニズムについては、優れた論文が多数発表されているものの、まとまった研究書はまだ刊行されていない。ここでは入門書・概説書を紹介するにとどめる。①は、一般向けの入門書であり、リバタリアニズムの全体像を平易に解説する。②は、コミュニタリアニズム全般に関する優れた概説書であり、代表的な四人のコミュニタリアンの思想を手際よく紹介する。③は、リバタリアニズムに関連するキーワードと著作について解説した小事典風の入門書。

6　おわりに――日本における政治思想研究の課題

最後に、今後の日本における政治思想研究の課題について考えてみたい。ここでは、紙幅の都合上、簡潔に三点のみを指摘する。

第一に、本章でのリサーチを見ても分かるように、研究の対象が一七～一八世紀のイギリス、フランスの政治思想に偏りを見せており、これを是正することが必要である。もちろん、すべての時代・すべての地域の政治思想がまんべんなく研究される必要はないが、それでも例えば古代ローマの政治思想の研究などは（言語上の問題もあるとは思うが）もっと進展してしかるべき分野であると考える。

第二に、オーソドックスなスタイルの政治思想史研究においては、特定の思想家を個別に取り上げ、その政治思想を分析・解釈するという手法を取ることが多いため、どうしても研究が専門化・細分化する傾向にある。こうした傾向は、研究の進展に伴うやむを得ないものではあるものの、それがあまりにも過度なものになると、研究者どうしの相互的な対話や交流を阻害し、いわゆる「学問のタコツボ化」をもたらすことになる。政治思想史研究者は、こうした傾向に注意しながら、研究対象を異にする者どうしの相互的な対話や交流、共同研究などを積極的に進める必要がある。それを成立させるための共通の理念として、例えば「公共哲学」などといったキーワードを設定することも可能であろう。

第三に、ポスト冷戦時代における価値観の混乱の中で、「自由」「平等」「民主主義」といった政治的理念が大きな動揺をみせている。こうした状況において政治思想史研究者は、こうした政治的理念を再吟味・再検討し、ポスト冷戦時代における新たな価値理念や理論枠組の創出に貢献する必要がある。いうまでもなく、こうした政治的理念は、西洋政治思想史の長い伝統の中で生み出されたものである。それゆえその再吟味のためには、こうした理念をそれが生まれた時代の具体的な文脈の中に位置づけ、その本来の意味を確認することが必要である。と同時に、その再検討のためには、そうした歴史研究を歪曲しない限りにおいて、古典との対話に現代の問題意識を反映させることも必要である。こうした二つの方向性が何らかのかたちで融合したとき、政治思想史研究はポスト冷戦時代の諸問題と切り結ぶ新たな政治理論の創出に貢献することができるであろう。

注

(1) シュトラウス(石崎嘉彦訳)『政治哲学とは何か――レオ・シュトラウスの政治哲学論集』(昭和堂、一九九二年)。

(2) スキナー(半澤孝麿・加藤節編訳)『思想史とはなにか――意味とコンテクスト』(岩波書店、一九九〇年)。

(3) 政治思想史研究の方法論に関しては、次の文献を参照のこと。武田清子編『思想史の方法と対象――日本と西欧』(創文社、一九六一年)、小笠原弘親・飯島昇藏編『政治思想史の方法』(早稲田大学出版部、一九九〇年)。

(4) そうした意味で、『世界の名著』(中央公論新社)や『人類の知的遺産』(講談社)といったシリーズは、古典的テクストの邦訳とその解説、思想家の年譜などが併せて収録されており、初学者にとって大変便利である。なお、紙幅の都合上、本章のリストではこの両シリーズをあえて取り上げていない。

(5) クリック（添谷育志・金田耕一訳）『現代政治学入門』（新評論、一九九〇年／講談社、二〇〇三年）一二五〜四頁。なお、「はじめに」で取り上げた諸論点に関連して、中堅・若手の政治思想史研究者による有益な内容の座談会があるので紹介しておきたい。座談会「日本における西洋政治思想史研究の現状と課題」政治思想研究二号（二〇〇二年）五五〜八一頁。

(6) この紹介文を執筆するにあたっては、『福田歓一著作集　第二巻』（岩波書店、一九九八年）の加藤節による「解説」を大いに参考にした。この場を借りて謝意を表したい。

(7) 松下圭一の政治理論の全体像と歴史的意義については、山田竜作『大衆社会とデモクラシー——大衆・階級・市民』（風行社、二〇〇四年）を参照のこと。

(8) 南原繁の人物像と業績については、次の文献を参照のこと。丸山真男・福田歓一編『回想の南原繁』（岩波書店、一九七五年）。加藤節『南原繁——近代日本と知識人』（岩波書店、一九九七年）。

(9) 本章においては、筆者の能力不足から、ニーチェ（Friedrich Wilhelm Nietzsche, 1844-1900）、ウェーバー、シュミット、ハイデガー（Martin Heidegger, 1889-1976）、フーコー（Michel Foucault, 1926-84）など、主に「近代批判」という観点から大きな足跡を残した思想家に関する研究業績を紹介することができなかった。こうした思想家に興味・感心を抱いた読者は、これらの概説書の参考文献表を参照していただきたい。

参考文献

有賀弘ほか編『政治思想史の基礎知識——西欧政治思想の源流を探る』（有斐閣、一九七七年）
佐々木毅ほか『近代政治思想史　全五巻』（有斐閣、一九七七〜七八年）
福田歓一『政治学史』（東京大学出版会、一九八五年）
藤原保信『西洋政治理論史』（早稲田大学出版部、一九八五年）
小笠原弘親・小野紀明・藤原保信『政治思想史』（有斐閣、一九八七年）
藤原保信・白石正樹・渋谷浩編『政治思想史講義』（早稲田大学出版部、一九九一年／新装版、一九九八年）

中谷猛・足立幸男編『概説西洋政治思想史』（ミネルヴァ書房、一九九四年）
佐々木毅・鷲見誠一・杉田敦『西洋政治思想史』（北樹出版、一九九五年）
川出良枝・山岡龍一『西洋政治思想史——視座と論点』（放送大学教育振興会、二〇〇一年／改訂版、二〇〇五年）

第9章　リサーチ国際政治学

村田　邦夫

1　はじめに

本章の目的と課題は、戦前、戦後から今日にいたる日本の国際政治学の歩みを、年代順に区分して、それらの時期における研究を整理、概観し、その特徴を見ていくと同時に、全体としての大きな流れを素描することにある。したがって、特定の研究者やその著作ならびに主題に限定して論を展開する形式をとっていない。ここでは、日本国際政治学会編の機関誌である『国際政治』の紹介（引用と要約）をしている。もっとも紙幅の関係上、表面的な域を出ていないことを断っておく。

まず、ここで取り上げた研究領域と時期区分について説明したい。国際政治学（「国際関係」）の研究は『国際政治』61・62号「戦後日本の国際政治学」に従えば、一般に「歴史研究」（「外交史・国際政治史研究」）、「地域研究」、「国際政治理論研究」（「国際政治学」）の三つの領域から成り立っている。またこの三分野の研究領域は、さらに以下のように区分される。「歴史研究」は、日本外交史、東アジア国際政治史、欧米国際政治史、戦後国際政治史に、「地域研究」は、東アジア、東南アジア、中東・アフリカ、ソ連・東欧、西欧、米州に、「理論研究」は、国際政治学論争、国際統合、トランスナショナル・リレーションズ、国際政治経済、政策決定、リンケージ・ポリティックス、安全保障・軍縮、数量国際政治学、マルクス主義国際政治論に、そしてこの他に「平和研究」と「概論研究」の領域がある。本論もこうした区分を踏まえて研究の整理をしているが、紙幅の関係から、細目にまでわたって区分はできなかった。本章では、『国際政治』に収められた研究の歴史的特徴とその変容を、全体的な見地から考察する目的から次のような領域区分を設定した。すなわち、(ア)「戦争と平和」に関する研究、(イ)「外交」(「外交史」も含む)に関する研究aは日本に関するもの、bは日本と他国の関係に関するもの、cはそれ以外のものと分類した。(ウ)「国際政治理論」—理論、思想、関係史—に関する研究、(エ)「地域」に関する研究(「地域研究」)とし、なおどの領域にも分類し難いものは「保留」としている。この区分に沿っての具体的説明は、『国際政治』の創刊された時期の関係上、第二節から行っている。なお、便宜上、研究領域及び時期区分表は各節ごとに掲載した。

次に、時期区分は以下のように考えた。日本の国際政治学の歩みを学会の機関誌である『国際政治』をもとに紹介していく関係から、その創刊年である一九五七年を一つの基点とした。そしてそれまでの時期の歩みを第一節とし、①戦前から一九四五年の日本の敗戦に至るまでと、②敗戦の年から一九五六年までの二つの時期に区分する。第二節は、一九五七年から一九六六年度、つまり一九六七年の三月までを区切りとした。もっともこれは厳密ではない。この間を一〇年としたのはあくまでも便宜的なものである。同様に第三節は、一九六七年から一九七六年度、第四節は、一九七七年から一九八六年度、第五節は、一九八七年から一九九六年度、第六節は一九九九七年から二〇〇五年度に区分けしている。なお各節にまたがる研究は恣意的にいずれかの節に振り分けたことを予め断っておきたい。また、こうした手続きの関係上、初めから取り上げられなかった研究も多々あることも指摘しておきたい。

2 一九五六年以前の日本の国際政治学[1]

第二次世界大戦前の国際政治学研究

国際政治学や国際関係論といった新しい研究分野が誕生するのは第一次世界大戦を契機とするが、研究の著しい発達が見られたのは、第二次世界大戦以後のことである。興味深いのは、中原喜一郎「概論研究」(前掲『国際政治』61・62号所収)にあるように、日本の国際政治学研究は欧米の研究者と同じ頃の第一次世界大戦後から着手されていた事である。日本の国際政治学の発達はこうした流れを受けたものである。第一次世界大戦以前、国際問題への学問的関心は国内問題へのそれと比べて一般的に低く、国際政治の問題は国際法あるいは外交史の分野で補助的に取り扱われていた。政治学はもっぱら国家学として発達した関係から、その研究対象は国内政治の面に限定され、国際政治問題はせいぜいその延長としての「外交政策」として簡単に触れられるに留まっていた。

こうした状況は、第一次世界大戦への日本の参戦と国際連盟への主要構成国としての参加を経て、日本の対外活動が国際的規模で行われるようになって以来変化していく。大正末期から昭和初期にかけて、従来とは異なる独自の研究領域としての国際政治学という新分野を切り開こうとする試みが現れた。吉野作造〈『欧洲動乱史論』（一九一五年）『欧洲戦局の現在及将来』（一九一六年）『戦前の欧洲』（一九一七年）『支那革命小史』（一九一七年）〉、大山郁夫〈『政治の社会的基礎』（一九二三年）『民族闘争と階級意識』（一九二三年）〉、矢内原忠雄〈『植民及植民政策』（一九二六年）『帝国主義下の台湾』（一九二九年）〉、信夫淳平〈『国際政治論』四巻（一九二五—二六年）〉、蠟山政道〈『国際政治と国際情勢』（一九二八年）〉等の研究はそれを示している。またこの他にも、国際法の実質的諸問題について国際社会から接近した恒藤恭〈『国際法及国際問題』（一九二二年）〉および外交を理論と実践と結びつけて考察した松原一雄〈『外交及外交史』（一九二七年）〉などが挙げられる。

国際政治に関する研究が盛んになるにつれて、大学の講義科目にもみられるように、それを独自の研究領域として承認する傾向が見られた。一九二四（大正一三）年に東京大学法学部に設置された「政治学政治学史第二講座」（南原繁教授担当）は「国際政治学」を講義内容としていた。また一九三二（昭和七）年には早稲田大学政治経済学部の科目表に、「国際政治論」（信夫淳平教授担当）と記載されている。後者は、おそらくわが国の大学において国際政治学が正式な科目として認められた最初のものと見られる。また一九二七（昭和二）年に刊行された政治学論文集、吉野作造編「政治学研究——（小野塚教授在職廿五年記念）——」においては「政治学方法序論」、「国家及政策論」、「政治史」、「政治思想史」などの項目とならんで「国際政治」の項目が置かれ、この項目のもとに南原繁教授の「カントに於ける国際政治の理念」及び神川教授の「民族主義の考察」が収録された。さらに一九三〇（昭和五）年に刊行された「社会科学大辞典」（改造社）には神川教授執筆の「国際政治」の項目が載せられ、一九三二（昭和七）年刊行の「大百科事典第九巻」(平凡社)には佐々弘雄氏執筆の「国際政治」が収められたが、すでに昭和初期において「国際政治」という特殊な用語は市民権を獲得していたようである。

こうして「国際政治学」は独立の学問分野としての地位を順調に築いていたが、満州事変以降の日本の歩みによりそれは一時中断することとなった。こうして日本の国際政治学の発達は著しく阻害されたのではあるが、それでも、研究の蓄積が見られたのであった。その中に、横田喜三郎『社会科学新辞典』(河出書房、一九四一年)に担当執筆した恒藤恭や、従来の外交史研究の枠を出て、国際政治学の知見を基にしながら国際政治史の研究を志した田中直吉〈『近世国際政治史』(一九四三年)〉がいる。この他、一九三五(昭和一〇)年代には欧米における国際政治の著書の翻訳が出版されていることも指摘しておきたい。なお、「外交史」に関して補足すれば、すでに「日本外交史」において、戦前の一九三〇年の段階で実証性のある研究水準の高い、明治期の日本外交史についての優れたモノグラフが得られている。その代表的例として、信夫清三郎の日清戦争の研究、田保橋潔の研究がある。また、鹿島守之助、清沢洌、信夫らによる包括的な概説書が出ている。またヨーロッパ国際政治史、中国外交史の分野でも、それぞれ神川彦松、林毅陸、また矢野仁一、植田捷雄、入江啓四郎らをはじめとした研究水準の高い業績が挙げられている。

戦前の地域研究の特徴に関して、細谷千博は、圧倒的に東アジアに傾斜し、またその発展は明治以降の日本の大陸政策の実践的要請と結びついていたこと、研究の質的水準は、とりわけ中国に関して世界に誇る高さをもっていたこと、調査機関としてたとえば満鉄調査部は世界一級のものであり、そこで産出された研究成果、調査リポートの中には今日でも価値あるものが少なくないこと、一九三〇年代の後半、資源地域としての東南アジアに国家の政策的関心の目が向けられるとともに、この地域に対する研究意欲が高まったこと、また戦時中、南方地域で軍政要員としての経験を積み、現地の実情についての多くの情報を蓄積していた何人かの研究者がいたこと、等を指摘している。

第二次世界大戦後から一九五六年までの時期

第二次世界大戦を経て日本の国際政治学、国際関係論は、質的にも量的にも大きな発展を遂げた。大学における科目編成にもその一端を伺うことができる。戦前は国際政治学を講座あるいは科目として設置していた大学は皆無に近い状況であり、外交史でさえ設置しているところは数校でしかなかった。これに対して、戦後は多くの大学で「外交史」「国際政治史」はもとより、「国際政治」「国際政治史」「国際政治論」「国際関係論」などと呼ばれる科目を設置し、国際政治に関する講義が激増し、それとともに地域研究の重要性も認識され、各大学研究機関はそれについて真剣な対応を試みた。

これに対応するようなかたちで、独自の学問領域として発達を遂げていた国際政治学の分野において、本格的な研究が一九五〇(昭和二五)年頃より続々と刊行された。一般的参考書を発行順に挙げると、神川彦松『国際政治学概論』(一九五〇年)、蠟山政道『国際社会における国家主権』(『近代国家論第一部権力』一九五〇年)、板垣與一『世界政治経済論』(一九五一年)、前芝確三『国際政治論』(一九五二年)、内山正熊『国際政治学序説』(一九五二年)、信夫淳平『国際政治論』(一九五三年)、田中直吉『国際政治論』(一九五四年)、同『国際政治学概論』(一九五六年)、岡倉古志郎『世界政治論――世界政治学I』(一九五六年)、井口一郎『国際関係動態論』(一九五六年）、那須聖『国際政治の手びき』（一九五六年）、川田侃『国際関係概論』（一九五八年）等がある。

これに関連して国際政治史の研究では、神川彦松前掲の『近代国際政治史』四巻をはじめとして林毅陸『欧洲最近外交史』（一九四七年）、岡義武「国際政治史」（一九五五年）、田中直吉「近代国際政治史」（一九五五年）、同『世界外交史』（一九五七年）、内山正熊『西洋外交史』（一九五七年）、百々巳之助『国際政治史序説』（一九五八年）などが挙げられる。

また論文集の形態をとって刊行されたものに、田畑忍『戦争と平和の政治学』（一九五二年）、江口朴郎『帝国主義と民族』（一九五四年）、同『歴史の現段階』（一九五八年）、田畑茂二郎『国際法・国際政治の諸問題』（一九五五年）、猪木正道『国際政治の展開』（一九五六年）などがある。

なお第二次大戦後の国際政治、国際時事問題を全般的に取り扱ったものとして、入江啓四朗『現代国際問題要論』（一九五八年）、日本政治学会編『戦後世界政治と米国』（一九五四年）などがある。また国際政治の最大の問題である「戦争と平和」について直接扱ったものとして、岡倉古志朗・杉江栄一『戦争と平和の諸問題』（一九五四年）がある。さらに「戦争と平和」の問題に関係する原子力および宇宙兵器の問題については、前芝確三『原子力と国際政治』（一九五六年）が刊行されている。また、「戦争と平和」に関連する国際平和機構の問題については、高田保馬『世界社会論』（一九四八年）、横田喜三郎『世界国家の問題』（一九四八年）、田畑茂二郎『世界政府の思想』（一九五〇年）がある。また「戦争と平和」の問題にとって重要である民族主義については、世界経済調査会『ナショナリズムの研究』（一九五六年）、『民族の思想』（「現代思想」第三巻、一九五七年）がある。国際連合・安全保障の問題については、横田喜三郎『国際連合の研究』（一九四七年）、田岡良一『国際連合憲章の研究』（一九四九年）、芳賀四郎『国際連合憲章の解説』（一九四九年）がある。なお、ここに取り上げた著作の内容に関して、第六一・六二号所収の中原喜一郎「V　概論研究」を参照されたい。

先述の細谷によると、以下のようにこの時期の研究状況は示される。「国際政治に分析的な目を向けた者にとって、最大の関心事となったのが、戦争と平和の問題であり、また米ソの抗争を軸に展開する冷戦状況への権力政治的、あるいはイデオロギー的な解明への試みであった。国際政治現象の理論的究明への機運が盛り上がりつつあったこの時期は、外国とくにアメリカでの国際政治学の成果が、知的空白期の急速な解消をもとめる日本の学界に強烈な勢いで流入してくる。とりわけ影響の著しかったものとして、H・モーゲンソー、E・H・カー、G・ケナンら、いわゆる、《現実主義学派》の著作をあげることができよう。……このうち、カーは国際政治現象への現実主義的アプローチと理想主義的アプローチの相克に戦間期の国際危機の本質を求めようとし、モーゲンソーは国際政治の本質は権力をめぐる国家間の闘争であると規定し国際政治理論の体系化をはかり、国際政治学の発達の歴史の上で画期的な業績を残した学者であるが、……日本の学界が現実主義的アプローチや理論構成の強い影響に晒されたことは、この時期の大きな特色である」。細谷の指摘にもあるように、戦争の終結はつかの間の「平和」を、すぐさま米ソを両陣営の頂点とする「冷戦」の始まりへと導いた。このことが日本における現実主義的アプローチへの傾斜へと研究者を向わせたことは否定できない。

3　一九五七—一九六六年度[2]

この時期の研究としては、『国際政治』の1号から32号までが該当する。日本の国際政治学研究の歩みを語る場合、一つの大きな分水嶺を画するのは一九五六年末の日本政治学会の設立と一九五七年、その機関誌である『国際政治』の創刊である。その「創刊の挨拶」（国際政治学会初代理事長神川彦松）には以下のことが述べられている。「……この学会が国際政治学、国際政治史、ならびにこれと最も関係の深い国際経済学、その他の諸学の研究の発表と普及とを助成し、これらの学問の発達を世界的水準に達せしめ、さらにこれを凌駕して世界の文運の向上に貢献することを本来の使命といたします。……」。このように述べながら創刊号について以下のように指摘している。……この創刊号は、国際政治学のアルファであり、オメガであるところの戦争と平和という最大のテーマをとり上げることになりました。これはもとより、一巻や二巻の著作で尽くせる問題ではありませぬ。本号はこの大問題をとり組む手始めにすぎませぬ。現代の人類が渇仰しているものは平和であります。しかし、戦争をなくそうと思えば、まず戦争現象の本体をつきとめねばなりませぬ。われわれは、とかく、病気が何かを知る前に、早く薬を付けようとあせりまず。事柄を知る前に、信じがちであります。これ、学問的に戦争と平和の問題をとりあげたゆえんであります。……なお神川は、機関誌『国際政治』の「国際政治」の訳語として「International Relations」を当てている。このことは「国際政治」のなかに、「国際関係論」「国際政治」「地域研究」全てを包括していたと理解できる」。

図表9-1 『国際政治』ナンバーとタイトル1957-1956年度

1	平和と戦争の研究	(ア)
2	日本外交の分析	(イ)a
3	日本外交史研究——明治時代	(イ)a
4	現代国際政治の構造	(ア)
5	宇宙兵器と国際政治	(ア)
6	日本外交史研究——大正時代	(イ)a
7	二つの世界とナショナリズム	(エ)
8	現代国際政治史	(ウ)
9	国際政治学の体系	(ウ)
10	集団安全保障の研究	(ア)
11	日本外交史研究——昭和時代	(イ)a
12	ソ連外交政策の分析	(エ)
13	アメリカ外交政策の分析	(エ)
14	日本外交史研究——幕末・維新時代	(イ)a
15	日中関係の展開	(イ)b
16	東南アジアの研究	(エ)
17	日米関係の展開	(イ)b
18	アフリカの研究	(ウ), (エ)
19	日本外交史研究——日清・日露戦争	(イ)a
20	国際政治の理論と思想	(ウ)
21	共産圏の研究	(エ)
22	日韓関係の展開	(イ)b
23	日本外交史研究——第一次世界大戦	(イ)a
24	国連と日本外交	(ア), (イ)a, (イ)b
25	現代国際政治の基本問題	(ウ)

26	日本外交史の諸問題(2)	(イ)a
27	欧州統合の研究	(ア), (エ)
28	日本外交史の諸問題(3)	(イ)a, (ウ)
29	中ソ対立とその影響	(エ)
30	東西世界の統合と分裂	(ア)
31	日露・日ソ関係の展望	(イ)b, (エ)
32	軍縮問題の研究	(ア)

注：(ア)「戦争と平和」に関する研究, (イ)「外交」(「外交史」も含む)に関する研究, (ウ)「国際政治理論」—理論, 思想, 関係史—に関する研究, (エ)「地域」に関する研究(「地域研究」, なおどの領域にも分類し難いものは「保留」としている。

またその創刊号の巻頭論文「戦争のリアリティーと平和のユートピア」において繰り返して力説していることからも伺えるように、戦争と平和に関する問題は単なる国際政治研究の一問題というよりも、一つの研究領域であったと見てよいだろう。すなわち、先の川田・二宮「日本における国際政治の発達」にも指摘されていたように「戦争と平和」の問題は、原子力と宇宙兵器の問題・国際平和機構の問題、民族主義の問題、国際連合・安全保障の問題と密接に結び付けられた研究領域を構成していたといえる。

ところでこの時期の日本の国際政治学の特徴に関して、先の分類にしたがって紹介しよう。まず(ア)「戦争と平和」に関する研究の流れを見る際、やはり注目されるべきは神川彦松の研究である。そこには戦中、敗戦以降の激動の流れを生きた研究者の声が如実に反映されている。同時に戦前の時期に見られた国際協調の側面を重視する「理想主義」的色彩が薄められ、「現実主義」の立場をもとにした権力政治論を展開していく神川の姿を垣間見ることができる。なおこの創刊号の各種論文を見て分かるのは、各研究者が非常に大きな根源的ともいえるテーマに果敢に取り組んでいるということである。それは各論文のタイトルからも分かる。神川彦松「戦争のリアリティーと平和のユートピア」、高山岩男「平和と戦争の思想」、田村幸策「自由世界の探求する平和」、具島兼三郎「原子力と平和」、田畑茂二郎「世界政府論の現代的意義」、大平前梧「集団的安全保障と世界平和」など、こうした意欲と熱気は連続して各号に受け継がれている。

(イ)に関しては、「外交」(外交史を含む)に関する研究は、それ自体日本と日本人が辿った加害と被害の行為によって織り成された不幸な歴史を回顧すると同時に、それを踏まえて未来に向っての展望を切り開いていく、そうした空気に満ち溢れたものであった。そのことは2号の神川彦松による(本書のプラン「日本外交へのプロメゴメナ——わが対外政策の分析、批判および構想」)において如実に示されている。神川は日本の国際地政学上における「国際中間地帯」の性格に注目し、そのことが「国際間の闘鶏場」に導く危険性を指摘しながら、こうした国が国際政局上選択すべき対外政策として三つの路線のいずれかの他はないことを述べている。その一つは大国政策を採って四隣の大国と互角に角逐する、その第二は或る大国の属邦となってその保護の下に生きるか、第三は永久中立となって列強闘争の圏外に立つことである。続けて神川は、日本は(島国性に由来して)地政学上比較的最も安全な国境に恵まれているとしながら、同時にスラヴ、アングロ・サクソンおよび漢という世界の三大民族、三大帝国と直接隣り合っていることから、世界政局上最も重大な「中間地帯」になっているとみている。こうした日本の重大かつ困難な国際的地位を踏まえて幕末、明治維新以降太平洋戦争、そして敗戦にいたる日本の歩みを検討することが何よりも大切であると神川は認めている。日本国際政治学会が「日本外交の分析」という大問題を取り上げるのはそうした事情によると、その経緯をこのように説明している。また、以下の記述にもあるように、実際にも多くの関心がはらわれてきたことが分かる。すなわち「日本政治国際学会が創立されたのは一九五六年で、そして翌五七年に機関紙『国際政治』が創刊されたが、以後七八年の60号にいたる六〇巻のうちその約三分の一は日本外交史ないし国際政治史で占めている。なかでも日本外交史に関連する論文が大部分を占め、総計約一七〇篇に達している。つまり一年平均一〇篇の論文が『国際政治』に発表されている」。学会が日本外交史に重要な関心を持っていることが窺える。

(ウ)に関しては、前掲の細谷によると、以下のような流れにまとめられる。この時期の研究においてとくに注目されるのは、「アメリカで戦後急速に進んだ行動科学アプローチの導入である。K・ドイッチュなどが開発した通信体系を基準とする引照基準とする理論構築の試みは、いちはやく京極純一ら政治学者の関心を惹き、同氏らを中心に行動科学アプローチの導入が、投票行動や政治意識の分析の分野で進められつつあったが、国際政治学の領域でも、ドイッチュの通信体系のモデル、あるいはスナイダーの政策決定過程を引照基準とするアプローチが、五〇年代後半から六〇年代初めにかけて、武者小路公秀、関寛治を中心に意欲的に導入される」とある。さらに「アメリカの先進的な研究成果、とくに行動科学的アプローチをとる国際政治の理論研究の導入とその昇華がこの時期のひとつの特徴をなすが、これらの分析枠組み、分析手法を使った事例研究で特色あるものもいくつか出始めている」。前述の関、武者小路の成果をはじめ、あるいは内容分析の手法を使った岡部達味の中国外交政策の研究、また国連における投票行動分析をおこなった松本三郎の研究などがそれである。

(エ)について先の細谷によれば、「わが国の地域研究は、国際的に孤立する学問状況を離脱し、戦後の沈滞から本格的な立ち直りを見せるのは五〇年代半ばからであろう」とある。そこには、日本国際政治学会の設立とアメリカのアジア学会のなかに東南アジア部会が初めて設けられたことが関係している。この時期の日本の地域研究の特徴を見ると、「第一に対象地域の拡大であり、東アジアに圧倒的に傾斜していた地域研究のあり方に修正が加えられてゆく。東南アジアから南アジア、中東、アフリカへと、またアメリカ、ソ連・東欧圏へと研究の輪は広がってゆく。第二にこの時期にアジア経済研究所（五八年）をはじめ京都大学の東南アジア研究センター（六三年）、東京外国語大学のアジア・アフリカ言語文化研究所（六五年）が設立され、研究の機構面での充実がなされ、人材の育成がはかられていったことである。第三に、戦後の社会科学の分野で、国際的に指導的地位を占めるアメリカの地域研究の知的刺激を強く受け、学問の発達が見られたことである」。

4　一九六七―一九七六年度[3]

(ア)について興味深い点は、「日本」と「日本人」にとっての「戦争と平和」に分類できる研究が次第に少なくなっていることである。「日本」と「日本人」にとっての「戦争と平和」に関する研究といった観点から、「冷戦」、「国際紛争」、「平和」について論ずるというよりは、よりそれぞれの研究を(ウ)の領域の中で捉えようとする方向性が次第に明らかになっている感がする。日本と日本人にとって、「冷戦」とは、「平和」とは「紛争」とはといった見方が薄められていくことによって(ア)の研究領域としての位置が低下してきていることが分かる（53号、54号、55号は(ウ)に

図表 9 - 2　1967-1976年度

33	日本外交史研究――外交指導者論	(イ)a
34	日米関係のイメージ	(イ)b
35	現代ヨーロッパ国際政治史	(ウ)
36	開発途上国の政治・社会構造	(エ)
37	日本外交史の諸問題(4)	(イ)a
38	平和と戦争の研究(3)	(ア)
39	第三世界	(エ)
40	中東	(エ)
41	日本外交史研究――外交と世論	(イ)a
42	国際政治の理論と方法	(ウ)
43	満州事変	(ウ)
44	戦後東欧の政治と経済	(エ)
45	戦争終結の条件	(ア)
46	国際政治と国内政治の連繋	(ウ)
47	日中戦争と国際的対応	(イ)b
48	国際社会の統合と構造変動	(エ)
49	世界政治とマルクス主義	(ウ)
50	国際政治学のアプローチ	(ウ)
51	日本外交の国際認識	(イ)a
52	沖縄返還交渉の政治過程	(イ)a
53	「冷戦」――その虚構と実像	(ア)
54	「平和研究」――その方法と課題	(ア)
55	国際紛争の研究	(ア)

注：(ア)「戦争と平和」に関する研究，(イ)「外交」(「外交史」も含む)に関する研究，(ウ)「国際政治理論」―理論，思想，関係史―に関する研究，(エ)「地域」に関する研究(「地域研究」，なおどの領域にも分類し難いものは「保留」としている。

分類する方がより適切ではないかと思われる）。

(イ)のａ、ｂに関して、臼井によれば、日本外交史研究は一九六〇年代後期から七〇年代に入ると、クロノロジカルな流れが次第に退潮を迎え、『国際政治』の日本外交史特集のテーマも「外交と世論」、「戦争終結の条件」、「日本外交の国際認識」、「外交指導論」などケース・スタディー的な題目が多くなっていることが指摘されている。二国間あるいは多数国家関係の伝統的アプローチから非伝統的なアプローチへの移行が見られた。細谷は非伝統的アプローチの例として、機構、政策決定過程、外交指導者、イメージ、政治理念、世論、利益集団、コミニケーション過程、交渉様式を非伝統的アプローチの事例として示している。また時代は前後するが、『国際政治』において欧米を中心とした国際政治史の特集には、8号（一九五九年）35号、53号などがある。臼井によれば、日本外交史特集と同じ傾向がこれらの特集にも見られると述べている。ただこれら特集の論文はいずれも第二次大戦から戦後にかけて関心が集中しており、この点は一九世紀中葉からを対象としている日本外交史の場合と現象的に大きな差異を示している。

この時期の研究動向として注目されるのは、外国との共同研究がさかんとなり、すぐれた業績を産んだことである。代表的なものに『日米関係史』、『近代日本の対外態度』、『ワシントン体制と日米関係』などがある。いずれにも共通しているのは、研究が単なる外交史的叙述から離れて、広範な分野に及んでいることである。たとえば、『日米関係史』の構成を見ると、政府首脳と外交機関、陸海軍と経済官僚、議会政党と民間団体、マスメディアと知識人というように狭義の外交のみならずその背景の分析が重要視されている。つまり先述の伝統的アプローチから非伝統的アプローチへの移行がここにも見られる。ただ今後の共同研究が現在のようなアメリカ研究者に限定されている状態から、より多くの地域の研究者が参加する方向へと向うことが望まれる、と臼井は指摘している。

(ウ)七〇年代に入って、国際政治学のいくつかの領域で、新しい地平をひらく研究活動が進められ、国際的に寄与する可能性が期待されていると同時に、その反面研究の専門化も一段進み、一般理論構築への道のりがますます遠のきつつあるのではないのかと細谷は感じている。これは、『国際政治』の創刊期頃に見られた原理的な大問題に取り組もうとする姿勢が弱まってきたことを表していると筆者はみている。ところで「七〇年代のアメリカの学会では『ポスト・ビヘイバリズム』の風潮が強くなり没価値的研究態度への批判が見られるようになるが、日本の学界ではこのような傾向に対する積極的受容の態度は必ずしも強くない」と細谷は言う。その理由として細谷は、「一つにはアメリカの行動科学が、六〇年代のベトナム戦争のさい軍事戦略論と結びつき、戦争目的に意識的に奉仕し、あるいはこれに利用されたことへの反省にもとづくものと考えられるが、日本の行動科学アプローチをとる国際政治学にあっては、もともと平和科学的な志向が強かったこと、またベトナム戦争の直接体験を欠いたため、研究者が内面的苦悩を深刻に持つ契機がなかった点にあるのであろう」と論及する。細谷はさらに、「マルクス主義やM・ウェーバーの学問的伝統の強い日本の知的風土においては、アメリカと異なり『ポスト・ビヘイバリズム』に見られる問題意識が、日本の研究者にとって新鮮な響きを余りもたず、むしろ行動科学アプローチにいぜん新鮮味を感じているという学問的伝統の差異といった事情もあるであろう」と見ている。そしてこの時期の研究の特徴は、関寛治も指摘するように、第二節の研究にも該当するのだが、「外国の理論の直輸入に急である」という状況にはかわりはないものの、前掲の細谷も指摘するように、「対外政策決定過程の分析枠組みを使用したり、あるいは内容分析法を適用する事例研究の数も着実に増えていた。そしてこの時期に注目される日本独自の研究発達として次の点を指摘することができる」として、①日本的特性の抽出②行動科学的な分析手法の適用と手法改良への試み③平和研究の三点を挙げている。

また関は、「日本の国際政治理論は、政策決定論であれシステム・リンケージ理論であれ非国家的行為主体の理論であれ、トランスナショナル・ポリティクスの理論であれ、また国際統合の理論であれ、概して外国の理論の直輸入に急であって自ら独自の日本的理論を生み出すという点ではなお不十分であった。……事例研究をこえた独創的理論の創造という面では必ずしも十分の努力が行われたとは言いがたい」と述べている。これに関して、たとえば、「リンケージ・ポリティクスの回顧と展望」のなかで織完は、日本のリンケージ政治理論は概して独創性がないと述べ、せいぜい批判的総合のレベルに留まっている、と指摘する。納屋政嗣は「トランスナショナル・リレーションズの研究動向と展望」の中で、国際組織を中心とする超国家的行為体、それに対抗もしくはそれを否定しようとする脱国家的行為体、多国籍企業のようにそのいずれにも分類しがたい汎国家的行為体の三つのカテゴリーに大別してそれぞれの研究動向を概観しながら、多国籍企業を民族国家形成との関係で追求する政治学的研究はほとんどない点、また市民運動を正面から取り上げた研究もほとんど皆無に近い点を挙げている。関はこうした点を踏まえて、日本的独創性の生まれるのが遅い理由を輸入学問的性格と結び付けている。また、非国家的行為体の研究において、民族国家（国民国家）の再検討が尚十分になされなかったという研究上の弱点を指摘している。

(エ)柳沢英二郎は、日本の地域研究は全体として一九六〇年代後半から本格的に発展し始め、七〇年代に入って加速したと述べている。しかしその際、なおまだ研究はその緒についたばかりとか、なおかなりの研究の蓄積が必要であるとか、多くの厳しい現状に対する意見もあることを認めている。『国際政治』は地域研究にいう諸地域にまたがる特集を刊行してきた。それらは主として、あるいは全面的に「南」の世界の問題を取り上げていた。7号、36号、39号、57号のありよう自体が、前述した六〇年代後半に地域研究が発展したという説を裏付けている。さらにタイトルの変化自体が等しく「南」の世界を念頭におきつつも、その視点はAA解放闘争→南北問題→第三世界（政治的諸問題→リーダー研究）と移行してきたことを示している。とはいえ、この三つの視点の違い、少なくとも「南北問題」「第三世界」の違いは明白に意識されていたとはいえず、この違いもまた七〇年代の研究の深まりをまって意識されてきたのであるから、今では三つの視点それ自体をタイトルとする特集を改めて企画することを考えてよいと柳沢は提言している。また、六〇年代半ば以降、「この頃からアメリカでは地域研究者と伝統的な専門領域に属する理論研究者との間で知的緊張関係が高まり、地域研究者は自己のアイデンティティーの確立に苦闘を強いられていた。……このような緊張状況は、程度の差こそあれ、わが国においても存在していたといえ、『理論化』への志向が地域研究者の間に高まってくる」との細谷の指摘を受けながら、最近の例として矢野暢の研究を挙げる。この両者の関係がその後どのようになっているかは、第六節の藤原帰一のくだりに注目されたい。

最後に「平和研究」について紹介しておく。一九六七年は、日本の平和研究の離陸の年といわれる。この年、日本政治国際学会の春季研究大会で、初めて研究部会が設けられ、武者小路公秀と細谷千博が報告を行っている。一九六八年に注目すべきユニークな著作として、石田雄『平和の政治学』(岩波書店)が刊行された。また六九年には、『平和研究入門――国際政治の力学』(講談社)が発表されている。この著作は、日本の平和研究の一里塚であるといっても過言ではない。一九七一年には宮田光雄『非武装国民抵抗の思想』(岩波書店)が刊行された。本書は、激動する国際情勢の中で平和憲法の意図する非武装平和の理念こそ新しい平和を切り開く原点であるとして、平和教育の重要性を強調する(臼井久和)。一九七〇年代に入って、「平和研究」は、視座の面でまた方法論においても、六〇年代とは重きを異にするいわば揺籃期をむかえたといわれる。そのひとつに、一九七三年九月の日本平和学会の設立があげられる。その会則で、「国際間紛争に重点を置き、これに関連したあらゆる紛争の諸原因と平和の諸条件に関する科学的研究を行い、関連諸領域の学問的発展に資することを謳っている。その機関誌『平和研究』は、一九七六年から刊行され、また『核時代の平和学』(時事通信社、一九七六年)も出版された。『国際政治』の特集、54号の刊行もこうした流れに呼応している。高柳先男は七〇年代の「平和研究」の新たな研究視座となる「構造的暴力」論や「構造的帝国主義」論により多く言及している。また、坂本義和は『平和――その現実と認識』(毎日新聞社、一九七六年)において、研究主体の発想や考え方そのものの転換と変換を求めている。川田侃や西川潤は「南北問題」を経済学の分野にとどめず、「平和研究」に取り入れる努力を行っている。先述の(エ)にある西川は、「東西問題」の権力的な枠組みの中で「南北問題」に対処しようとする発想を批判した。この認識は、近代化論を批判する第三世界の経済学者と接合する中心――周辺理論による新・帝国主義論への展開へ導く(佐藤幸男)。なお川田の著作として、『現代国際経済論』(岩波書店、一九六七年)、『軍事経済と平和研究』（東京大学出版会、一九六九年）、『自立する第三世界と日本——現代における平和の構造』（日本経営出版会、一九七七年）がある。

関寛治は、「平和研究」が本来的にもつ学際性、とりわけ隣接諸科学との連携を強調している。そして、国際政治の状況をただ単に軍事的・経済的・文化的側面を個々に検討するのではなく、全体的な把握を通して構造的な変化に光を当てる重要性を指摘している。同時に、国際政治の主体である国民国家体系に固執するのではなく、これを突き崩しつつある諸アクターにも目を向ける必要性を説く。関の著作としては、『危機の認識』（福村出版、一九六九年）、『国際体系論の基礎』（東京大学出版会、一九六九年）、『危機の深みに立って』（ダイヤモンド社、一九七〇年）、『地球政治学の構想』（日本経済新聞社、一九七七年）がある。先述の著作で坂本は、東西問題と南北問題をそれぞれ分離して捉えるのではなく、南北問題の中で東西問題をも捉え直す作業が必要であり、南北問題と取り組むことは、「南」の問題の解決を探ることのなかで「北」自身の現実や思想に挑戦し、その問題性を捉え直す作業の重要性を説いている。こうした坂本の問題認識は武者小路公秀によっても強調されている。武者小路は日本の政治学は「北」の政治学として規定するのではなく、「北の政治学」と「第三世界の政治学」との対抗的相補性を自らのなかにつくりだしながら両者の対話の場を提供する事を課題とすべきだと指摘している。

それでは第四節に移る前にこれまでの流れを簡単に要約しておこう。「第二次大戦直後、国際関係研究者のもっとも重要なイッシューは戦争と平和の問題であり、日中戦争と太平洋戦争の原因究明が盛んに行われた」と指摘されている。そして「冷戦がエスカレートするに伴い、権力アプローチにもとづく研究やイデオロギー的色彩の強い研究も活発化した。H・モーゲンソー、

E・H・カーそしてG・F・ケナンの著作は、日本の国際関係研究に強い影響を与えた。理想主義者と現実主義者の大論争は、――研究者、ジャーナリスト、そして政党を巻き込んだ現実の外交政策論争としても展開した。日米講和条約、日米安保改訂をめぐる論議がその代表例である。一九五〇年代、六〇年代に米国で発展した行動科学は、日本の国際関係研究に大きな刺激を与えた。――とくにその影響を強く受けたのが、日本の若い研究者たちであった。――ヨーロッパの歴史的アプローチで育った研究者やマルクス主義者たちは、アメリカのアプローチの性急な導入には批判的であった。結果としては、アメリカ政治学の紹介はバランスがとれていたと思われる。行動主義のアプローチの適用とその改良は、平和研究への関心の増大とともに、一九七〇年代の国際理論の研究の特徴となった。――しかし、オリジナルな国際理論が提示されることは七〇年代にはほとんどなかった」[4]。ここでも「オリジナル」の欠如が強調されている。この点は、現実の日本政治に見られる米国追従とそれに対応した学会全体の暗黙、公然たる追認、支持と相関関係にあるのかもしれない。その意味で、日本国際政治学研究のオリジナル性を、当分の間見出すことは相当に難しい。

5　一九七七―一九八六年度

この時期の研究の流れを知る上で有益なものとして、『国際政治』一〇〇号所収の石川一雄・大芝亮「一九八〇年代の日本における国際関係研究」がある。この論文は一九八八年に日本国際政治学会の会員に対するアンケート調査に基づいて行われている。調査の回答率は約二七%で、

図表 9-3　1977-1986年度

56	一九三〇年代の日本外交	(イ)a
57	第三世界政治家研究	(エ)
58	日英関係の史的展開	(イ)b
59	非国家的行為体と国際関係	(ウ)
60	国際経済の政治学	(ウ)
61・62	戦後日本の国際政治学	(ウ)
63	現代の安全保障	(ア)
64	国際開発論	(ウ)
65	社会主義とナショナリズム	保留
66	変動期における東アジアと日本	(イ)b
67	相互浸透システムと国際理論	(ウ)
68	日豪関係の史的展開	(イ)b
69	国際関係思想	(ウ)
70	冷戦期アメリカ外交の再検討	(イ)c
71	日本外交の思想	(イ)a
72	第二次大戦前夜	(ア)
73	中東——一九七〇年代の政治変動	(エ)
74	国際政治の理論と実証	(ウ)
75	日本外交の非正式チャンネル	(イ)a
76	国際組織と体制変化	保留
77	国際統合の研究	(エ)
78	東アジアの新しい国際環境	(エ)
79	日本・カナダ関係の史的展望	(イ)b
80	現代の軍縮問題	(ア)
81	ソ連圏諸国の内政と外交	(エ)

82	世界システム論	(ウ)
83	科学技術と国際政治	(ア)
30周年記念号	平和と安全——日本の選択	(ア)
84	アジアの民族と国家	(エ)

注：(ア)「戦争と平和」に関する研究，(イ)「外交」(「外交史」も含む) に関する研究，(ウ)「国際政治理論」—理論，思想，関係史—に関する研究，(エ)「地域」に関する研究 (「地域研究」，なおどの領域にも分類し難いものは「保留」としている。

一二〇〇名の会員の内回答者は三二九名であることから、回答者の絶対数の少なさから調査結果に安易に依存することのないように心がけた、と述べられている。

そこではまず次のような事が指摘されている。日本国際政治学会会員の特徴として、会員数が現在約一二〇〇名で、日本国内では最大規模の一つであり、[5]会員は、主に国際政治学、外交史、地域研究を専攻分野としていて、その他に国際法、国際経済学、平和研究を専門とする研究者がいる。実際は、これらの研究者は、二つの分野で研究をしている。たとえば、歴史家が国際政治の理論モデルを提示したり、国際政治学者が歴史研究をするのはきわめて一般的なことだ、と述べている。(図表9-4参照) 次に研究対象について紹介しよう。研究者の約半数が、重要な国際関係の問題として、東西問題をあげているものの、実際にこの問題を専攻する研究者数は少なく、この分野を適切にカバーできるだけの学問的業績も十分でないと、石川、大芝は指摘している。

次に重要な問題とされるのが、「先進国間経済摩擦」の問題である。この問題の研究は集中的に行われていること、今後とも多くの研究者の関心を集めることが述べられている。そして、「南北問題」、「ナショナリズム、宗教、イデオロギー」、「グローバルな課題」(資源、環

図表９－４　日本国際政治学会会員の専攻分野 (N=329)

	国際政治学	外交史	地域研究	国際経済学	国際法	平和研究
国際政治学	204	60	94	20	10	24
外交史	60	111	43	3	3	6
地域研究	94	43	142	9	4	13
国際経済学	20	3	9	25	0	4
国際法	10	3	4	0	25	0
平和研究	24	6	13	4	0	33

図表９－５　国際政治学における個別専攻分野 (複数回答可) (N=329)

(1)	国際関係理論一般	21.6%
(2)	国際機構	6.7
(3)	EC研究	4.0
(4)	トランスナショナル関係	8.5
(5)	国際政治経済	17.3
(6)	南北問題	14.3
(7)	先進国間経済摩擦	7.3
(8)	政策決定	13.4
(9)	安全保障	18.5
(10)	軍縮	10.9
(11)	戦略論	9.4
(12)	マルクス主義国際政治論	4.9
(13)	米ソ関係	11.9
(14)	米中関係	5.5
(15)	中ソ関係	5.8
(16)	日米関係	17.6
(17)	日中関係	7.3
(18)	日ソ関係	7.0

境、食料等）と順に続いている。国際政治経済を専攻する日本の研究者は、一九七〇年代初頭には「南北問題」の研究に専心していたが、先進国経済摩擦がエスカレートして以来、その研究関心は南北問題と北北問題へと多様化していることがわかる。（図表9－5参照）また「ナショナリズム、宗教、イデオロギー」の問題は、地域的軍事危機の直接的原因と見られている、と言及している。これに対して、希少な天然資源、環境、食料問題などの地域的課題には、先の諸問題ほどは重要性を認められてない。

ところで、「日本の研究者の用いる主な研究アプローチ」において、石川、大芝は、日本では歴史的アプローチや権力均衡アプローチのような伝統的アプローチが支配的とみなされていると述べている。また伝統的アプローチが広く受容されている背景として、日本の研究者が国際関係の理論的アプローチの追及に熱心ではないことに言及して、その例として、日本では計量的アプローチがもっとも人気のない方法であること、また調査の回答者の半数が行動科学的アプローチに関して「問題がある」、あるいは「無関心」と答え、研究価値を認めていないことが分かる、と述べている。これに対して、世界システム論と政策決定論が支配的と見られている。この二つは、回答者の六〇％以上が「極めて盛ん」、あるいは「盛ん」としている。（図表9－6・図表9－7参照）このように石川、大芝は指摘しながら、そこにはアメリカの強い影響を受けて国際政治経済学が日本で流行していると見ている。また政策決定論が支配的アプローチとなっていることが調査から分かるのだが、アメリカと異なり、日本の研究者がこのアプローチを歴史研究の道具の一つとして用いる傾向が強く、アプローチそれ自体の研究は多くないことが分かる。（図表9－8参照）この点は日本の国際関係研究の特徴となっており、オリジナルな政策決定モデルの提示

図表 9-6　問題の重要性

現在のグローバルな国際関係の基本構造を決定する上で，以下の問題・要因のうち，どれがもっとも重要とお考えですか

(N=329)

	もっとも重要(%)	二番目に重要(%)
東　西　関　係	49.8	15.5
先進国間経済摩擦	14.0	26.7
南　北　問　題	10.6	22.8
グローバルな課題（資源，環境，食料等）	9.4	13.7
ナショナリズム，宗教，イデオロギー	13.1	15.5
NA（無回答）	4.0	5.8

図表 9-7　行動科学的アプローチの評価

いわゆる「行動科学」的アプローチ（これまでに行われたデータ分析，モデル構築，理論化等の総称と考えてください）について，どのように受けとめていますか

(N=329)

(1)　もっと積極的に導入すべきである	26.1%
(2)　もう十分消化している	7.3
(3)　アプローチそのものに問題がある	37.4
(4)　関心がない	14.0
(5)　その他	6.1
不明	9.1

図表9－8　支配的アプローチ

最近のわが国の国際関係研究においてどのようなアプローチが支配的だと思いますか

(N＝329)

	(1) 極めて盛ん (%)	(2) 盛ん (%)	(3) 盛んではない (%)	
(1) 歴史的アプローチ	26.4	32.5	41.1	100
(2) 勢力均衡論	21.3	32.8	45.9	100
(3) 世界システム論	18.5	42.4	39.9	100
(4) 政策決定論	18.2	44.1	37.7	100
(5) システム論	17.0	37.1	45.9	100
(6) トランスナショナル	10.6	38.9	50.5	100
(7) 計量的アプローチ	8.2	25.8	66.0	100
(8) レジーム論	7.3	31.3	61.4	100
(9) 従属理論	5.2	36.5	58.4	100

は殆ど見られていない、と彼らは述べている。

次に「研究上の主要な弱点」について紹介しておく。日本の研究者は、アメリカの研究を直輸入して、それを日本的に応用することを繰り返してきたことが、ここでも指摘されている。石川、大芝は、日本の研究者がオリジナルな理論構築には熱心でなく、日本の外交史家の研究方法が、政策決定理論を歴史研究の主要な道具として用いることが多く、モデルそのものの改良にはあまり関心がなく、オリジナルなモデルを提示したものは少ないと、ここでも繰り返し言及している。先に見た計量的アプローチへの否定的姿勢は、アメリカのそれと比べても注目すべきであると彼らは述べているが、その際、日本への計量的アプローチの紹介は、アメリカで既に行われたそのアプローチに対する批判と一緒に持ち込まれたことから、比較的醒めた眼差しでこれを受け止めたことにも起因する、と論じている。また日本では方法論への関心が強く、ウェーバーやマルクスの研究が盛んであることから、国際関係研究の分野でも方法論としての行動科学的アプローチそのものへの批判が受け入れられたこと、マルクス主義者からの批判が影響力を持ったことが紹介されている。とりわけ八〇年代には、世界システム理論への関心がとくに若い研究者の間に強いことを、かつて年長の世代が行動科学的アプローチの導入に熱心だったことと対比しながら、石川、大芝は述べている。ここでもまた彼らは、日本の研究者がこの理論を応用した研究を多数生み出す一方で、オリジナルな世界システム理論を開発できるかどうか分からない、と言う。そして、オリジナルな理論を提供するためには、安全保障、開発、地域的課題といった重要な具体的課題に関して日本の研究が持つ弱点の克服が不可欠、と説いている。そして最後に、両者は、アメリカの国際関係理論が世界各国の国際関係学会で支配的となっていること、そうした知的ヘゲモニーがおそらく国際関係におけるアメリカの支配的国家権力にもとづいていることを、アメリカの研究者の長い研究努力の成果であることをも認めながら、的確に描いている。そして、彼らは、アメリカの諸理論はすぐれてパローキアルな性格を持っていることを指摘しながら、日本の研究者も自らの行う分析のパローキアルさを認識すると同時に、自分たちの国家的視座と人間的価値とに基づいた重要な研究対象の発見をしなければならない、と論じている。

ところでこの時期の研究の特徴に関して別の論者の口を借りてみるとき、これまでの紹介とは少し異なった内容となっている。第三節で取り上げた関寛治が言うように、「事例研究をこえた独創的理論の創造という面では必ずしも十分の努力が行われたとは言い難い」と位置づけられた以前の研究状況と比較して、「ようやく日本独自の新しい理論構築が行われようとしている時期として、七〇年代中期以降に期待の目を向けることができる」と前掲の細谷は見ている。たとえばその例として、細谷は武者小路が『国際政治を見る眼』のなかで、冷戦期を西洋国民国家体系が崩壊して、新しい国際体系が出現するまでの過渡期と規定したことを引き合いに出しながら、「戦後の国際政治学の『正統派』が、国民国家を中心に、国際政治をその間で行われるパワーをめぐるビリアード・ゲームとしてこれをとらえてきたのに対し、今や『国民国家の再検討』が国際政治理論の中心課題のひとつとして登場してきているやに見える」と述べて、「非国家的行為体の存在、活動や世界政治の場でのそれらの相互作用に目を向ける研究の数が増加していることは一九八〇年度の日本国際政治学会の『国際政治』特集からも窺える。それはもとよりJ・ナイやR・コヘーンらの研究により触発された新しい動向があることは否めないが、同時にECをはじめとする様々な国際統合体や都市、多国籍企業などのトランス・ナショナル・アクターの存在やまたケベックやスコットランドの地方分離・分権運動をとりこんだ新しい国際政治学のパラダイムをつくる必要性を日本人なりに自覚しはじめたことを意味しているのだろう。平和憲法を持つ、国際社会でのユニークな存在として、また相互依存の国際経済体系なくしては存立の基盤を失う、わが国の国民国家としてのありようが、まさに問い直される時期にきたものといえる」と論じている。もっともそうは言っても次のような指摘も見られる。『国際政治』60号にあるように、「国際関係の政治経済学は近年研究関心をとくに喚起している分野の一つである。政治と経済の一体的把握、あるいは国際政治と国内政治との統一的理解は、本来マルクス主義の得意とするところであり、戦前からのマルクス主義の伝統の強い日本の学会において、この分野で国際的

図表9－9　1987-1996年度

85	日本占領の多角的研究	(イ)a
86	地域紛争と国際理論	(ア)，(ウ)
87	国際社会における人間の移動	保留
88	現代アフリカの政治と国際関係	(エ)
89	第二次世界大戦終結の諸相	(ア)
90	転換期の核抑止と軍備管理	(ア)
91	日中戦争から日米英戦争へ	(イ)b
92	朝鮮半島の国際政治	(エ)
93	国際政治経済学の模索	(ウ)
94	政治統合に向かうＥＣ	(エ)
95	中ソ関係と国際環境	(エ)
96	一九二〇年代欧州の国際関係	(エ)
97	昭和期における外交と経済	(イ)a
98	ラテンアメリカ	(エ)
99	共産圏の崩壊と社会主義	(エ)
100	冷戦とその後　第100号記念特別号	(ア)
101	国家主権と国際関係論	(ウ)
102	環太平洋国際関係史のイメージ	(エ)
103	変容する国際社会と国連	保留
104	ＣＩＳの行方	(エ)
105	一九五〇年代の国際政治	(ウ)
106	システム変動期の国際協調	保留
107	冷戦変容期の国際政治	保留
108	武器移転の研究	(ア)
109	終戦外交と戦後構想	(ア)

110	エスニシティとEU	(エ)
111	グローバル・システムの変容	保留
112	改革・解放以後の中国	(エ)
113	マルチメディア時代の国際政治	保留
114	グローバリズム・リージョナリズム・ナショナリズム	(ウ)

注：(ア)「戦争と平和」に関する研究，(イ)「外交」(「外交史」も含む) に関する研究，(ウ)「国際政治理論」—理論，思想，関係史—に関する研究，(エ)「地域」に関する研究(「地域研究」，なおどの領域にも分類し難いものは「保留」としている。

寄与をなしうるところも多いのではないかと思われる。さらに、殖民政策学の有力な伝統のあったことを想起すると、このような期待は一層強められる。しかしそれにもかかわらず、従属理論や新帝国主義論といった領域で、いぜんとして国際的に輸入超過現象が目立つのはどうしたことだろうか」と述べられている。

6　一九八七—一九九六年度

この時期になると、(ア)「戦争と平和」に関する研究といった区分が成り立たない状態になっている。この範疇に納められない状況の変化が見られたということによる。事実この(ア)に含まれる研究は少なくなっている。もともとそこにはただ単に戦争と平和という意味を越えて、日本と日本人にとって一体「戦争と平和」とはどんな意味があるのか、そうした観点からの設定がなされていた。それゆえ、安全保障、軍縮、平和研究の領域に位置付けるよりも、こうした(ア)の設定の方が適切であると筆者は見ていた。しかし、それはもう第三節の頃からもいえることであったが、第五節の頃には、日本と日本人にとっての戦争と平和といった観点は非常に薄まってきている。そのこと自体が国民国家としての国家の比重の低下を反映しているといえよう。「はじめに」において述べたように、(ア)の研究は、本来は国際政治理論の安全保障と軍縮、あるいは平和研究に該当するものだが、日本の歴史と国際政治学会の設立期の事情を踏まえて、あえてこのような設定にした。しかし本来の研究区分がふさわしい状況に変わってきており、その意味では、日本も次第にグローバル化の流れの中で国民国家の変容(国家としての紐帯の弛緩)を経験しているといえよう。

そうしたことを端的に示している研究の流れがこの時期目に付く。『国際政治』86号、87号、93号、100号、114号はそうした研究の方向性を示している。そのなかでも87号平野健一郎の「ヒトの国際的移動と国際関係の理論」のなかで平野は、これまで通常の人間がつまり、自己の日常生活過中にあくせくする市井の人間が、国際関係理論のなかでほとんど顧みられなかったことを指摘し、今日そうしたヒトの国際的移動が国際政治ならびに国際関係に与える大きな影響力をふまえた研究の必要性を訴える。平野は従来のリアリストの国際政治理論においても、またリベラリストの国際関係理論においても、そうした通常のヒトがその理論の担い手として認められることのなかったことを指摘している。たとえば、国際的接触・交流のチャンネルの具体的例として、相互依存論が主要な行為主体(これまでは政府関係者あるいは多国籍企業がその担い手であった)としてヒトを視野の外に置いていたことを問題視している。これに関連して、平野の知見にしたがえば、国家を中心とした、前提とした国家統合、地域統合あるいはトランスナショナル・リレーションズに関する研究を、「ヒト」を中心とした、前提としたそれへと今後益々変化させていくことが望まれる。

この他、鴨武彦の講演「基調講演:グローバリズム・リージョナリズム・ナショナリズム――

二一世紀の役割を模索するアジア」(114号所収)において鴨は、混迷を極める国際政治学の学問的状況について、「グローバルなレベルでの冷戦の終焉が国際紛争の終焉を決して意味しないし、国家間紛争も国内紛争もそれぞれの地域において冷戦終焉後にむしろ増加さえしている。グローバルな秩序および地域的秩序においては不安定性と不透明性が存在している」ことを指摘しながら、「重要なことは今日の理論的枠組みだけではなく、認識およびパラダイムも深刻な対立のなかにあり対立しあう認識やパラダイムはそれぞれがまるで全く異なる世界に所属しているかのようにすら見えることである」と言及している。こうした国際政治学の混迷状況については、遠藤誠治も、「二〇世紀の終わりを迎えて、国際政治学は激しく分裂しており、歴史的変化の下で、学問内容のみならず存在意義自体が根本から問われているといっても過言ではない。カル・ホルステイが国際政治研究を『分裂する学問』と呼んだのは、一九八五年であったが、それ以後、国際政治学における内部分裂は激しさを増している。……国際政治学の現状では、同じ学問領域を構成するはずの研究者たちが共有すべき学問の中心的課題、分析対象たる国際政治を構成する基本的な単位、研究の中心テーマや争点、そして研究上の方法論や検証手続きなどに関する基本的な共通了解が失われてしまっているのである」と、同様の見方が示されていて興味深い(遠藤誠治「現代国際政治学と二〇世紀」日本政治学会編著『二〇世紀の政治学』(岩波書店、一九九九年))。

遠藤も指摘するように、「従来のような国家を中心的な単位とする国際システムといった分析枠組みや概念では、国境横断的に展開する現実の政治経済現象を十分に理解することができなくなりつつある」。鴨や遠藤の指摘は、逆にいえば、従来とは異なる視点や方向性の研究が行われるようになったことから、これまでの視点と方向性における対立とそれに由来する不整合性を物壇をリードしてきた坂本義和氏を髣髴とさせる著作を発表してきた。『世界政治をどう見るか』は、まさに氏の日本への迸る思いが溢れている。今日の「右傾化」の流れに抗して、氏はなんとか日本が、日本の政治が、新しい世界秩序を切り開ける対外政策を提言するために必要な構想をめぐらしながら論を展開している。そこには人並みはずれた真面目さと熱意と同時に、ある種の痛々しさを感じざるを得ない。一方筆者は、この鴨氏の著作や訳書にもある民主主義の理解の仕方にいわゆるリベラリストの特徴と限界を垣間見てしまうのである。リベラリストであれ、リアリストであれ、覇権システムとその秩序を不問に付した、或いはそれと始めから抵抗、対抗できない論理を内包しているように思われる。「民主主義による平和」論は、その代表的見解として位置付けられるが、鴨氏の民主主義理解にはある種牧歌的なものを感じざるを得ない。本章の作業のために『国際政治』所収の氏の論考を読ませて頂いたが、改めて氏の論文作成における資料の選択からその整理と論理展開にいたる周到さと労を惜しまない態度には敬服せざるをえなかった。第五節で引用した氏の講演論文を読みながらどれほどの思いで講演のための準備をしていたかが忍ばれる。

コラム　鴨武彦（一九四二―一九九六）

溢れんばかりの情熱を込めて二一世紀の日本の生き方を語っているこの人は一体どのような先生だろうか。『世界政治をどう見るか』（岩波新書）を読まれた読者の多くはそんな思いを感じたのではあるまいか。そこで紹介された氏の略歴は次のとおりである。一九四二年、東京に生まれる。一九六六年早稲田大学政治経済学部卒業。エール大学・D・。一九八一―八九年早稲田大学法学部教授。現在――東京大学法学部教授。専攻――国際政治学。

この略歴にはないが、インターネット検索（マイペディア）ではこの他以下のことがわかる。一九九六年一二月一七日没。坂本義和の後任として一九八九年に東京大学に赴任。一九九一年、『国際安全保障の構想』で第一二回石橋湛山賞を受賞。一九九四年から一九九六年まで日本国際政治学会理事長。主な著書に、『軍縮と平和への構想――国際政治からの接近』、『国際統合論の研究』、『変革の時代の外交と内政』、『国際安全保障の構想』、『ヨーロッパ統合』、『世界政治をどう見るか』他。

それにしても早すぎる死である。まさに平和と安全保障の問題に対して「理想主義」の立場から日本の論語っているともいえるだろう。そこには国際政治学という学問が、変転する現実の世界政治の流れに大きく影響されていることがわかるであろう。たとえば、そうした点を踏まえた研究の流れは、86号の巻頭論文（石川一雄「エスノポリティックスの構図——エスニックな要求と紛争規制」）にもはっきりと見られる。そこで石川は、「国民国家」へと統合されていく中央集権体制化のプロセスを、そこへ糾合・同化されていかざるをえないエスニック集団から捉えなおす研究の必要性を説く。これまで望ましくまた当然のごとくされてきた国家への統合を先のような視点から描きなおすことによって、「国際統合論者等が脱国家・超国家の姿勢を打ち出したのは、国家そのものを否定するためではなく、国家という巨大化した『人間集団』——それが営む制度化された巨大な集合行為があらわにした非人間的な局面を克服するためであったはずである。現在の世界における主権国家の限界認識それへの幻滅と絶望は、実際には人間の集合行為、諸集団の共存の在り方への限界認識であり、幻滅であったはずである。行為の起点を超国家政治体へ移しても、その意味からすれば、本来何の問題の解決にもならない。村や町のレベルであれ、国家レベルであれ、国際機構レベルであれ、異質なものとの共存という政治的・社会的課題は共通であり、重い課題として絶えず担い続けなければならないのである。」と論じている。

また、この時期は先に示したように国民国家の比重の低下とそれに関連した政治経済におけるグローバルな動きを反映してか、研究対象も従来あまり顧みられなかった研究が注目されたことも、この時期の特徴である。たとえば、106号、111号はそうした方向を示している。

(エ)地域研究として位置付けられる92号は、今日の地点から一九八九年という時期を振り返ってみるとき、まさにタイムリーな企画であったことがわかる。日本の国際政治学の研究における東アジア地域は、他のアジア諸地域と同様に益々重要となってくるであろう。とくに二一世紀の日本の歩みを語る際に、東アジアは圧倒的な重みをもつことは否定できない。そうした意味でこの92号と同様に、中国は非常に重要な鍵を握っている。筆者は、今や中国は米国との「覇権連合」を形成・発展させており、二一世紀の中頃には覇権国として注目されるとみている。こうした観点から、国際政治、国際関係に占める中国の位置とその影響力についてさらなる研究が望まれている。その際、先の朝鮮半島における南北朝鮮関係と統一後の中国と朝鮮半島は「一枚岩」としての政治経済勢力として台頭するかどうかの視点からの研究も不可欠である。そのためにも、まず中国の歩みを、再検討することが重要な意味をもつ。その際、中国にとってソ連との関係はどのような意味を持ったのか、あるいは中国が社会主義体制を選択したのはどのような意味があったのかについて、改めて再考察される必要があるだろう。95号、99号はそうした研究の方向性を示している。

また、この時期の「地域研究」から教えられることは、国際政治理論にみられるように、「国家」を国際政治の中心的アクターとする見方にかえた動きが次第に強まるなかで、なおアジア・アフリカ諸国は「国民(民族)国家」建設の途上にあり、「近代化」の真っ只中にあるということである。こうした点については、小田英郎(「序論　現代アフリカの政治と国際政治」88号所収)もいうように、まさに先進国とは正反対の流れがある。よって、こうした一方における「ボーダレス化」と他方における「ボーダフル化」がいったいどのような関係に置かれているのかについて、国際政治学、国際関係論の研究が今後益々必要となってくるであろう。

なお順序は前後するが、「外交史」に関して、102号の「編集後記」の大畑篤四郎の以下のくだりを紹介しておく。大畑は、本来この号では「日本外交史」の特集を組む予定であったのだが、その範囲を少し広げ環太平洋地域におよぶ特集を組んだことを述べている。その際、「通常の外交史と異なり、国家の外交政策や外交交渉の問題ではなく、国際問題に対する私人や団体の考え方、意見、提言、それらを一括してイメージという表現でとらえ、特集を組ませていただいた。非政府的外交は国家が行うものであるが、国家はまた人間や人間集団によってつくられている。非政府的な立場であるが、彼等も外交、国際問題に対してさまざまなイメージをもっている。それは表面にあらわれた形で表明される場合もあり、そうでない場合もある。またそれが政府の政策に影響を及ぼし、とりいれられる場合もあるし、全く無視される場合もある。しかしそうしたさまざまの主張が行われ、イメージがもたれたということに照明をあてることは必要であり、示唆するところがあるのではないか。これが本号の編集の意図であり、ねらいである。」と述べている。ここにもはっきりと「外交」の研究とその方向性が、以前の時期と異なってきていることが示されている。他の分野と同様に「外交史」にもそうした影響を読みとることができる。

7　一九九七年—二〇〇四年度

(ア)残念ながらここに該当するものはない。創刊号での神川理事長の言葉を思い起こす時、やはり隔世の感は否めない。ただ、「戦争と平和」に関する研究に込められていた、日本と日本人にとってのある種特別な思いと思い入れが消えていった結果、この範疇それ自体の設定がかなり難しくなってきたということではあるまいか。そのことは、(ウ)「国際政治学」に関する研究—理論、

図表9－10　1997年-2004年度

115	日米安保体制――持続と変容	(イ)b
116	ＡＳＥＡＮ全体像の検証	(エ)
117	安全保障の理論と政策	(ウ)
118	米中関係史	(エ)
119	国際的行為主体の再検討	保留
120	国際政治のなかの沖縄	(イ)a
121	宗教と国際政治	保留
122	両大戦間期の国際関係史	(ウ)
123	転換期のアフリカ	(エ)
124	国際政治理論の再構築	(ウ)
125	「民主化」と国際政治・経済	(ウ)
126	冷戦の終焉と六〇年代性	(ウ)
127	南アジアの国家と国際関係	(エ)
128	比較政治と国際政治の間	(ウ)
129	国際政治と文化研究	(ウ)
130	現代史としてのベトナム戦争	(ウ)
131	「民主化」以後のラテンアメリカ政治	(エ)
132	国際関係の制度化	保留
133	多国間主義の検証	(ウ)
134	冷戦史の再検討	(ウ)
135	東アジアの地域協力と安全保障	(エ)
136	国際政治研究の先端(2)	(ウ)
137	グローバルな公共秩序の理論をめざして――国連・国家・市民社会	(ウ)
138	中央アジア・カフカス	(エ)

注：(ア)「戦争と平和」に関する研究，(イ)「外交」(「外交史」も含む) に関する研究，(ウ)「国際政治理論」―理論，思想，関係史―に関する研究，(エ)「地域」に関する研究 (「地域研究」，なおどの領域にも分類し難いものは「保留」としている。

思想、歴史、関係史―が充実していく流れにも示されている。

(イ)に関して、ここには、115号、120号を含めたが、そのうち前者は、予め設定した研究の整理区分の「外交」(「外交史」も含む)の日本と他の諸国との外交関係を扱った研究範疇に、そして後者は、主として日本を中心とした日本研究の範疇にそれぞれ区分した。しかし、これらの「外交」研究は、先に示した(ウ)の研究範疇に含める方がより適切なのかもしれない。このことは、「外交」研究も、そこに込められていたかつての日本と日本人にとっての、格別の思いの「歴史」が希薄となるにつれて、次第にその重点と内容が変化していることを表していると見てよい。

「冷戦」体制の「崩壊」以後、日米安保体制の研究がどのように推移していくかは興味のあるところだが、115号の「序説　日米安保体制――持続と変容(原　彬久)」において、「日米安保体制が『冷戦』を説明根拠としていたこと、そして同体制がその説明根拠よりもさらに深いところの『理由』によって支えられてきたということ」が指摘される。冷戦体制の崩壊が安保体制の終焉を導かないことを見ても、深い理由の存在が示されるが、そこには日本のそれ以上に「アメリカの安全」(アメリカの領土、国民、政治経済体制の保全を含む)という理由が存在していたことが強調される。またそのことが、「冷戦」喪失による日米安保体制の揺らぎに危機感を抱いた国防次官補ジョセフ・ナイ(Joseph Nye)」の「ナイ・イニシアティブ」による安保体制の見直しへとつながっていくことが語られる。本号は、こうした観点を前提としながら、日米安保体制の歴史的考察と、冷戦後の日米安保体制が抱える問題の理論的検討に関する研究が収められている。

(ウ)に関しては、田中明彦は「序章　国際政治理論の再構築(124号所収)」において、現代の国際政治理論が再構築される時期にきていることを述べている。田中は、冷戦の終結により従来の国際政治学では現実的な対応ができないということから国際政治論の再構築が必要であるというのではないと指摘しながら、その一方で「冷戦時代の国際政治学が冷戦についてどれほど満足のいく理論的説明を与えていたのか、はなはだ心もとない。」と謙虚に述べている。

さらに田中は次のように論じている。「いま国際政治理論の再構築が望まれるのは、第一に国際政治学が取り扱うべき対象が著しく変化していること、たとえばグローバリゼーションと反グローバリゼーション、民主化と人権問題、多国籍企業やNGOの活躍、破綻国家や内戦、核不拡散レジームの行方、伝統的安全保障と人間の安全保障などを対象にしていること、第二に北米における国際政治理論の変化、七〇年代後半から八〇年代における北米の国際政治理論論争の狭隘さから八〇年代半ばから九〇年代における理論の拡がりが見られたということ、第三に第二を受けて日本の学界においてもその影響を受けて再構築が認識された」ことを述べている。

また日本の国際政治学の特徴に関して次のように言及している。「日本の国際政治学（とりわけ理論研究）の特徴は、二重の輸入学問という特徴であった。……北米の国際政治学自身が他分野からの輸入学問であるという特徴が強かった。日本の理論研究者は、それをさらに輸入したといえるだろう。したがって、誤解・誤読の可能性はきわめて高く、時に辛らつな批判者たちからは、日本人のいわゆる『理論研究』は『紹介』ばかりで何をいっているのかわからないといわれるようになった。」もっとも田中も言うように一九七〇年代頃から北米で研究した研究者たちが増大した結果、「北米の同業者が輸入したその輸入元に遡って、輸入する価値があるかどうかを検討するようになったし、自ら他分野からの輸入を図るものも出てきたし、さらに他分野とはそれなりに独立して学問体系を構築しようとする動きも見えないわけでもない。」ことを指摘している。

そして北米の、またその他世界の他地域の学会との対話の基礎を再び形成する必要性からも理論の再構築が求められると田中は言う。もとよりそのことは、「日本の研究者が第二次輸入業者となることではない」し、「世界の国際政治学が、新たな対象を前にして、輸入学問から脱却し、自前の学問として成長していくことに寄与するものでなければならない。」田中はそれに付随して、「学問の再構築のためには、単なる『輸入』以上の自らの頭で考える理論構築が望まれる」と強調している。また田中は、一九六〇年代頃から一九八〇年代にかけて北米においても日本においても国際政治の「古典思想」についての本格的研究が少なかったことを指摘しながら、国際政治研究の一つの柱として、国際政治思想論が一九九〇年代以降、北米において見られるようになり、そのことが日本の研究者にも影響を与えていると述べている。(6)

恒川恵市の「「民主化」と国際政治・経済（125号所収）」は、従来「国民国家」を前提として、それとの観点で論じられてきた民主化とそれに関わる問題を、国際政治や国際経済との関係で捉える研究の流れが大きくなってきている事を示している。そこには、比較政治学の対象とする民主化が、国際政治と何らかの接点を持つようになった流れが存在していると見てよい。その意味では恒川も指摘しているように、「冷戦の終焉」と呼ばれる現象の影響が大きく関わっているとも言える。そのことは、126号の管英輝「冷戦の終焉と六〇年代性——国際政治の文脈において」にも垣間見られる。

なおこの他、国際政治研究において文化を中心に国際政治の研究を進める流れが示されるようになったのも注目される一つの変化である。関根政美、129号の巻頭論文「序論　文化と国際政治」はこうした文化研究の重要性とその意義について示している。関根はそこで、「文化と国際政治を結びつけた観点からの研究が少ないことがしばしば指摘されてきた。近年、欧米では文化と国際政治に関する研究が増えはじめているにもかかわらず、日本では相変わらずその方面の研究が少ないとの不満が根強い。」と述べている。そこでは以下のことが述べられている。——従来の国際政治学や国際関係研究は、「リアリズム（現実主義）」的な視点からの研究が主流で国際関係は主権国家同士の物理的な力（経済力・軍事力に裏打ちされた政治力）によって規定されるハードな世界であり、文化というソフトな力の入り込む余地はなかったという認識論・方法論上の制約が強かったことが大きい。現実主義あるいはネオリアリズムなどにおいては、国際社会には国家関係を規制する統合的な国際秩序や制度はないか、あってもうまく機能しない「アナーキー状態」が基本にあるとされていたことから、文化の入り込む余地が少なかった。それに対して、国際関係には主権国家間の協調に基く国際秩序の形成や制度化も十分考量すべきだと論じる理想主義やリベラリズムの視点からの研究には文化の視点が入り込む余地はあった。しかし、戦後の冷戦時代においては、戦前の国際連盟の脆弱さや戦後の国際連合の機能不全など問題があったことから、リアリズムやネオリアリズムが優位だった。それ故に、文化と国際政治の研究は等閑視され続けたのであった。また、戦後は近代化論が政治学や社会学において大きな影響力を振るっていたこともあり……いずれ文化的多様性は減少していくとともに世界各地の文化は収斂し、一つの均一な世界文化なり国際文化によって覆われる。……伝統文化へのこだわりは非合理的で偏狭な民族主義の温床だと否定的に捉えられていた。その結果、自ずと文化の視点からの研究は否定的な観点からなされていたことも影響していた。さらにまた……リベラリズムや理想主義にも、近代化論的な考え方が色濃く反映されている。……しかしさまざまな事情（「冷戦の終了により民族紛争が世界各地に発生したこと」、「資本主義のグローバル化」、「移民・難民・外国人労働者などの移動の拡大と先進諸国への定住の事実」、「情報・文化のグローバリゼーション」等）により、文化の問題に国際政治研究が直面せざるをえなくなってきた。……ここにもやはり大きな現実政治の変容を読みとることができる。

また、木畑洋一「序論　国際関係史研究と両大戦間期」（122号所収）は、国際関係史の意義を従来の歴史研究の流れとの関連から以下のような点を教えている。木畑は、これまでの『国際政治』の歴史関係の特集は、数回の「日本外交史研究」など初期に集中しているが、そこには歴史的アプローチから国際関係に取り組む関係者が多かった国際政治学会の初期の状態から、理論的・現状分析的アプローチが主流となった近年の状況への変化がよく示されていること、また同時に歴史的アプローチの内容について、「日本外交史研究」とか「日本外交史の諸問題」といったタイトルに含まれていた「外交史」という言葉が、41号から後には用いられなくなっていることを指摘している。木畑によれば、外交史という言葉に付きまとう対象領域の狭さについての感覚が、その変化の背景にはおそらく存在しているとのことである。国際関係史はこうした伝統的外交史への批判的視点の下で発展してきたと理解できる。

(エ)については、地域研究が「民主化」、「文化」の問題ならびに「宗教」の問題と結び付けられ、従来の地域研究の枠には収まらない流れが見て取れる。そのことは同時に地域研究が従来以上に(ウ)の「国際政治学」の研究領域と相互に重なる傾向が増大していくことを窺わせる。逆にみれば、それはこれまでならば(エ)の研究領域に位置付けられたものが(ウ)のなかに含まれる可能性も意味している。その意味でも、地域研究という研究領域の位置付け方それ自体の妥当性が問われる時期にきていると思われる。

藤原帰一は、128号の「編集後記」において、地域研究と理論研究との関係について次のように述べている。「理論と地域という『国際関係』の右手と左手はしかし、仲が良くなかった。理論分析からすれば、地域の専門家は、できごとの記述に追われるばかりで、その事件がなぜ起こるのか頭を使って考えようとしない、ほとんど、愚か者のようにみえることもあった。地域研究からみれば、理論家たちは現実を分析するというよりは分析用具に合わせて現実の方を切り取り、使えない事実は捨ててしまう野蛮人ではないかと疑われた。国際政治の理論分析と各地域の歴史・動向分析は別の世界に住み分けてしまう。理論家の立てる分析モデルは実証家から吟味されることもなければ、地域研究の成果が新たな理論的発見に貢献することも少なかった。右手と左手が別のことをしていたのでは、もちろん、理論と記述が分かれて良いわけはない。現実から挑戦されない理論に意味はなく、概念を拒む記述は愚かだ。だが、『国際政治理論』と『地域研究』という自足した分野ができると、外から説教をしたくらいでは往来は生まれない。この状況が、最近はもっとひどくなった、と私は思う」と藤原は指摘している。

ところでこれまで筆者は、国際政治学や国際関係論の中心的アクターとしての「国民国家」の比重の低下を当然のように述べてきたが、それは欧米中心史観とも呼ばれるように、先進国に暮らすもののある種の傲慢さを示しているのかもしれない。世界にはこれから「近代化」を推進していかねばならない国や地域がなお多数存在しており、その際、やはり国家が、「国民国家」が中心となることは否定できないからだ。こうした点を、123号の巻頭論文、川端正久「序論　二一世紀アフリカと新たな視座」は教えてくれる。その意味で、我々は二一世紀のこの地点にあっても、たとえグローバル化の流れが今後益々強まっていくにせよ、なお「国民国家」をこれから建設していかねばならない諸地域の存在を銘記しておく必要がある。川端の描くように、「アフリカ・ペシミズム」の観点から従来のアフリカ諸地域の「近代化」を描くのにかえて、「アフリカ・ルネッサンス」の視点から「近代化」を捉える際に、我々は先進国がこれまで進めてきた「近代化」の歩みを、先述した石川一雄の指摘を踏まえながら批判的に再考察すると同時に、そうした視点でもってアフリカ諸地域の「近代化」の歩みを捉えうることのできる研究が今後益々増えることを望むばかりである。

なおこの他、121号の巻頭論文、小杉 泰「序論 現代の宗教復興と国際政治」にもあるように、本来中東を扱う「地域」の号になるはずのものが、宗教の政治的復興というイッシューを合わせる、両義的な号となったとの言及がなされている。ここにも「地域研究」の研究とその方向性が変化しつつあることが窺える。小杉は、「新しい視角から中東を見るために宗教復興ないしは宗教と国際政治のかかわりを取り上げようとすると、中東をこえて対象を拡大することになった」と述べ、「編集後記」においても、「地域」と「イッシュー」とを合わせるような「地域研究」へと研究の流れが移っていることを示している。

日本の国際政治学の歩みを概観してきたが、これを踏まえて国際政治学を勉強される読者のために以下の文献を紹介しておく。これらの文献のなかで紹介されている参考文献や注を合わせて参照されたい。（原彬久編『国際関係学講義（新版）』（有斐閣、二〇〇一年）、初瀬龍平・定形衛・月村太郎編『国際関係のパラダイム』（有信堂、二〇〇一年）、細谷千博監修／横山宏章・野林健編『国際政治の二一世紀像』（有信堂、一九九六年）、松本三郎・大畠英樹・中原喜一郎『テキストブック国際政治（新版）』

（有斐閣、一九九〇年）、石井貫太郎編著『国際関係論のフロンティア』（ミネルヴァ書房、二〇〇三年）、この他、田中明彦『日中関係一九四五―一九九〇』（東京大学出版会、一九九一年）の「注」、中嶋嶺雄著『国際関係論』（中央公論社、一九九二年）の「国際関係論基礎文献」、百瀬宏著『国際関係学』（東京大学出版会、一九九三年）、斎藤孝『国際政治の基礎（増補版）』（有斐閣、一九九二年）

8　おわりに――本章の作業をふり返って

これまで日本の国際政治学の歩みを概観してきたが、最後にここで感想を述べておきたい。まず、日本国際政治学会の創設とその機関誌である『国際政治』の創刊された一九五七年前後に存在した一種独特の雰囲気が、年代を経るごとに薄められている感を抱く。その頃の研究には、なぜ日本はあの無謀な戦争に突入せざるを得なかったのかといった研究者の思いが見え隠れしていた。また朝鮮半島、中国大陸を始めとしたアジア諸国への侵略、加害に対する自責の念と、広島、長崎に投下された原子爆弾による悲惨な被害の歴史といった生々しい原体験をもとにした問題意識とそれに支えられた瑞々しい研究の成果が見られた。それは本章での研究区分としての(ア)と(イ)にまとめられた研究にも垣間見ることができる。つまり、「戦争と平和」、「外交」の研究は、日本と日本人が直接体験せざるをえなかった「アジア・太平洋戦争」へと至る歴史と敗戦後の歴史に密接にかかわっていた。その意味で当時の研究は、研究者の意識するしないにかかわらず、日本と日本人にとっての研究という観点が前面に押し出されているという特徴があった。それは同時に、研究の幅をある面狭める傾向があったともいえる。年代を経るにしたがい、日本と日本人にとっての研究といった問題意識は次第に陰を薄め、逆により多面的な、多角的且つ緻密な研究の成果が得られるようになった。そのことはまた、主権国家を前提とした国民国家を国際政治学の中心的アクターとしてきた研究とその方向性の「転換」とも相互に関連していたことを示している。しかしそれは、研究の深化を表すと同時に、勢い「研究のための研究」といった印象を免れないことにもなる。いったい何のための、誰のための研究なのかという疑問を呈せざるを得ない状況も現れてきている。もとより、利害の錯綜した今日において、また、グローバル化の進展する現状において、日本や日本人自身の存在理由を明確にすることは以前と比べてはるかに難しいのは確かである。だからこそ、その点を少しでも明確化する努力を、国際政治に関わる研究者は求められているのである。

また、日本の国際政治学の研究の流れを見るとき、日本人研究者のオリジナルな研究成果が乏しいことに関する言及の多さに、驚くと同時に納得もした。なぜなら、筆者の研究テーマである「民主主義」や「民主化」に関してもまったく同じことを感じているからだ。つまり、欧米でつくられた「民主主義」や「民主化」に関する理論やモデルが、直接あるいは日本的に翻訳されて間接的に日本に紹介されたり、それを使ってどこかの国や地域に適用する研究が殆どなのだ。直接、R・ダールや、オドンネル、シュミッターの理論、モデルそれ自体を、批判的に検証することは念頭にない。まさに驚くべきことではないか。付言すれば、従属論や世界システム論の見地から国際政治や国際関係を論じる一方で、他方で近代化を前提とした民主主義理論に依拠しながら第三世界の民主主義の歩みを語る、分析することに何の違和感も抱かない研究者が多数存在している。第六章で紹介した藤原による理論研究と地域研究の両者の問題を、筆者はこうした観点

コラム　高坂正尭（一九三四―一九六）

本当に二〇代でこのような世界が語れるのか。羨望と嫉妬の思いを抱かせた氏の著書『国際政治』（中公新書）にある氏の略歴によると、次のとおりである。一九三四年（昭和九年）に生まれる。京都大学法学部卒、一九六〇年より二年間ハーバード大学留学。京都大学教授、ヨーロッパ政治史、国際政治学専攻。主な著書に、『海洋国家日本の構想』、『世界史を創る人びと』、『宰相吉田茂』、『世界地図の中で考える』、『古典外交の成熟と崩壊』、『外交感覚――同時代史的考察』、『時代の終わりのとき――続・外交感覚』など多数。

高坂氏は、研究者の「個性」が失われ、器用貧乏な研究があふれている中にあって、この人には逆立ちしてもとてもかなわないなと思った研究者の一人である。氏の著作は、父親である高坂高顕氏の影響を受けて、国際政治研究者の中では珍しく文化、文明の匂いが漂っている。残念なことには、国際政治に対する氏の見方がますます研ぎ澄まされてより完成度を高めていく時期にあまりにも早すぎる死を迎えたことである。なお、『高坂正尭著作集』をぜひお勧めしたい。先の『国際政治』はもとより、そこにはこれまで氏が書いてきた著書、論文が納められていて、「解説」とあわせて読めば氏の考え方を眺望することができる。また、そこに収められている氏の「中国論」は、今日の日中の「ナショナリズム」の衝突状況のなかで再度読み返すとき、もう既に当時においてまるで今日の流れを予想したかのような記述となっているのには、今さらながら驚かされる。国際政治とその学に対する「一つの見方」を得られることは疑いを得ない。

また、丸山眞男氏の著作に照らし合わせてみたとき、丸山氏と同様、高坂氏の「世界」にはある種独特の「哲学」が、国家と人間（集団）との関係についての哲学が、学者の目と同時に日本の行政担当者の目を通して説かれていたように思われる。「世界観」も物の見方も異にする筆者が、今も氏の著作に惹かれるのはその著作から滲み出てくる哲学であったように思う。覇権システムとその秩序の外で生きるべき道を模索し続けてきた筆者は、その中で生きることを宿命付けられた人間と国家を前提として絶えず論を展開してきた氏とは、日本の「国益」と言う時にも、架橋し難い溝があるのだが、孤独に耐えて日本と、日本をとり巻く国際環境を凝視し続けてきた高坂氏の「研究者」としての姿には共感を禁じ得ない。

から捉えている。これまた不思議な「世界」である。日本は、日本人は、かつて東京裁判で「平和に対する罪」、「人道に対する罪」で裁かれた。そうした裁判の背後には、日本人が「民主主義」に対して敵対、反抗したとの欧米連合諸国の認識が存在していた。戦後、研究者はそうした問題を再考察する必要があったのだが、これも不思議なことに不問に付されてきた。問うべきは、「民主主義」はどのようにしてつくられてきたか、つまりイギリスの、アメリカの、フランスの、日本の民主主義ではなく、そうした各国、各地域がどのように関係しながら一つの「民主主義」をつくり出してきたか、すなわちどのような「国際」的「関係」の下でつくられてきたかという問題であったはずである。なぜなら、日本と日本人はそれによって、それを基準（物差し）として裁かれたからだ。ところが、日本人研究者のほとんどは、それを「神棚」に置いたままでその実証的研究はしてこなかった。その代わりに、その神棚に置かれた「民主主義」を何ら批判的に考察することなく、ただ実証的に検証、適用してきただけである。筆者は、これまでその「民主主義」の形成に、覇権国と覇権国が中心となってつくられてきた覇権システムとがどのように関係してきたのか考察してきた。もしこうした視点があれば、当然、覇権国の興亡史も、「民主主義」の形成、発展の歴史と結びつけて論じられたであろう。同時に、リアリズムとリベラリズムの問題、東西関係、南北関係、日本の占領政策もこうした文脈の中で再検討されたであろう。ところが、これまでの研究は、「民主主義」は絶対に手をつけてはいけない聖域であるかのように位置づけられてきたから、「民主主義」が、またそれと結びついた人権、平和といった価値が、覇権国とそれを中心とした覇権システムの中でつくりだされてきたといった観点から、先の問題を検討することは行われてこなかったといえよう。それゆえ、筆者から見れば、国際政治学、国際関係がその研究対象としてきた問題は、再度このごくごく基本的な問題の検討から始める必要があるといわざるを得ない[7]。

注

(1) この第一節は、二宮三郎「戦後日本における国際政治学の動向」国際政治25号と川田侃・二宮三郎「日本における国際政治学の発達」国際政治9号ならびに国政政治61・62号の紹介（引用あるいは要約）をもとにしている。

(2) この節も注(1)の文献を特に紹介している。

(3) ここでは特に以下の論文を取り扱っている。日本国際政治学会編「戦後日本の国際政治学」『国際政治』61・62号有斐閣一九七九年の紹介（その引用と要約）となっているが、以下の論文が主となっている。（「総説」　細谷千博）（「歴史研究」　一総論　臼井勝美）（「理論研究」一総論（関寛治）三国際統合（一）世界統合（中原喜一郎）（二）地域統合（大隈宏）四トランスナショナル・リレーションズ（納家政嗣）七リンケッジ・ポリティックス（織　完））（「平和研究」佐藤幸男、森利一）

(4) 石川一雄・大芝亮「一九八〇年代の日本における国際関係研究」国際政治100号から引用。

(5) なおアメリカの国際政治学会についての概要は以下のとおりである。〈I・S・A（アメリカ国際政治学会）〉国際政治学会は、国際政治の分野における相互の利益を追求するために、学者及び専門家によって一九五九年に設立され、以来精力的に国際問題に関する研究・教育を促進している。会員は北アメリカ及び世界中で三〇〇〇人を超え、この分野では最も敬意を払われ、広く知られている研究（学術）機関である。機関誌 *International Studies Quarterly* (ISQ) は、学会を指導する象徴的雑誌として発刊され、国際政治の分野の定義づけに貢献し、各メンバーの研究の発表の場となっている。その他、*International Studies Review* (ISR)、*International Studies Perspectives*, *Foreign Policy Analysis* の三誌がある。

ISAの国際会議及び年次定例会議には世界中の学者が参加しており、世界三二カ国で五三の国際政治学会と協力関係にある。年次定例会議は主要な国際的学術行事となっており、五〇〇を超える公開討論会に五〇以上の国々からの参加者が集う。開催地は、アメリカ、カナダ、メキシコを含む世界各地であり、二〇〇六年にはサン・ディエゴで開催される予定である。またＩＳＡは、国連における非政府諮問機関としての役割も果たしている。(http://www.isanet.org/committee.com.html から引用・参照)

(6) これについては、国際政治69号も参照されたい。

(7) 村田邦夫『覇権システム下の「民主主義」論——何が「英霊」をうみだしたか』(御茶の水書房、二〇〇五年)を参照されたい。

ま　行

や　行

ら　行

わ　行

な　行

は　行

さ 行

た 行

索　　引

あ　行

か　行

執筆者紹介（執筆順）

大塚《おおつか》　桂《かつら》　駒沢大学法学部教授　〔編者〕　序章・第1章・第2章・第3章

一九六〇年生まれ、日本大学大学院法学研究科博士後期課程単位取得退学。日本大学助手、駒沢大学講師、助教授を経て現職。専攻：政治学原論、政治思想史。主な研究分野：国家論。主な著書：『明治維新の思想』（成文堂）、『明治国家と岩倉具視』（信山社）、『明治国家の基本構造』（法律文化社）。

中島《なかじま》　康予《やすよ》　中央大学法学部教授　第4章

一九五九年生まれ、中央大学大学院法学研究科博士後期課程単位取得退学。専攻：政治学。主な研究分野：現代政治理論、フランス現代政治。主な著書・論文：「フランスにおける福祉国家再編の『新しい政治』」『世界システムとヨーロッパ』（中央大学出版部）、『現代政治学の透視図』（共著、世界書院）。

堀《ほり》　雅晴《まさはる》　立命館大学法学部教授　第5章

一九五六年生まれ、関西大学大学院博士課程単位取得満期終了、島根大学助教授を経て現職。専攻：政治学・行政学。主な論文：「世紀転換期の現代行政学」立命館法学二七一―二七二号（二〇〇一年）、「グローバル化時代の日本政治行政システム」『「日本型社会論」の射程』（文理閣、二〇〇五年）。

喜多《きた》　靖郎《やすお》　近畿大学名誉教授　第6章

一九三〇年生まれ、関西学院大学大学院法学研究科博士課程政治学専攻単位修了。近畿大学助教授、近畿大学法学部教授、近畿大学特任教授を任期満了。専攻：アメリカ政治学。主な研究分野：政治過程論とくにA・F・ベントリー研究。主な著書：『政治学の基本問題〈増補版〉』（晃洋書房）、『政治学方法論序説』（共訳、晃洋書房）、『統治過程論

――社会圧力の研究』（共訳、法律文化社）。

小島《こじま》　和貴《かずたか》　中部学院大学人間福祉学部専任講師　第7章

一九七〇年生まれ、慶應義塾大学大学院法学研究科後期博士課程単位取得退学。専攻：行政史。主な研究分野：内務省と衛生行政。主な著書：『日本行政の歴史と理論』（共著、芦書房）、『福祉政策と福祉法制』（共著、角川書店）、『戦前日本の政治と市民意識』（共著、慶應義塾大学出版会）。

石井《いしい》　健司《けんじ》　近畿大学法学部助教授　第8章

一九六六年生まれ、日本大学大学院法学研究科満期退学。日本大学法学部助手、近畿大学法学部専任講師を経て現職。専攻：西洋政治思想史。主な研究分野：一九～二〇世紀転換期のイギリス自由主義。主な論文：「グレアム・ウォーラスによる伝統的政治学批判の背景」近畿大学法学四七巻一号、「ホブハウスのニュー・リベラリズム思想」近畿大学法学四八巻二号、「ホブハウスによる『ヘーゲル＝ボザンケ的国家論』批判」近畿大学法学四九巻二・三号。

村田《むらた》　邦夫《くにお》　神戸市外国語大学外国語学部国際関係学科教授　第9章

一九五三年生まれ、神戸大学法学研究科公法専攻博士課程単位取得退学。松山大学（松山商科大学）人文学部助教授を経て現職。専攻：政治学。主な研究分野：関係論（史）としての「民主主義」。主な著書：『イギリス病の政治学』『民主化の先進国がたどる経済衰退』『史的システムとしての民主主義』（以上、晃洋書房）『覇権システム下の「民主主義」論――何が「英霊」を生み出したか』（御茶の水書房）。

シリーズ日本の政治　第１巻

2006年４月30日　初版第１刷発行

日本の政治学

編著者　大塚　桂

発行者　岡村　勉

発行所　株式会社　法律文化社

〒603-8053 京都市北区上賀茂岩ヶ垣内町71
電話 075(791)7131　FAX 075(721)8400
URL:http://www.hou-bun.co.jp/

印刷：㈱冨山房インターナショナル／製本：藤沢製本所
装幀　前田俊平
ISBN 4-589-02946-4